从零开始做新餐饮

美团外卖袋鼠学院团队　编著

電子工業出版社
Publishing House of Electronics Industry
北京•BEIJING

内 容 简 介

如何打造“需求+痛点+创新”三位一体的餐饮爆品？

如何利用用户体验提升品牌口碑，引爆影响力？

如何借助不同外卖团购平台快速搭建线上生意？

如何通过各类餐饮营销活动打造高人气的餐饮品牌？

如何玩转当下流行的社群与微信营销、打造高黏性的消费？

如何通过热门的视频与H5打造创意营销、引领消费热潮？

本书专注于“互联网+”时代下的新餐饮运营，以爆品打造、用户体验、口碑运营、移动营销为主线，让读者可以花1本书的钱得到4本书的价值。

全书通过11章专题内容、110个经典案例、140多个知识点、340多张高清图片、212个逻辑图解，将新餐饮运营的基础知识与实用技巧全部囊括，再加上“知识解析+技巧讲解+案例分享”的写作框架，将新餐饮运营理论知识的重点难点与实用案例完美融合，帮助读者更好地理解新餐饮运营的知识点，从而降低新餐饮运营的学习难度。

本书适合初入餐饮行业的创业新手、餐饮店铺的经营管理者、处于餐饮低潮期的餐饮工作者等人参考阅读。

图书在版编目（CIP）数据

从零开始做新餐饮 / 美团外卖袋鼠学院团队编著．—北京：电子工业出版社，2018.6
ISBN 978-7-121-34291-2

Ⅰ. ①从…　Ⅱ. ①美…　Ⅲ. ①饮食业—商业服务—研究—中国　Ⅳ. ①F719.3

中国版本图书馆CIP数据核字（2018）第111028号

策划编辑：缪晓红
责任编辑：董亚峰
印　　刷：北京天宇星印刷厂
装　　订：北京天宇星印刷厂
出版发行：电子工业出版社
　　　　　北京市海淀区万寿路173信箱　邮编：100036
开　　本：720×1000　1/16　印张：21.75　字数：427千字
版　　次：2018年6月第1版
印　　次：2024年4月第14次印刷
定　　价：68.00元

凡所购买电子工业出版社图书有缺损问题，请向购买书店调换。若书店售缺，请与本社发行部联系，联系及邮购电话：（010）88254888，88258888。

质量投诉请发邮件至 zlts@phei.com.cn，盗版侵权举报请发邮件至 dbqq@phei.com.cn。

本书咨询联系方式：（010）88254760。

推 荐 语

龙珠资本团队曾经投资了喜茶、周黑鸭、劲仔小鱼、酒便利、小恒水饺、甜心摇滚沙拉等餐饮品牌，打造了很多该领域的知名案例。但是同时也看到餐饮领域受制于：一、菜品非标，难以规模化；二、店面规模有限，收入天花板低；三、房租和人工等成本持续上涨等。在超过 4 万亿的大市场内，没有形成领先的超级品牌。而市场体量接近的美国市场，却造就了麦当劳、星巴克这样的市值千亿美金的餐饮巨头。我们相信，外卖的崛起将很快带动餐饮行业向产品品牌化、生产标准化、获客线上化、交易外卖化发展，打破原有的规模化发展的瓶颈限制，涌现出属于中国的超级餐饮巨头。龙珠资本非常关注因为外卖新渠道的确立而带来的“新餐饮”领域内的投资机会。

——美团点评龙珠资本创始合伙人　朱拥华

从吃得饱到吃得好，从吃得好到吃得精、吃得丰富，舌尖与味蕾革命从来没有停止，餐饮人的创新也在加快步伐，传统经营的固执和新锐营销的探索并存。这是一个餐饮的新时代，在这个新时代面前，数十载经验的餐饮巨咖和初入此道的菜鸟仿佛来到同一起跑线。“从零开始”，能够掌握餐饮“新脉搏”、梳理“新思维”的选手，才能领先一步站到竞争制高点。

——经济观察报社副总编辑、经观传媒副总经理、

中国国际公共关系协会常务理事　孟雷

“互联网+”带着席卷一切的动势正在掀起餐饮界的创新革命。随着一些“网红”餐厅纷纷由盛到衰的没落，关于“新餐饮”与“互联网+”的课题再度引发人们的思考。传统餐饮坐等客人上门点菜的思路被颠覆，用兴趣社群为餐饮行业打开新的

获客入口已是大势所趋。从好友推荐到分享点评，将餐饮产品内容化，并利用互联网实现跨越时间和空间的传递，成为活跃社群、转化顾客的关键。从定位顾客群体，到梳理痛点需求，再到量身打造适合顾客的故事，餐饮营销逐渐转向对内容的深化创作和营销。在互联网的加持下，“得内容者得天下”已经成为餐饮行业的新玩法。

——中国内容营销开创者、畅销书《兴趣变现》作者　孙庆磊

我一直认为，科技和数据才是中国餐饮“大行业、小企业”格局的破冰之道。美团的技术革新，以及基于行业全景的大数据和洞察，助力眉州东坡快速成长，正展现了科技赋能商业的巨大能量。究其本质，这是用数据化经营践行眉州东坡“美味传递爱，共享一个家”的使命，更精准、高效地满足顾客需求，把安全、健康、匠心的美味传递给顾客。

《从零开始做新餐饮》总结了许多餐饮行业的经验和趋势，传道、授业、解惑，将成为中国餐饮企业科技化、数据化经营的指南针。

——眉州东坡总裁　王刚

通过外卖，将我们所做的美食从一个点的集聚演变成一个面的扩散，从而，提高因各种无奈而对付一餐想法的人，改善其用餐品质；让忙碌的人们真正做到无论何时何地都能享受美味带来的乐趣，品质外卖、健康外卖是我们餐饮人及外卖人共同的责任。

胖哥俩与美团外卖深度合作，推荐本书：用心烹调，传递美味。

——胖哥俩肉蟹煲创始人　张灵瀚

1993年创立至今，豪客来牛排一直在餐饮行业深耕拓展，至今已在全国运营超300家直营连锁餐厅。因“互联网+”时代的到来，我们洞察到消费者对高品质外卖日益增长的需求，顺势推出牛排外卖，让顾客随时随地享受美味。

《从零开始做新餐饮》这本书在爆品打造、用户体验、口碑运营、移动营销等方面做了详细的介绍，让你对“互联网+”时代下新餐饮运营有意想不到的收获。

——豪客来总经理　邓汉玉

序　一

抓住餐饮变局新机遇，共创餐饮发展新未来

“民以食为天”。中华饮食文化五千年，餐饮成为百姓生活中不可或缺的一部分。中国的餐饮业伴随着改革开放的四十年，产业规模不断扩大，保持着快速、稳定的发展。

在过去的几年，“互联网+”的浪潮与餐饮业深度融合、发展，不仅助力餐饮业焕发新生机，开拓外卖新业态，外卖 O2O 的蓬勃生长，更进一步推动了餐饮业向信息化、标准化、精细化升级。对于新餐饮时代的来临，很多餐饮人对抓住行业变局的新机遇有着强烈的诉求。

世界中餐业联合会多年来一直以推动中餐创新发展、弘扬中华优秀饮食文化为宗旨，促进餐饮行业健康发展，我们对餐饮人在变局中的痛点感同身受，热切期待能有一部专业、全面的新餐饮行业指南，给予广大餐饮界同仁参考，帮助他们抓住行业变局的新机遇。

世界中餐业联合会与美团外卖袋鼠学院携手推出《从零开始做新餐饮》，在助力餐饮人开启新餐饮未来的路上，迈出了里程碑的一步。

新的时代，新餐饮生态的大潮涌来，将使餐饮业的发展步入新的历史阶段，互

联网带来的不仅是信息化理念，更是将餐饮业的发展导向更高层次的、以产业链层面融合发展的方向。美团外卖自外卖 O2O 兴起至今，一直坚定地参与、推动餐厅的数字化、信息化、网络化和智能化的建设，为消费者端与商户端持续提供更优质的体验，并积累了宝贵的经验，本书的出版一定能够为餐饮人提供全新的思考和收益，快速完成新餐饮之下的转型升级。

未来的 5～10 年，将是新餐饮发展的黄金时期，抓住行业变局的新机遇刻不容缓！

世界中餐业联合会

2018 年 5 月

序 二

风口之上的新餐饮，孕育着一个新时代

近几年，在“互联网+”的浪潮下，各行各业不论是市场环境还是行业生态，都因为 O2O 风口的来临，发生了翻天覆地的变化。这当中，餐饮业因其高频、高黏性的特点，率先成为了互联网革命的第一批试金石。

风口之上的新餐饮业，不仅孕育了外卖这一新业态，更孕育着一个新时代。

随新时代来临的，除了餐饮爆发式增长的机遇，还有全新的生存法则。如何抓住新餐饮的发展红利期，如何避免在行业变革中掉队，成为所有餐饮从业人员必须关注的命题。《从零开始做新餐饮》正是应此而生。

我们可以看到，在过往几年，外卖新业态推动了餐饮行业的高速增长，2017 年中国餐饮大盘收入达到 3.9 万亿元，中国外卖市场规模达到了 3000 亿元，增长之势难以抵挡。一叶知秋，面对全新的行业生态，这意味着，如果再用旧的思维去看待餐饮，将难以追上时代的洪流。

从这个角度来看，《从零开始做新餐饮》是一本兼具创新性和全面性的新餐饮行业指南，它围绕餐饮外卖行业的格局变化，为餐饮人赋予全新的思考维度，深度剖析餐饮企业如何找准品牌定位及转型方向，建立线上+线下结合的新餐饮经营模式。

对于很多餐饮商家来说，在行业新浪潮来临之际，尽管他们当中不少人也意识到线上外卖的布局是新的行业生态中的兵家必争之地，但由于缺乏实际的经验沉淀，即使是经营多年的传统餐饮名企，对于线上外卖运营也仍有手足无措之感。归根到底，这是由于外卖业态从诞生到迅速成熟，对餐饮业的影响已经不仅仅是销售方式、渠道的转变，更是用餐场景、用户需求的巨大变化。用户在点外卖时，对线上餐饮门店有了更多不一样的诉求。这一切都将使餐饮企业需要从供应链到线下门店布局，再到品牌建设等全方位对自身业务进行调整，以适应新的餐饮生态。而这些巨变发生得悄无声息，以致不少餐饮商家甚至还没来得及作出反应。

《从零开始做新餐饮》难能可贵之处在于，它既以全新的行业视角切入，让读者重新审视新餐饮近几年发生的变革与发展，同时也是一份值得餐饮人学习的新餐饮实操指导。本书从超过 100 个经典案例中，萃取出多个新餐饮经营的创新理论及实用技巧，以“知识解析+技巧讲解+案例分享”的形式，总结了 140 多个知识点，囊括餐饮门店选址、视觉设计、客户群体定位、爆品打造、线上营销、用户体验、品牌塑造等多个方面，对于餐饮企业来说，有助于他们打造前瞻性的经营策略。

处于蓬勃爆发期的新餐饮业，至今已有不少餐饮品牌，通过外卖实现火箭式的销售额增长，这当中既有真功夫、西贝筱面村这样的传统正餐品牌，同样也有新兴的外卖品牌，我们很高兴地看到外卖为餐饮业带来新的发展机遇。

本书中，我们很高兴能与真功夫、西贝筱面村、胖哥俩、眉州东坡、正新鸡排等品牌携手，与全行业餐饮商家分享这些宝贵的新餐饮经营经验。

一直以来，美团外卖都以客户为中心，我们希望《从零开始做新餐饮》能真正地为餐饮商家解决新餐饮经营的难题，提供抓住行业机遇的新思维。未来，美团外卖将继续与商户一起经历风雨与彩虹，推动餐饮行业持续、稳定、有序地发展，共创新时代！

杨文杰

美团外卖业务发展部负责人

前　　言

■ 写作驱动

随着“互联网+”时代的到来，不管是餐饮运营模式，还是主流的营销方式都发生了巨大变化，新颖的营销方式更容易引起消费热点与爆点，从而带来餐饮行业的新发展、新商机。随着餐饮行业的不断发展创新和美团外卖的迅猛发展，可以得出利用互联网进行产品营销、注重品牌特色、爆品打造的餐饮运营者，往往更容易获得消费者的认可与信任，赢取新餐饮运营的先机。

虽然现在大部分餐饮经营者都意识到了餐饮爆品打造以及营销方式的创新对餐饮运营的重要性，但是在实际的运营过程中却往往陷入“无处着手”的困境，再加上市面上专门介绍新餐饮运营的书籍也是寥寥无几。因此，以餐饮品牌为例结合美团外卖商家的实战经验，特意写了这本专门介绍互联网时代新餐饮运营技巧的书籍，从而帮助有需要的读者玩转新餐饮运营。

在写作过程中，为了切实地满足读者的内在需求，在本书的前 5 章中详细介绍了新餐饮行业的现状分析、抢占用户眼球的视觉设计技巧、掌握需求痛点的爆品打造、最佳用户体验服务要点以及强势的口碑运营技巧等知识，而本书的后面 6 章主要介绍了新餐饮比较热门的营销方式，主要包括提升消费力度的平台营销、优惠造势的活动营销、打造高黏度的社群营销、高人气高关注度的微信营销、视频营销以及 H5 营销等，提升餐饮商家的营销技巧。

另外，为了将新餐饮营销涉及的知识点讲透，为读者提供实质性的帮助，笔者想要在阐述理论知识的同时，插入极具参考价值的餐饮实例。因此，笔者通过多种渠道搜集了大量典型的餐饮案例，对新餐饮运营涉及的知识进行详细介绍，从而更好地将理论知识与餐饮案例衔接起来。于是，便有了最终呈现在读者面前的《从零开始做新餐饮》这本书。

■ **特色亮点**

本书最大的特色亮点主要分为以下 10 点：

（1）新思维：本书从顾客的角度出发，深入分析什么样的餐饮店最受消费者欢迎，从而总结出互联网下的餐饮新思维，并且通过线上与线下的完美结合，帮助餐饮商家快速提升门店营业利润。

（2）新布局：本书以餐饮的开店、产品设计、爆品打造、用户体验、口碑营销、平台营销、H5 营销等餐饮常用内容为切入点，进行知识点布局，让读者可以一本书精通餐饮运营。

（3）新体验：传统的用户体验是指消费者进入门店用餐的感受，而本书所讲的用户体验，不仅包括线下的用餐体验，还包括线上的体验以及用餐期间的售后服务等方面，并且极力主张利用优质服务造就好体验、好口碑。

（4）新口碑：传统的口碑营销是通过人与人之间的相互推荐形成的，而本书侧重的互联网口碑运营，相比于传统的口碑营销，可以更快地提升餐饮企业的品牌知名度，同时也涉及网络评价、公益活动等多方面的知识。

（5）新平台：本书包含了最新的餐饮营销平台，如美团、大众点评等，还详细介绍了美团外卖平台的入驻流程与方法，以便帮助商家更好地完成平台运营。

（6）新营销：本书结合了目前互联网上最受商家企业欢迎的营销方式，如各类节日活动营销、餐饮产品促销活动、极具特色的创意活动营销等，帮助商家更好地打造个性化餐饮品牌。

（7）新方式：在互联网迅速发展的推动下，我国已走进了社群经济时代。社群营销也成为了一种新型的餐饮传播方式。本书中详细介绍了利用餐饮社群“智造”顾客的具体步骤和方法，可以帮助餐饮经营者玩转社群营销。

（8）新推广：本书包含了互联网最流行的推广方式，如微信推广、视频推广，而微信推广主要包括朋友圈推广、公众号推广以及小程序推广等形式；而视频推广主要包括视频的创作与上传分享等内容。

（9）新工具：在移动互联网时代，H5 已经越来越被有眼光的人看重，本书包含了最新流行的 H5 页面制作与产品营销方法，从而使餐饮经营者通过打造全新的餐饮营销动态页面，为品牌实现更好地营销宣传。

（10）新版式：本书在编写的过程中，笔者会对展示出来的图片添加标注，通过标记出的 1、2、3 序号，让整个内容更加清晰明了、通俗易懂，也更便于读者理解知识点，并且全书以“知识解析＋技巧讲解＋案例分享”的写作形式，对新餐饮运营涉及的 149 个知识点进行深入分析。

■ 技巧总结

在这本书的写作中，笔者与众多美团外卖优质经营者，想与大家分享在餐饮经营过程中总结出来的经验和技巧，主要的 20 个要点如下。

第 1 个：对餐饮市场进行深入分析，帮助餐饮经营者掌握餐饮发展的 4 大趋势，抓住餐饮发展机遇，找准品牌转型的具体方向，从而快速提升品牌竞争力。

第 2 个：通过介绍餐饮信息整合的具体方法、经营模式优化的实用技巧，帮助经营者建立系统的餐饮信息网，打造高效优质的商家服务链。

第 3 个：详细介绍餐饮门店的选址、取名技巧、租赁要点以及注册流程，帮助餐饮经营新手找准最具优势的餐饮旺铺，打造极具特色的餐饮品牌。

第 4 个：从视觉设计的角度，详细介绍如何设计出占领用户心智的餐饮品牌、如何打造出皇冠级的餐饮店铺以及如何利用餐饮产品与餐饮文案呈现最佳的视觉效果。

第 5 个：通过目标定位、需求定位、痛点定位等角度找准餐饮客户群体，利用高性价比的餐饮产品、响亮的餐饮名号，凸显产品独特优势，制造高人气的餐饮爆品。

第 6 个：通过经验总结、思维创新、营销创新，技术创新，为消费者提供打破常规的餐饮产品，带来极富创意的消费体验。

第 7 个：从线上接待、产品分类、预订支付以及“亲”式用语 4 个角度介绍为消费者提供线上服务的技巧，从而切实满足用户线上消费的各类需求，为消费者带来优质的线上体验。

第 8 个：介绍利用真诚服务、门店环境以及优质服务打造最佳线下体验的技巧，从而实现品牌“粉丝”积累与口碑提升。

第 9 个：介绍餐饮售后服务的实用技巧，从而迎来口碑的持续暴涨，建立起良好的客户关系，优化企业管理。

第 10 个：通过准确的品牌定位、贴心周到的服务获取用户的信任，轻松获得用户的好评，实现品牌口碑的打造。

第 11 个：通过餐饮新品的开发、绝佳的口感、优质广告的推送、新奇故事的推送等口碑运营技巧，提升餐饮产品的销量，打造餐饮品牌的网络高口碑。

第 12 个：介绍外卖平台的入驻技巧以及常见的美团外卖等外卖团购平台的优势与特点，帮助餐饮经营者结合自身实际情况，选择合适的平台开展平台营销活动。

第 13 个：介绍节日活动、促销活动、创意活动等不同类型活动营销的技巧，让餐饮经营者可以通过优惠福利、菜品折扣等活动提升品牌人气，获得消费者的认可。

第 14 个：掌握社群营销的四步营销，分析用户需求，主动“智造”顾客，培养餐厅的铁杆“粉丝”，打造品牌高口碑。

第 15 个：掌握社群创建、社群管理、社群运营、品牌塑造以及红包发放的多种社群营销技巧，维护社群秩序，推升社群热度，从而打造高黏性的餐饮消费。

第 16 个：掌握微信营销的实用技巧，学会利用晒单、晒好评、推送广告、信息评论等多种技巧完成主动分享式的朋友圈营销；通过菜单设计、信息推送以及活动引流，做好公众号营销，通过线上活动为线下门店引流；了解小程序营销的营销优势、功能优势，学会借助 LBS 获得最佳的营销效果。

第 17 个：掌握视频营销的技巧，了解视频营销的商业价值，掌握餐饮视频拍摄、剪辑、特效处理、字幕背景添加的技巧，利用动态的视频画面为餐饮营销造势。

第 18 个：掌握不同平台的视频上传与分享技巧，使餐饮经营者可以将餐饮视频分享到朋友圈、微信群、公众号、自媒体以及论坛贴吧等平台，从而多渠道地分享视频，快速获取用户流量，达到最佳的营销推广效果。

第 19 个：了解 H5 营销优势，掌握 H5 场景营销的技巧与要点，帮助餐饮经营者树立 H5 营销意识，通过介绍百度 H5、橙秀 XIU 以及易企秀等 H5 场景制作平台的功能，让餐饮经营者掌握 H5 场景制作的具体步骤。

第 20 个：掌握投票活动、转盘抽奖、摇一摇、砸金蛋以及问卷调查这 5 种常见 H5 营销形式的营销优势，从而帮助餐饮经营者利用创新的营销形式，引爆热度，提升顾客黏性，与此同时，详细介绍 H5 营销的主要渠道，如朋友圈、公众号、微信群以及自媒体，从而全方位多角度地传达餐饮信息。

本书的编写得到了陈宁、白晨、叶秋红、胡阿玲、曾亚峰、邹明亮、冯潮、王丽梅、卢佩婷、李想的大力支持，在此表示感谢！

目　录

第 1 章

快速入门：互联网下的餐饮新思维

互联网时代，是一个机遇与挑战并存的时代，各餐饮企业只有树立餐饮新思维，探寻新型运营模式，主动融合线上、线下的特色优势，提升自身品牌认知度与影响力，才能适应餐饮发展的新潮流。本章主要介绍餐饮市场的分析、运营模式的优化技巧及快速开店的诀窍。

- 现状解读：餐饮市场的发展分析。
- 运营模式：餐饮行业的经营之道。
- 快速开店：门店选址与取名技巧。

1.1 现状解读：餐饮市场的发展分析

互联网时代的深入发展，给当今社会的人们带来消费观念的转变，移动支付的普及也改变着人们的消费方式，随之而来的是餐饮市场的格局新变化。餐饮企业要想寻求新发展，就必须对现有的餐饮市场进行深入解读，掌握未来发展新趋势。本节主要对现今餐饮市场的发展进行分析。

1.1.1 四大趋势，抓住餐饮发展的机遇

网络信息技术的发展使人们的日常生活带来了巨大变化，也为餐饮行业的发展带来了新的机遇与挑战。随着移动支付与线上消费的日益深入，消费者的消费行为可以不受时间与空间的限制，人们发生消费行为往往发生在瞬间。

餐饮企业或商家要想在餐饮市场占有一席之地，实现餐饮企业的持续发展，就需要掌握餐饮未来发展的趋势，从而抓住餐饮发展的机遇，增强自身实力，为消费者提供更高质量的服务。

现在的餐饮市场整体呈现“互联网化”的特点，传统餐饮企业纷纷走向转型之路、注重与热门外卖平台的深入合作、打通线上营销通道，微信、支付宝等移动支付平台推动的支付方式转变，都凸显了“互联网化”的特征。

下面对餐饮行业呈现的四大趋势进行详细介绍。

1. 餐饮 O2O 模式深入发展

O2O 即 Online To Offline，其中的 2 取 To 的谐音，简写为 O2O。O2O 就是线下各种消费意向与互联网和移动互联网的结合。也就是说，只要企业或商家的整个产业链中有环节在线上和线下领域都有涉及，就可称为 O2O。因此，餐饮 O2O 就是指在餐饮这一社会行业基础上，利用互联网和移动互联网，将线下与线上的商务相结合，实现线上营销与购买和线下经营与消费的循环互动。

餐饮行业的 O2O 模式极大地刺激了餐饮行业个体的参与热情，形成了极高的参与度，并集聚了比其他行业更大的市场规模。O2O 模式在餐饮企业的广泛应用，在很大程度改变着人们的消费行为，激励餐饮企业积极调整发展战略，推动了餐饮新格局的形成。

下面以图解的形式介绍餐饮 O2O 市场的现状，如图 1-1 所示。

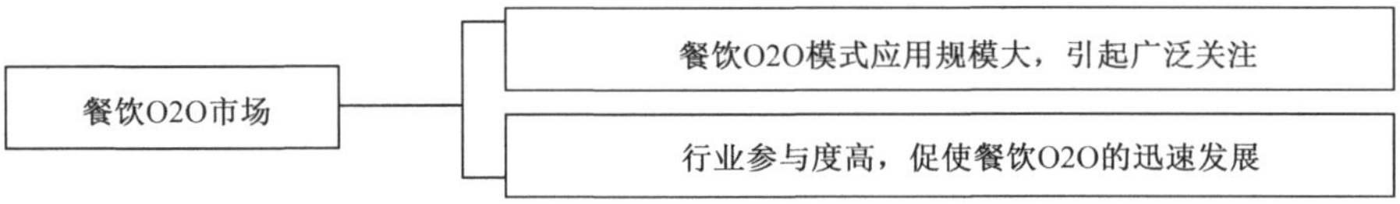

图 1-1　餐饮 O2O 市场现状分析

在餐饮 O2O 网络订餐飞速发展的今天，越来越多的餐饮商户进入了餐饮 O2O 市场，线上运营线下配送。第三方外卖团队平台也风生水起，大鸭梨总经理郭琦认为，即使自己的餐饮集团在线下的运营已经算是非常成功了，但在线上的外卖配送领域仍是个初学者，还需要不断地探索线上的外卖运营方式，找到适合自己的外卖路径。同时，他对美团外卖平台也寄予了高度厚望，希望通过美团外卖的物流服务，提高自己餐饮品牌的质量与口碑，双方通过合作，能达到共赢的良性循环。

2. 移动支付与餐饮行业联系日益紧密

近几年以微信、支付宝为代表的移动支付平台迅速崛起，由此引发消费者支付方式的巨大变化，由以往的现金支付方式，逐渐转向了扫码支付等线上移动支付方式。随着互联网技术及各类移动支付平台技术的成熟，移动支付已经成为现今社会支付的重要方式。

移动支付技术的发展，对餐饮行业的影响也不容小觑。对消费者而言，餐饮企业通过第三方支付平台的合作，不仅能简化整个支付流程，减少消费者等候时间，有效减少与消费者发生纠纷的次数，同时也缩减了餐饮企业的成本支出，为消费者提供更高质量的餐饮服务。

同时移动支付平台还为餐饮企业的运营推广活动创造了更多的机会，无论是偏向于社交平台的微信，还是偏向于营销平台的支付宝，都为餐饮企业提供了更多的营销渠道来获取消费者的信息，为商家与消费者提供了一个良好的双向信息渠道。而移动支付带来的消费者大数据为餐饮企业的经营活动提供了参考依据，有利于餐饮企业的产品推广与品牌塑造。

3．“网络口碑”对餐饮业影响日益加深

互联网时代的到来，各类网络社交平台的快速崛起，“网络口碑”成为影响餐饮企业的品牌形象、消费者认可度及信任感的重要因素。消费者的点赞、评论、转发、分享等行为具有传播速度快、影响程度深的特点。无形中形成的网络口碑，无论好坏，对餐饮企业的品牌形象都能产生重要影响。因此，网络口碑的打造是餐饮企业未来发展中不得不重视的一个部分。

4．餐饮企业开始注重自我电商平台的建设

现在绝大部分餐饮企业都依托于第三方平台开拓线上渠道，虽然有利于自身的发展，但是容易使自己陷入被动局面。因此，越来越多的餐饮企业为了更好地发展，开始注重自我电商平台的建设，寻求更大的利润空间，掌握主动权，如著名的餐饮品牌“俏江南”。但由于多种条件的限制，餐饮企业电商化的道路是任重而道远的。

在这一现状形成过程中，团购网站在其中起到了非常重要的作用。在美团、大众点评、糯米等团购网站上，餐饮行业赫然排在第一位，如图 1-2 所示。从这一点足见团购网站平台的餐饮发展状况。

借助团购网站的巨大作用，餐饮行业首先得以在 O2O 模式应用中参与进去，并随着其信息化和人力资源配套的逐渐发展实现，餐饮行业的 O2O 模式服务已经走到了诸多行业的前列。

图 1-2　餐饮行业的团购网站排行榜

可以说，餐饮 O2O 在有团购的地方一直存在。这一情形既有餐饮在人们生活中的地位所产生的影响，也有餐饮行业在团购网站中发展现状的影响。

1.1.2　三大定位，找到品牌转型的方向

餐饮品牌定位是餐饮企业经营的立足点，品牌定位是否准确是影响企业战略发展方向的重要因素。餐饮企业在寻求转型前，首先应通过具体的数据分析，及时对品牌定位进行适当的调整，从而保证转型方向的正确性。

随着外界环境的变化，餐饮企业要想寻求更好的发展，不被餐饮市场淘汰，就需要对整个发展环境进行分析，重新调整自身的品牌定位，以满足消费者的需求为出发点，适时调整经营工作的重心，促使自身品牌转型。

餐饮企业在找准品牌定位方面应注意 3 个方面的问题。下面以图解的形式介绍品牌定位的注意事项，如图 1-3 所示。

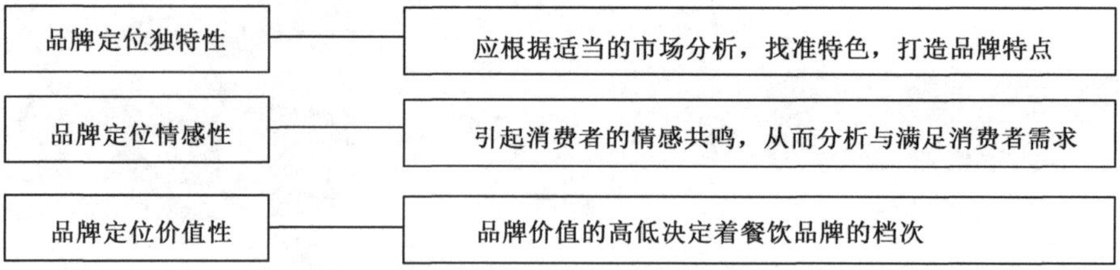

图 1-3　品牌定位的注意事项

1.1.3　3 点切入，解析品牌竞争差异化

餐饮企业在激烈的市场竞争中要想占有一定的市场竞争优势，就必须找准自身品牌的优势与独特性，并且通过分析餐饮品牌竞争差异化，明确企业在整个市场中所处的位置，为自身的发展确立正确的目标与方向。

随着科技的发展，虽然“互联网化”是整个餐饮行业发展的总体趋势，餐饮企业或商家也越来越注重自身发展与各类互联网平台的联系，但在实际的发展过程中，由于餐饮企业或商家在经济实力、发展定位等问题上的差异，也使餐饮品牌在市场上的竞争呈现出明显的差异。

在移动互联网时代，餐饮企业的发展布局呈现出很大的差异性发展趋势，这是餐饮企业竞争力差异化的表现，主要表现为连锁型、品牌型餐饮企业与中小型企业之间的差异，具体内容如下。

1. 餐饮品牌提前布局

在发展布局上，一方面，餐饮行业领域中那些品牌企业拥有和吸引高学历、能力强的管理者；另一方面，它们在对互联网的认识上采取积极主动的态度，积极促使自身企业在商业运营、产品营销上的互联网化的程度加深，注重与各类平台的深入合作，及时开拓线上渠道，进而提高自身餐饮品牌的认知度与影响力。

在第三方外卖平台的飞速发展中，各类餐饮企业的老板们对这种线上新餐饮的运营模式也是非常期待，有些餐饮企业已经跟风进入线上运营线下配送行列。麻辣诱惑的创始人兼董事长韩东，走在了探索的最前沿，他对互联网新餐饮的运营模式非常感兴趣，发现外卖平台崛起后，就迅速与美团外卖平台合作，把线下的产品优势与线上平台进行整合运营，使企业在极短的时间内利润倍增。韩东表示，以美团外卖为代表的线上订餐平台正处在爆发节点，餐饮行业要提前做好线上的品牌布局。

2. 中小企业被动跟进

在品牌布局上，中小企业受限于自身的发展情况，导致在餐饮 O2O 的发展布局上呈现出一种被动跟进的状况。导致这种现象的原因有两个：一是在管理方面，多采取内部提拔的方式，学历水平整体偏低；二是在营销认识上，目前还大多停留在利用微信平台营销的阶段。

3. 品牌定位的差异化

餐饮企业竞争力的强弱在一定程度上受到品牌定位准确度的影响。品牌定位是否准确，在一定程度上决定了餐饮企业经营的成败。品牌定位一般包含 6 个方面的内容，分别是群体定位、产品定位、消费定位、特色定位、服务定位及文化定位。下面以图解的形式详细介绍品牌定位 6 个方面的内容，如图 1-4 所示。

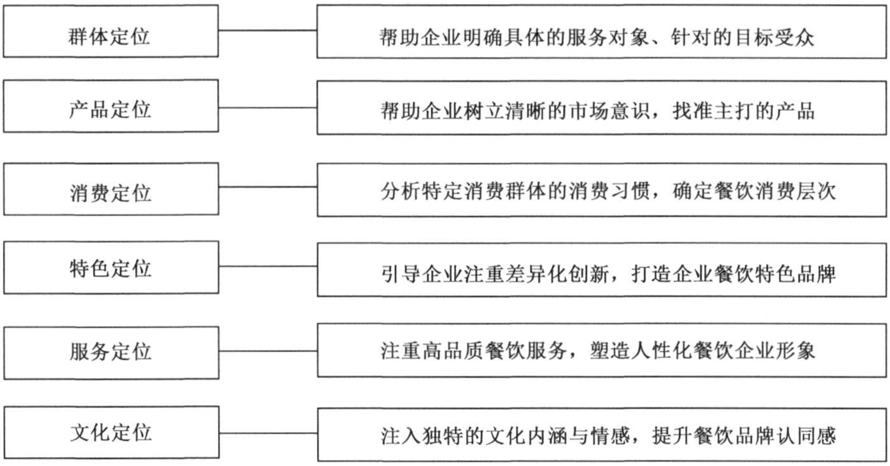

图 1-4　品牌定位的 6 大内容

1.1.4 微信支付，打造线上餐饮的标配

随着移动互联网的发展，大多数餐饮企业都开始了微信上运营 O2O 模式的尝试，准确来讲，微信支付已经成为企业打造线上餐饮的标配。微信支付改变着消费者的支付方式，同时在一定程度上对餐饮企业的发展带来了新的变化。

微信支付作为移动支付的主流平台，是集成在腾讯的知名社交软件——微信客户端的支付平台，它能在绑定用户银行卡的基础上，在用户选定商品或服务后实现的安全、便捷的交易支付。

在微信支付平台上，用户可以在多种场景使用支付功能，具体内容如下。

（1）刷卡支付。这种支付方式，用户只需在微信平台上将其与银行卡绑定，完成身份认证后就可使用。用户在支付时只要输入密码就可完成支付，而不需要进行其他烦琐的操作。可以说，它是一种极其简便、快捷的支付方式。

（2）扫码支付。这种支付方式可分为两类，即线下扫码支付和线上扫码支付。

线下扫码支付，即用户通过扫描企业或商家的静态身份二维码，然后在生成的微信支付界面完成支付。这是目前餐饮行业中应用比较广泛的一种支付方式。

线上扫码支付，即商家通过专门的扫码器通过扫描消费者提供的线上二维码，完成整个支付过程。这种方式也可在实体店内进行，此时，用户扫描的是企业或商家的网上二维码。

（3）微信公众号支付。这种支付方式是用户通过关注企业或商家的微信公众号，在其界面上完成产品或服务的交易。

（4）App 支付。这种支付方式是用户在手机 App 应用中对众多支付方式的一种方式选择。用户在 App 界面上选择微信支付功能，然后跳转到微信支付界面完成支付。

微信支付平台上的刷卡支付，就是通过绑定消费者的银行卡进行线上支付，如图 1-5 所示。

与刷卡支付相比，扫码支付需要借助记录消费者信息的二维码完成整个支付过程。扫码支付简化了整个支付过程，减少了消费者的等待时间，同时也提高了餐饮企业的工作效率，有利于餐饮企业节约成本。图 1-6 所示为线上扫码支付。

图 1-5　微信刷卡支付

图 1-6　线上扫码支付

1.2 运营模式：餐饮行业的经营之道

餐饮行业的竞争愈加激烈，传统的餐饮运营模式已经无法满足消费者的需求，选择科学的餐饮运营模式，是传统餐饮企业寻求转型过程中必须解决的问题。本节主要介绍常见的餐饮运营模式。

1.2.1 信息整合，建立全方位餐饮信息网

随着餐饮 O2O 模式的广泛应用，越来越多的餐饮企业开始注重线上渠道的开拓，通过专业性的信息平台的合作，融合线上、线下信息渠道，进行线上、线下信息的有效整合，从而建立了全方位的餐饮信息网，带给消费者更便捷的体验、交易、支付与服务。

整合线上、线下的信息，是餐饮企业将线下实体店与线上店铺进行结合，打通线上、线下渠道的需要，也是餐饮企业打开线下餐饮市场，开拓线上营销渠道的前提条件与准备工作。

这类整合线上、线下信息平台的出现，一方面为餐饮商家与消费者的营销与消费行为提供信息支持；另一方面间接促使了 O2O 模式在餐饮行业的广泛应用。整合的信息主要包括以下几类。

（1）地理位置信息。这是消费者进行餐饮消费，特别是到店消费所必须了解的信息。关于这一方面的信息，主要包括餐饮企业或商家的位置信息，以及消费者距离和前往路径信息等，如图 1-7 所示。

图 1-7 地理位置信息

（2）商流与资金流信息。在这一信息整合类别中，主要是针对餐饮企业或商家

的基本情况而言的。从商流信息角度来说，主要是关于餐饮商户除位置信息外的其他服务信息，如菜品、商家套餐、服务提供、购买须知等。从资金流的角度来说，主要是消费的支付信息，如餐饮预订支付、支付方式选择、退款方式等。

（3）消费者信息。这类信息的整合是基于消费者角度而言的，大多产生于消费过程中或过程后。这类信息主要有会员积分、优惠券、代金券和红包等，如图 1-8 所示。

图 1-8 代金券和红包

2017 年 2 月，已有 20 年历史的华润万家旗下苏果超市与美团点评达成合作协议，正式入驻美团外卖，消费者在美团外卖 App 上可以搜索并查看到附近的苏果超市，消费者通过线上选购商品并下订单后，苏果超市的分拣员将根据订单商品进行打包，放置于美团外卖专属存放台，然后由美团外卖骑手取货验货、送货上门。

下面以具体的实例说明整合线上、线下信息，建立餐饮信息网的优势与益处。以餐饮品牌“外婆家”为例进行详细说明，“外婆家”是一家以高性价比为核心竞争力、关注家庭就餐的大型餐饮连锁品牌。外婆家凭借精准的定位、高性价比的特色菜品及周到贴心的服务受到了广大消费者的好评。图 1-9 所示为“外婆家”线下实体店。

图 1-9　“外婆家”线下实体店

随着“互联网+”时代的到来，“外婆家”紧跟互联网趋势的浪潮，借助多个团购平台，实现餐饮业的线下和线上融会贯通，并且注重品牌口碑的打造，与支付宝、微信等支付平台展开深入合作。这使得消费者在消费过程中享受支付快捷的便利，为消费者提供更好的服务的同时，也有效地降低了品牌运营成本，实现了线上品牌的完美进军。

“海底捞火锅”也是一个很成功的例子。其创立的几年期间，广受大众好评。除了“服务至上、顾客至上”的品牌理念，线上、线下结合的营销，让“海底捞火锅”在竞争激烈的餐饮行业奠定了成功的基础。图 1-10 所示为“海底捞火锅”开启线上优惠预订后的客满现场。

图 1-10　“海底捞火锅”开启线上优惠预订后的客满现场

下面分别从线下和线上进行分析。

1．线下

在线下营销过程中，“海底捞”定期让所有的店铺做单品优惠，每年一次店庆活动及节假日相关优惠活动，以此活跃线下实体店的老顾客群体。图1-11所示为“海底捞”线下优惠海报。

图1-11 “海底捞”线下优惠海报

2．线上

目前，“海底捞”为扩展线上渠道，注重线上产品的打造，打造高品质的服务口碑，同时与互联网资源采取紧密合作关系，通过互联网PC端口和App端口等第三方平台助力其品牌打造，因此，收获了更多的到店消费者。那么“海底捞”在线上领域究竟做了哪些努力呢？图1-12所示为“海底捞”线上运营的成功经验。

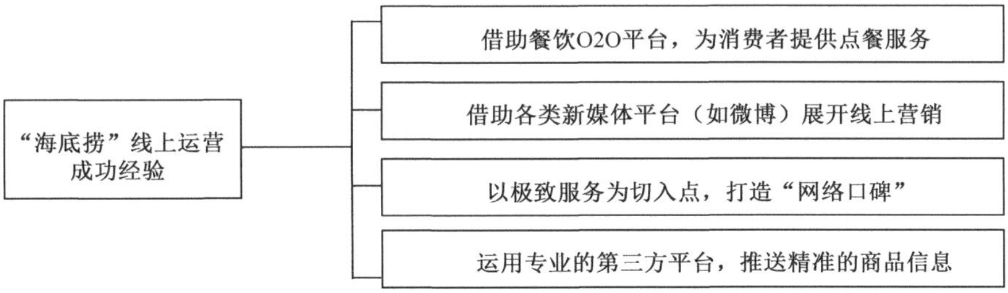

图1-12 “海底捞”线上运营成功经验

从线下经营到线上团购、外卖的发展中，80、90后将成为餐饮市场的主体。现在的年轻人都喜欢通过互联网消费，送货上门，简化生活模式。而餐饮公司要想做得成功，就要满足用户的需求。以汉拿山为例，目前该餐饮企业非常积极的响应互联网运营模式，在美团外卖上的订单销量增长非常迅速，利润可观。

1.2.2 模式优化，打造高品质商家服务链

不少传统餐饮企业在转型过程中纷纷选择“线上点餐，线下配送”的经营模式，这一现象的出现得益于餐饮 O2O 模式的广泛应用，从而促使了餐饮点餐服务的多样化发展。

“线上点餐，线下配送”模式的出现，离不开互联网科技的发展。移动支付平台带来的支付方式的变化、第三方平台带来的消费者信息分析，都在一定程度上推动了“线上点餐，线下配送”这一模式的形成。而在这一模式中，无论是线上的点餐服务，还是线下的配送服务，都是餐饮企业提供服务质量与水准，塑造品牌形象，提升品牌认知度与认可度的重要环节。

“线上点餐，线下配送”模式出现的早期，餐饮企业常常借助美团外卖等外卖网站，如图 1-13 所示。值得注意的是，餐饮企业要想借助这一模式为消费者提供更优质的餐饮服务，需要进行线上与线下的双向配合。如果线上点餐服务与线下的配送服务，有一方做得不到位，都会影响消费者的体验。

图 1-13 美团外卖

1.2.3 配送服务，成就高人气网红店推手

第三方配送服务，是餐饮企业在订单与配送人员数量不对等的情况下发展的结果。分析现在的餐饮市场，优质的配送服务已经成为塑造餐饮品牌形象，增强企业市场竞争力的重要方式。

餐饮企业的配送服务，在一定程度上影响着餐饮企业口碑的好坏，同时对消费者的用户体验产生影响。高效、到位的配送服务，有利于提高餐饮品牌的人气，增强餐饮品牌的影响力。

餐饮企业第三方配送服务的出现，主要有两方面的原因。下面以图解的形式介绍第三方配送服务产生的具体原因，如图 1-14 所示。

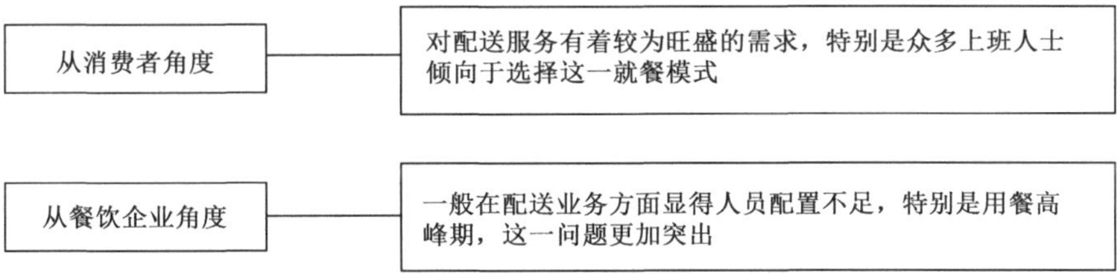

图 1-14 第三方配送服务产生的具体原因

正是基于这两个方面的不对等关系，餐饮行业的第三方配送服务才应运而生，经过一段时间的发展，已经形成了一定的规模。

在我国，如点我吧、到家美食汇等利用第三方配送的典型外卖服务网站，在餐饮 O2O 模式营业过程中，不仅能增加餐饮企业或商家的服务半径，还能最大限度地解放服务员，节省人力成本。关于餐饮 O2O 外卖的第三方配送，其在发展过程中具有明显的优势，如图 1-15 所示。

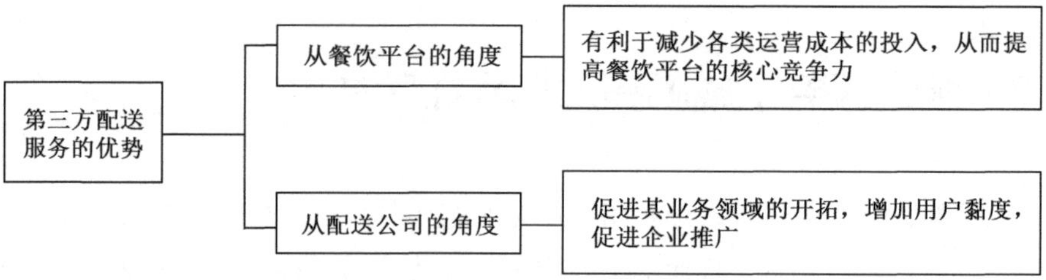

图 1-15　餐饮 O2O 外卖业务的第三方配送服务模式优势分析

目前，美团致力用先进的无人驾驶技术，对配送侧进行改革，增加运力的供给。美团无人配送车主要运用自主研发的路径规划和避障算法，通过摄像头和激光雷达等元器件判断障碍物，实时计算行进路线，进而使得产品技术完整度高，既可以按照既定路线自动导航行驶，而且也具备路径规划、智能避障、车道保持、智能跟随等功能。美团无人配送车主要针对以下两种场景进行研发：园区内配送：自主行驶，有效避障，自动规划行驶路径；开放道路配送：具备 Level 4 级别自动驾驶能力。

美团将持续与高校实验室通力合作，既有自主研发，同时借鉴引进其他先进经验。今年美团已正式宣布加入加州大学伯克利 DeepDrive 深度学习自动驾驶产业联盟（以下简称 BDD）。美团和 BDD 将依托技术团队和学术团队的深度合作，推动双方在自动驾驶领域高质量数据的共享，通过产学互动，在无人配送场景、数据等方面加快自动驾驶的技术创新、理论创新、以及落地应用的进程。另外，美团已与清华大学自动化系签订框架合作，致力于在无人驾驶核心技术上深度合作，大力投入大数据、人工智能等技术，大力增强科技创新，为生活服务业高质量发展提供新动能，创造美好生活。

1.2.4　自主经营，提升个性化品牌影响力

餐饮企业如果能实现高度的自主经营，对提升个性化品牌影响力能起到极大的促进作用。所谓“品牌商户”，在这里主要是指从平台运营、订餐、点餐到配送都能实现自主经营，并有着自身的产品品牌的餐饮企业。

餐饮企业的自主经营有利于提升品牌影响力，凸显品牌个性化特征，在餐饮市场竞争中获得发展的主动权。对于餐饮企业来说，拥有自主经营权就意味着在品牌

经营上拥有了更多自主选择的权利，能为企业的发展带来了更多的可能性。

餐饮企业要想实现自我经营，首先应该明确选择自主经营的模式对于企业发展有什么好处。下面以图解的形式介绍自主经营模式的优势，如图 1-16 所示。

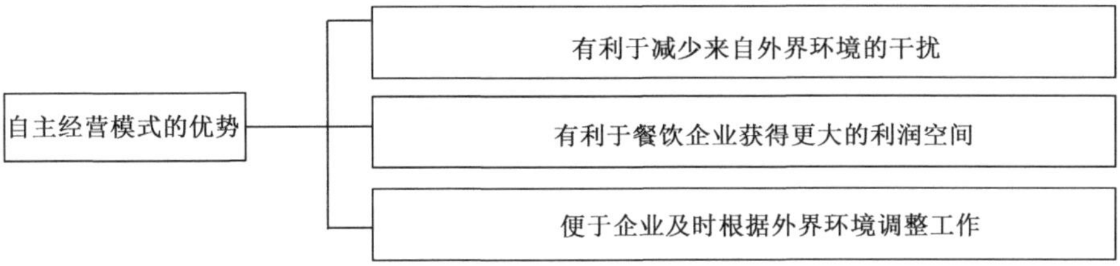

图 1-16　自主经营模式的优势

自主经营虽然能为餐饮企业带来更多的发展空间，但是在实际的操作过程中，对企业的综合实力提出了较高的要求。餐饮企业要想实现自主经营，就需要了解自主经营应具备的条件，如图 1-17 所示。

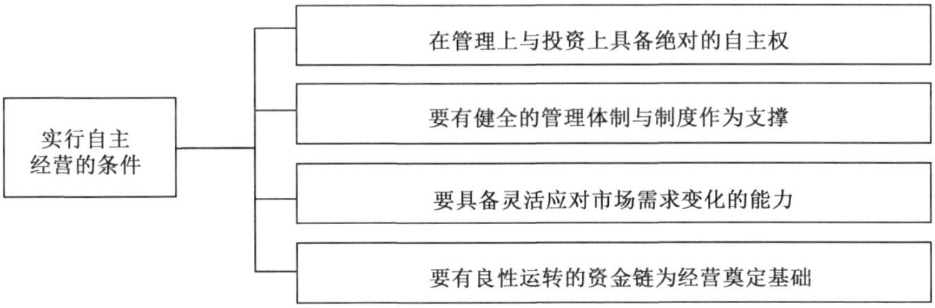

图 1-17　自主经营应具备的条件

在自主经营方面，KFC、俏江南、全聚德等餐饮企业都是典型的代表。不难发现，自主经营为餐饮企业带来了更多发展的可能性。图 1-18 所示为著名餐饮品牌全聚德。在它们的企业运营布局中，连锁配送业务是其营销的增值服务的一种，主要目的是提升其自身的品牌形象，力争在品牌服务意识方面更进一步。就餐饮 O2O 而言，全聚德等在这方面的模式应用只是其对业务拓展的尝试。

图 1-18　餐饮 O2O 的品牌商户自主经营代表

1.3 快速开店：门店选址与取名技巧

门店选址是否合理、门店的店名是否具有辨识度与记忆点，对餐饮门店的人气与菜品销量都有重要影响，掌握一定的门店选址与取名技巧是一个优秀的餐饮管理者应具备的一项职业技能。本节主要介绍餐饮门店的选址与取名技巧。

1.3.1　选址分析，找准最具优势的餐饮旺铺

开设一家餐饮商铺，地址的选择尤为重要，如果地址选择不好，就会影响商铺的运营，甚至导致大量的亏损。因此，初入餐饮行业的创业者在开店之前，首先要对不同地段的优势和不足进行详细分析，从而找准最具营销优势的餐饮旺铺。

在选择门店地址时，首先需要对这一地段的人流量进行预估，并且判断所在商圈的主要消费群体是否与自身的品牌定位、目标消费人群定位一致，除此之外，店铺的开业成本以及经营成本等也是在店铺选址时需要考虑的问题。

在选址时需要注意什么呢？怎么选择最佳的店铺地址呢？下面分别从 4 个方面进行详细介绍。

1. 人流量预估

作为一家餐饮商铺，生意的好坏取决于人流量。通常来讲，餐饮商铺开设在两种地方会较为合理，下面以图解的形式为大家展开介绍，如图 1-19 所示。

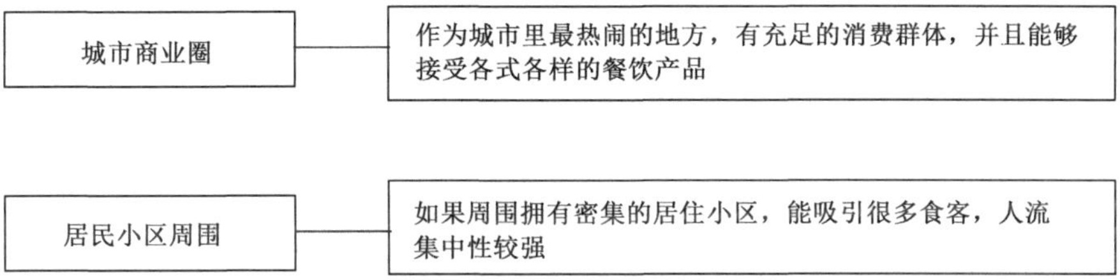

图 1-19　两种适合开餐饮商铺的地方

从宏观角度分析，餐饮的受众面很广，这里针对 4 种不同区域的餐饮需求为大家展开介绍，如图 1-20 所示。

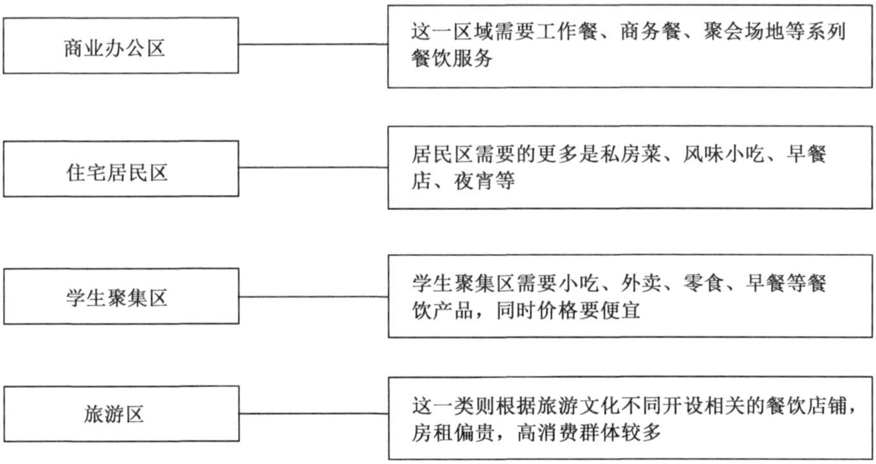

图 1-20　4 种不同区域的餐饮需求

2. 预估开业成本

这一点尤为重要，开店之前没有预估好自己的成本支出，这就意味着去寻求合适店面时，会被有限的资金限制住，难以寻得合适的店面。

这里建议用笔记本列出所有的开支清单，开店做生意是一件需要细心的事情，事无巨细，精确地利用和安排好每一笔资金。这样，以后的经商之路才会越走越宽，越走越顺。

3. 计算受众消费水平

餐饮经营不是薄利多销就能盈利的，例如，一道菜卖 30 元，但是将房租等成本除去之后，净赚不到 5 元，那么就失去了经商的意义。所以，受众的消费水平和房租的费用决定了我们是否选择该领域开设门店。

4. “私房”的 O2O 转型

随着互联网的愈发发达，更多的餐饮商家将目光放在了“私房”上，所谓“私房”是彻底颠覆传统餐饮只在临街选铺面的做法，在一些楼层或者自己的家，以线上引流的方式吸引消费者到店消费，这样可以大大降低开业成本，是一个不错的选择。

图 1-21 所示为位于长沙坡子街的火宫殿总店。长沙的坡子街具有悠久历史的千年老街，各类美食都聚集在此，是名副其实的美食街。此地人流量巨大，很多消费者都是慕名而来的，要是条件允许的情况下，可以在此类地方或周边开设门店。

图 1-21　位于人流量大的火宫殿

这种侧重于“私房”的选址方式，现在看来运用得最多的是中小型菜馆、有情调的咖啡馆、茶餐厅等餐饮类型的店铺，如果想往这种选址风格发展，餐饮商家可以根据自身的实际情况进行实地考察。

这类“私房”餐厅一般是通过线上宣传的方式，吸引消费者到线下实体店进行消费，因此在选址方式，要更加注重周边环境的选择，从而为消费者提供一个舒适的用餐环境，增加消费者的好感度，增加餐厅回头客。

图 1-22　某家开设在楼层里的茶餐厅案例

图 1-22 所示为某家开设在“私房”里的茶餐厅案例。

这种模式在当今越来越受欢迎，能为消费者提供安静舒适的用餐环境，由于房租并不昂贵，所以，此类店铺的菜品收费标准相对于临街店铺而言较为实惠。图 1-23 所示为消费者对两家“私房”商家的消费评价。

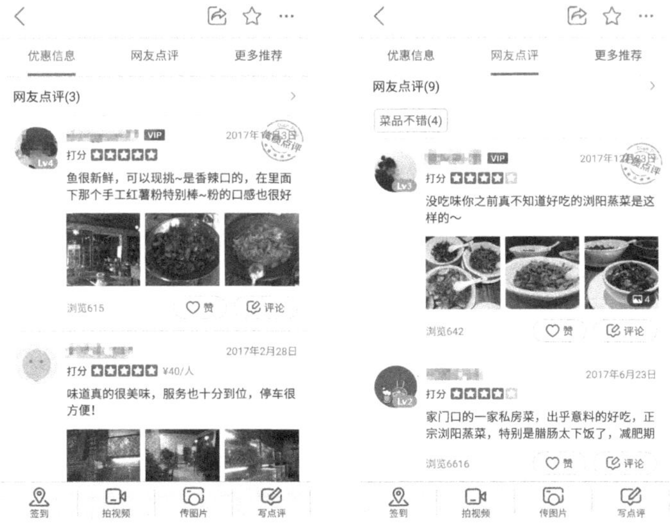

图 1-23　消费者对两家“私房”商家的评价

1.3.2 经验借鉴，解密餐饮企业的选址技巧

在选择店铺地址时，可以通过分析某些成功餐饮品牌的选址，总结它们成功的经验，再结合自身的实际情况，选择合适的店铺地址。这是因为，一个成功的餐饮品牌在选择店址前，一定做了大量的市场调研工作。

关于门店选址，麦当劳和肯德基这样的中式西餐厅可谓是成功的典范，这些餐饮企业在选址过程中，制定了一些标准模板，值得很多餐饮创业者学习借鉴，从而降低选址的失败率。

肯德基与麦当劳的选址技巧可总结为以下 5 个知识点。

1. 商业繁华地段

这是肯德基、麦当劳开设分店必须具备的前提条件，足够多的消费群体，才能支撑起一家大的餐饮品牌，从而投入正常的运营。商业繁华地段能保证一定的人流量，为商家营销活动的开展提供了条件。

2. 建筑格局

从楼面到梁底，从厨房到就餐区域，针对这些建筑格局，肯德基、麦当劳无不严苛，只有好的建筑条件，才有利于后期的视觉效果的打造。

除此之外，肯德基、麦当劳还有更为细化的硬件要求，下面以图解的形式为大家介绍，如图 1-24 所示。

3. 选址的商业格局

麦当劳的选址标准在其内部已经形成了可复制的范本，特别是其高瞻远瞩的商业布局，这里以图解的形式为大家一一进行分析，如图 1-25 所示。

建筑高度	明确规定店面空间（从脚底到天花板）的高度一律不能低于30米
楼板承重	厨房区域要达到每平方米450千克的承重，餐厅区域承重则不能低于250千克每平方米
电水供应	需要为店铺每天供水25吨，每天供电2000千瓦时保证正常的营业需求
卸货空间	需要利用一个门面作为卸货空间，用于货车搬卸每天所需的物资
面积设计	店铺首层占地面积要达到350平方米，门面为12平方米

图 1-24　肯德基、麦当劳选址的硬件要求

现在未来	基于麦当劳“20年不变”的企业原则，麦当劳在选址时对各方面要求注重长远
店铺亮眼	所有商铺均选择在一楼门面，定位于视觉营销和印象加深的营销理念
有条不紊	如果某个地段租金过高，麦当劳会静待时机，在周边先开设门店
优势互动	麦当劳也需要借力，在大型商场、繁华购物广场开设“店中店”，实现品牌借力
明确领域	麦当劳的消费群体大多为年轻人和小朋友，故优先选址于时尚之地和游乐园附近

图 1-25　麦当劳选址的商业布局

▶ 专 家 提 醒

大多数的商业圈里，有麦当劳就会有肯德基，这样做能有效地起到“抱团取暖”的作用，使消费者能更清晰地意识到，在某个圈子能同时找到几大西式快餐厅的品牌。这样，不仅让消费者觉得便捷，企业间还实现了消费者的共通，这种共通包括信息共享、品牌一同传播、取长补短的优势结合等益处。

4. 肯德基选址步骤

首先，肯德基在进军一个全新的地域时，一定会制定该区域的策略规划，具体包括两个要点，如图 1-26 所示。

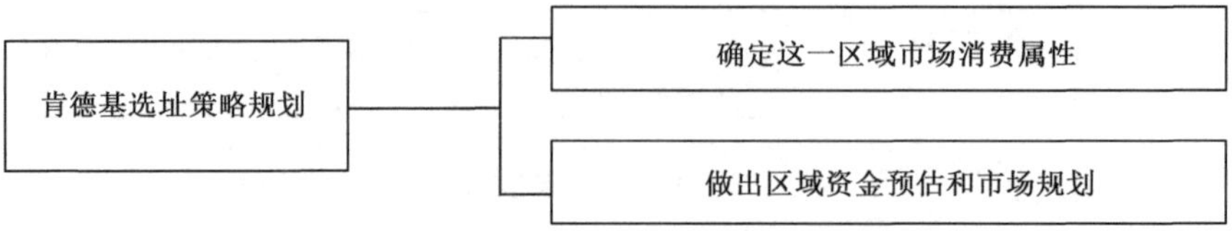

图 1-26 肯德基选址策略规划

制定好策略规划后，肯德基的团队将进行商圈的规划和分析，分 3 种类型，如图 1-27 所示。

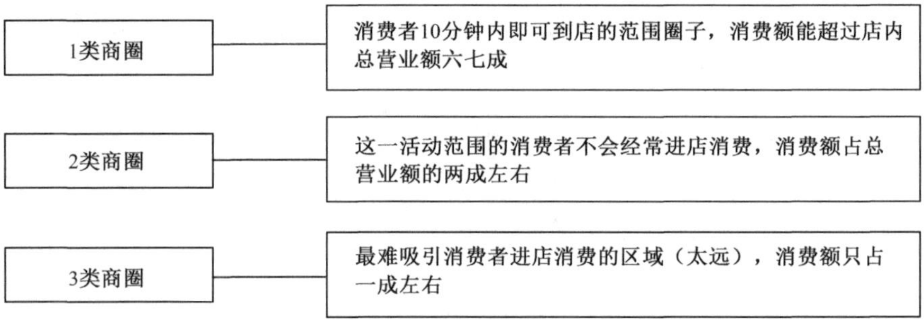

图 1-27 肯德基商圈规划及分析

5. 相关要素的评估

肯德基和麦当劳的开发团队意识到，选择一个地址，最重要的是明确在一个拟定的地域里，找到人流最集中的地方，同时，这也可以判断该地域具不具备成熟商业发展的潜力。

所以，肯德基和麦当劳都有一个共同的办法，那就是记录几个候选地址的门前过客，最多的那个即最合适的店面地址。

下面整理了一些图片案例，希望有助于各位读者更清晰地打开自己在选址问题上的思维逻辑。图 1-28 所示为麦当劳在某旅游区开设的分店，巧妙地选择了古色古香的风景建筑，使得麦当劳变得更接地气，更有“中国风”。

图 1-28 麦当劳在某旅游区开设的分店

▶ 专 家 提 醒

这些大型西式快餐厅还有一个选址特点值得学习，就是各地的旅游景区几乎都有它们的踪迹，这些景区的分店目的不是盈利，而是获得更大的品牌形象展示的空间，从而提升消费者潜意识中的信任感，能带动整个地区甚至整个品牌的口碑宣传效益。

图 1-29 所示为某大型购物广场的一楼开设的必胜客门店，这个位置能够很大程度上吸引消费者进店消费，这家必胜客巧妙地将该购物广场的消费群体吸引到自己的品牌中来。

图 1-29 某大型购物广场一楼开设的必胜客门店

1.3.3　租赁要点，提炼省钱省心的租借干货

在租赁门店之前，有一件事必须先做好，那就是了解该领域的房产市场价格走势。这一点尤为重要，很有可能关乎着你是否能用最少的钱租到最好的店，避免少走弯路。

掌握一定的门店租赁技巧，对于餐饮创业者来说是十分必要的。一方面，有利于节约开店的成本，缓解创业者的经济压力；另一方面，有利于防范店铺租赁的风险，减少不必要的经济损失。

那么，我们在租赁门店时，有哪些值得了解的技巧和要点呢？接下来以图解的形式先为大家介绍租赁门店的技巧，如图 1-30 所示。

租期3年左右	之所以要保证3年的租约，是因为目前的地产变化波动较大，可防止房东突然涨租
建立良好的关系	做生意讲究和气生财，所以，应与房东、街坊邻居建立良好的关系
谈好附加条件	比如门店的物件修复和更新问题、水电的费用问题等，尽量避免发生不必要的经济纠纷
卸货空间	可根据当时门店周围施工带来一定影响的情况，适当让房东降租
面积设计	谨慎核实房东的身份信息、店铺的房产信息等，甚至可以到当地公安机关核查

图 1-30　租赁门店的 5 个技巧

在了解清楚租赁的技巧方面后，还有必要知道门面租赁的要点，毕竟餐饮业的商铺租赁短则 3～5 年，长则十几年或者更长，必须面面俱到。下面分别从 5 个方面展开讲解。

1. 产权方面

必须全面了解目标门面的产权归属、产权性质等问题，具体来说，主要有 3 个要点需要了解，如图 1-31 所示。

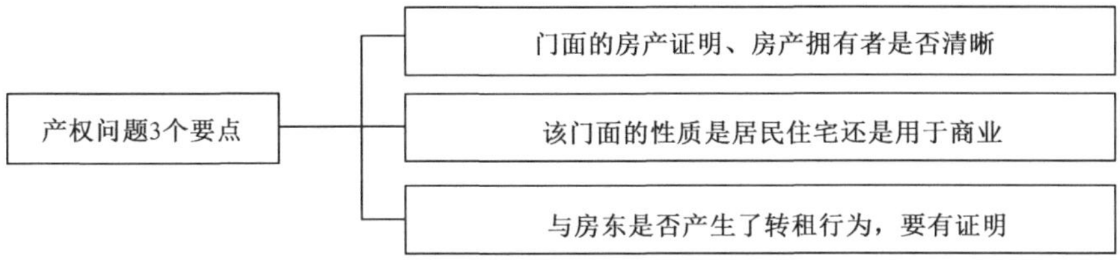

图 1-31　产权问题的 3 个要点

2. 有关单位证明

我们需要当地的街道办单位证明，如证明该门面是否具备开设餐饮店的条件，如果具备，还要进行相关的备案证明。

3. 店铺的周边调研

仅靠理论知识来判断一个店面是不够的，必须亲力亲为，实地考察该门面附近的消费观念、小区或办公楼的数量、人们的消费习惯等，总结之后以便于后期展开营销。

4. 污染排放

污染排放和垃圾处理对于餐饮行业来说也是重中之重，特别是油烟、污水、厨房垃圾这些较多的污染体，所以，这就意味着有 3 个要点需要着重考虑，如图 1-32 所示。

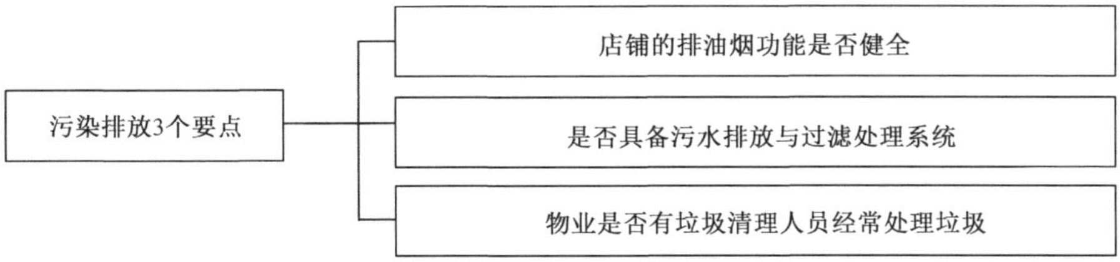

图 1-32　污染排放的 3 个要点

5. 消费安全意识

餐饮店铺是人群密集的场所，我们要具备消防安全意识，下面以图解的形式为大家介绍消防安全的注意事项，如图 1-33 所示。

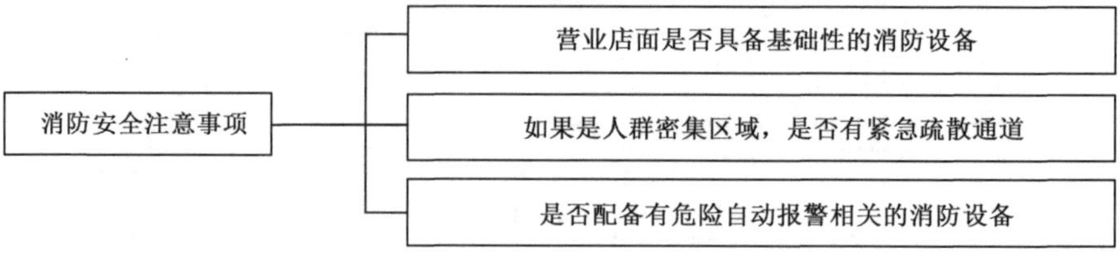

图 1-33　消防安全的注意事项

▶ 专 家 提 醒

有关部门还会对消防设施定期抽查，所以，我们要积极自主地进行消防安全的工作，如定期更新灭火器、检查自动火灾报警设备、清理紧急逃生通道等，做到有备无患。还有一个注意事项，那就是在与房东签订合同时要谨慎阅览合同条款，有不合理、不明确的问题要及时交涉沟通，避免以后衍变出不必要的麻烦。

1.3.4　注册流程，新开店铺必不可少的环节

餐饮创业者想要开店，必须按照相关流程到有关部门注册手续。要想节省注册时间与精力，餐饮创业者需要在注册前了解相关注册流程，完善各项证明材料，保证注册工作的顺利进行。

无论是什么行业的商铺，要开店，完善的手续注册流程是少不了的，不要怕烦琐，毕竟餐饮行业是提供“吃”的服务，所以，相比较于其他行业，要稍微复杂一点。

新开的餐饮店铺要想完成注册，需要按照规定的程序向相关部门提供资料。接下来对餐饮店铺的注册流程进行详细介绍。

1. 工商手续的办理

首先，要到商铺所在地相关的工商局做开业登记，该单位会在 30 个工作日内给出结果（批准或不批准）。如果批准，凭《企业名称预先审核通知书》即可领取企业申请开业登记注册书。工商批准登记完毕后，会向企业法人授予营业执照。

> **▶ 专 家 提 醒**
>
> 登记注册的主要事项如下：店名称、经营场所、住所、经营性质、经营范围、法定代表人、注册资金、经营方式等。

2. 餐饮服务许可证的办理

在工商局领取开业登记注册证书后，接下来就要去市行政审批服务中心“食药监窗口”提交申请餐饮服务许可证，该服务中心会派出相关调查人员按照《餐饮服务许可审查规范》组织现场审查验收，通过之后会授予餐饮服务许可证。图 1-34 所示为餐饮服务许可证。

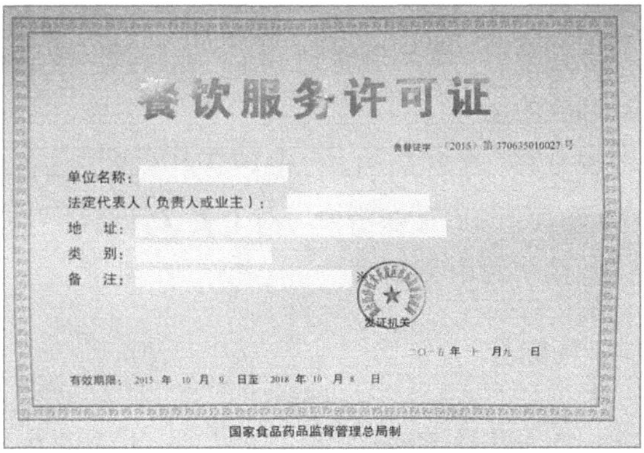
餐饮服务许可证
单位名称：
法定代表人（负责人或业主）：
地　址：
类　别：
备　注：
发证机关
国家食品药品监督管理总局制

图 1-34　餐饮服务许可证范本

3. 环保审批的办理

对于餐饮行业而言，环保问题是较为敏感的，污水油烟的排放系统需要当地环保部门审批。同时，噪声、空气影响等污染，相关部门也会有不同的要求。

4．其他手续办理

- 餐饮级别核定：到当地饮食行业管理处，得到相关授理。
- 售价核定：到当地的物价局，得到相关授理。
- 酒类经营许可：如需经营酒类产品，需到工商局办理。
- 税务登记：获取营业执照的 30 个工作日内，到当地税务局登记。
- 银行开户：带上营业执照的原件、身份证及财务印章等证明办理开户。

1.3.5 店名定制，打造特色的餐饮品牌

店名是一个企业的核心标志之一，它如人名一样，彰显着企业和商铺的形象。餐饮行业因为经营的品类众多，所以，店名也不尽相同。餐饮店名一旦确定，一般情况下，很少会发生变动，因此，在取名时就要从长远的角度看，要综合考虑多方面的因素。

在为餐饮店铺取名时，要考虑到自身品牌的定位，注重凸显品牌特色；另外，选择的餐饮店名应该遵循易读、易记的原则，过于生僻拗口的店名不利于消费者的记忆，不利于品牌认知度的提升。

餐饮店名的选取也是有一定技巧的，好的店名对于品牌的推广、产品的营销具有重要意义。因此，掌握一定的店铺取名技巧对于餐饮管理新手来说是很有必要的。下面分步骤为大家讲解取名的相关知识点。

1．以喜庆、吉祥为主题

中国是礼仪之邦，素来讲究吉祥如意的美好事物，这种方式的命名能有效地激发消费者内心的美好向往，因为每个人心里都对这种正面且美好的事物都有所追求。

2．融入数字

一些商家将数字融入到店铺的名字中，一般较多使用的数字是 1～10，这能让人很容易记住。

3. 典雅意境

现代人对事物的审美逐渐趋于古典、雅致、诗意，基于此，在取名时不妨往这方面靠拢，但一定要切记不能完全脱离自己经营的行业，最起码要有直接的关联。

4. 关联姓氏或名字

餐饮行业历史悠久，以姓氏或名字取名早已司空见惯，如“王嫂干锅鸡”“郑家碳烤鱼”等。那么这一取名方式为何流传至今还备受广大餐饮商家的青睐呢？原因就是足够接地气，也容易让人记住，弘扬出一种土色土香、原汁原味的品牌文化。

以喜庆、吉祥为主题店名，符合中国人的思维习惯，更容易赢得消费者的好感。图 1-35 所示为“仟禧面包坊”的街拍，看到“仟禧”两个字，是不是心头别有一番愉悦感呢？可以说“仟禧”两个字营造了一种吉祥、喜庆的氛围。

图 1-35　“仟禧面包坊”

在餐饮店名中融入数字，简单易记，增加了消费者对品牌的记忆点。一般而言，在店名中选择的数字会被赋予特殊的含义，因此，餐饮创业者如果要在店名中融入数字，可以选择一个与品牌定位、管理理念等有关联的数字。

由于数字具有易记、好读的特点，在餐饮市场上有不少餐饮品牌中都融入了数字。图 1-36 所示为“85 度 C”餐饮门店招牌案例。之所以取名“85 度 C”，是因为咖啡温度为 85℃时，喝起来的口感最佳。在这个案例中赋予了“85 度 C”这个数字特定的含义，在引起消费者好奇的同时，也向消费者传递了品牌特色，间接增加了品牌的影响力。

图 1-36　“85 度 C”餐饮门店招牌案例

致力于营造典雅意境的店名，体现出了独特的品牌魅力。图 1-37 所示为一家名为“蘇浙匯”的餐饮店招牌，“蘇浙匯”三个字不仅能反映出这家餐厅菜品属于苏浙淮扬菜系，而且使用繁体字设计品牌名称，营造了一种古典、雅致的氛围，融合了古典与现代的气质，打造了品牌的独特性。

图 1-37　餐饮品牌“蘇浙匯”

▶ 专 家 提 醒

此类取名方式，在餐饮行业还有很多，如品牌餐饮“尚滋味”、牛奶产品“牧羊人”、夜宵商铺“以诗下酒”等。这类名字取得好，念起来有滋有味，活色生香，更有利于后期的品牌宣传，商家可在这上面多花点心思。

还有一种以关联姓氏或者名字作为餐饮店名或者品牌名称的取名方法，这种取名方法在餐饮行业并不少见。为什么不少餐饮企业会比较热衷于用姓氏或者名字作为店名或品牌名呢？一方面是由于用姓氏或名字作为品牌名称具有鲜明的个性化特征，能够突出品牌的独特风格；另一方面，这类品牌名称具有简单直接的特点，能使消费者产生熟悉感，从而更容易获得消费者的认可。图 1-38 所示为“王致和”的品牌标准与产品。

图 1-38 “王致和”标志及产品

1.3.6 取名技巧，凸显产品特色的店名

中国的餐饮文化博大精深，每个地方有每个地方的人文特色，通过地域人文的方式取店名，能够最大程度彰显其地域特色，甚至能树立起该地域美食的标杆，从而提高餐饮品牌的辨识度。

千篇一律的餐饮店名，对于消费者而言容易产生审美疲劳，丧失继续了解下去的兴趣；而对于餐饮商家而言，选择相似度高的店名，不利于凸显自身的品牌特色，无法对消费者产生大的吸引力，从而不利于餐饮品牌的推广。

图 1-39 所示为“巴蜀传说”餐厅招牌，听着名字我们就知道这是川菜馆。众所周知，“蜀”是四川一代的古称，而“传说”二字则增添了一丝神秘感，将我们带到了那个雾气缭绕、仙气缥缈的盆地世界，不由得令人心生向往。

图 1-39 “巴蜀传说”餐厅招牌

借助主打菜名选择店铺名称的命名方式也较为常见，其主要目的是突出自己的菜品特色和经营内容，达到“看其名，知其味”的效果，如“山羊肉火锅”“田园烤鸡”“炭火烤鱼馆”等。颇具代表性的是大名鼎鼎的“松桂坊腊味煲仔饭”。图 1-40 所示为松桂坊腊味煲仔饭门店及招牌展示。

图 1-40 “松桂坊腊味煲仔饭”门店及招牌

第 2 章

设计：吸引用户眼球增加转化

在餐饮行业的营销活动中，餐饮管理者也应注重视觉设计，打造最佳的视觉效果，增加品牌的记忆点，从而提高消费者对自身品牌的认知度与关注度。视觉设计包括品牌 Logo 设计、店铺设计、餐饮产品、餐饮营销文案设计这 4 个方面。本章主要从这 4 点介绍视觉设计。

- 餐饮品牌：占领用户心智的符号。
- 餐饮店铺：轻松打造五星好评店铺。
- 餐饮产品：决定成交的关键所在。
- 餐饮文案：设计完美视觉化文案。

2

2.1 餐饮品牌：占领用户心智的符号

当下生活水平不断上升，消费者在选择自己衣食住行的问题上已经不再仅仅满足于物质条件。打造良好的品牌形象，充分发挥品牌效应，对于一个餐饮企业或店铺来讲显得尤为重要。

2.1.1 Logo 设计，推送餐饮品牌的广告

企业或餐饮店的 Logo 是消费者首先能看到、能感受到的标志，它一般都会出现在明显的地方，如门口招牌、楼顶广告位等。餐饮企业在设计自身品牌 Logo 时要体现自身的品牌特色，注重品牌记忆点的打造，从而便于消费者对自身品牌的记忆，间接提高消费者对品牌的认知度。

企业或餐饮店的 Logo 影响力已经远远大于企业或餐饮店本身，例如，星巴克的咖啡不是最好喝的，但论及其品牌 Logo，却早已名扬四海。由此可见，打造出一个“名气”品牌对餐饮企业有极大的帮助。

餐饮企业在设计品牌 Logo 时，为了打造出最佳的视觉效果，应遵循一定的设计原则。接下来以图解的形式介绍餐饮企业在设计品牌 Logo 时应遵循的原则，如图 2-1 所示。

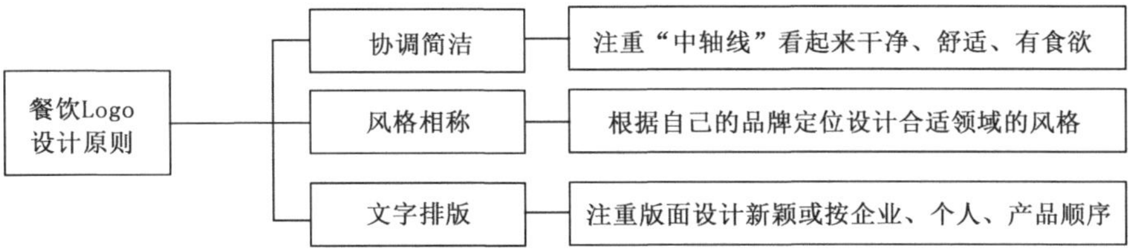

图 2-1　餐饮 Logo 设计原则

▶ 专 家 提 醒

餐饮行业品类繁多，设计餐饮品牌 Logo 时一定要结合自身领域，也可以找一些设计公司进行合作，与专业的设计师进行沟通，设计出符合自身品牌的 Logo 标志。一个好的 Logo 设计一定是大多数人所认可的。

餐饮 Logo 设计的水准决定了消费者对餐饮店的第一印象，好的餐饮 Logo 能充分体现餐饮企业的独特文化与风格定位，增加品牌的辨识度。图 2-2 所示为各大餐饮企业的 Logo 标志。

图 2-2　各大餐饮品牌的 Logo 展示

此处需要强调一下，简单协调的 Logo 设计原则不是说越简单越好，它的重点应该是从视觉上让人们觉得有协调感，且容易记住。图 2-3 所示为浪淘沙·锅的品牌 Logo，其特点是一个砂锅的简笔画与招牌文字简单搭配，整体看起来简洁又协调。

图 2-3 简单协调的餐饮 Logo 案例展示

关于风格相称的 Logo 设计原则，以图 2-4 所示的餐饮企业品牌 Logo 为例，该 Logo 的整体设计风格是比较相称的，从品牌 Logo 中能看出它主打的产品是包子，Logo 的设计巧妙地贴合了商家的经营领域且不失风格。

图 2-4 设计风格相称的餐饮 Logo 案例展示

图 2-5 所示为一家名为“衢州小吃”的餐饮企业品牌 Logo，它将招牌文字巧妙结合极具餐饮文化的图案（锅、碗、杯子），不仅体现出三大设计原则中文字排版的特点，更突出了品牌的独特性。

图 2-5 极具排版特色的餐饮 Logo 案例展示

2.1.2 宣传口号，打开客户心门的钥匙

所谓宣传口号，最好的方法就是用很短的一句话对某个餐饮品牌的总结，它是对自己的受众群体的一个回答，这种回答一般来说简单、顺口、有食欲，还要适合属于自己的消费人群。

餐饮企业的宣传口号可以说是打开消费者心门的钥匙，是借助语言的力量激发消费者兴趣的重要通道。餐饮宣传口号既要体现餐饮产品的特点与特征，打造产品的卖点，体现宣传口号的价值，又要击中消费者的需求痛点，引起消费者的关注与兴趣。

餐饮企业在设计产品宣传口号时，要想充分发挥口号的宣传作用，达到最佳的宣传效果，就必须遵循一定的口号设计原则。下面以图解的形式介绍餐饮宣传口号的设计原则，如图 2-6 所示。

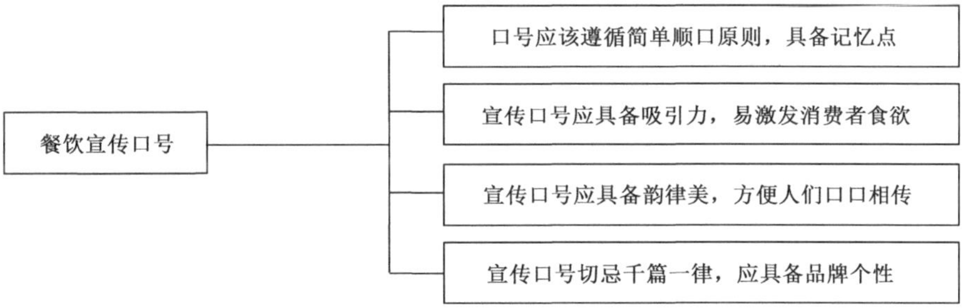

图 2-6 餐饮宣传口号的设计原则

宣传口号应具备 4 个特点：简单顺口、方便口口相传、能激发消费者食欲、体现品牌个性特色。下面以具体的宣传口号实例，对宣传口号的这 4 个特点进行详细分析。

1. 简单顺口

简单顺口，顾名思义就是要简简单单的，让人好记住。听过“农夫山泉有点甜”这句广告词吗？既简单又顺口，又能让人记住，这样的口号将简单顺口原则发挥到了极致。图 2-7 所示为农夫山泉的宣传海报。

图 2-7　农夫山泉的宣传海报展示

2．方便口口相传

这一点基于简单顺口，要稍微有点讲究，所谓口口相传，就是指听到这个口号的人愿意主动去传播。在这一点上，“味千拉面”做得很到位。“味千拉面”已成为中国餐饮行业的知名品牌，凭借着超一流的拉面产品，以及系统化、标准化的经营模式，在整个餐饮行业享有盛誉，其口号“这一碗，让心里好满”更是深入人心，口口相传，如图 2-8 所示。

图 2-8　味千拉面宣传口号展示

3．激发食欲

因为我们是餐饮行业，我们的口号就是要让大众有消费欲望，打造一个短短的口号，要能激发出顾客的食欲，有了食欲才会有消费的欲望。

我们都知道泡面作为一种速食，并不算是一种特别好吃的食物，但一看到它的广告语就情不自禁地口水直流，比较典型的案有“白象”方便面的广告：“秘制高汤，更营养。”图 2-9 所示为“白象”方便面宣传海报。

图 2-9 “白象”方便面宣传海报展示

4．适当个性

适当个性是指在简单顺口的前提下，找到一种个性化的宣传手段，要结合自身的受众群体，如著名的餐饮品牌“小肥羊”的宣传海报，就以“我的人参泡汤了”凸显了产品的“滋补养气”亮点的同时，以生动活泼的语言展现品牌的独特魅力，如图 2-10 所示。

图 2-10 个性化宣传口号海报展示

2.1.3 色彩设计，凸显餐饮品牌的符号

从视觉营销角度来说，设计的餐饮品牌如何吸引客户，加深品牌记忆点是较为重要的问题。所以，许多商家都在餐饮品牌的视觉设计上花了很多心思，其实就设计来说，色彩的构造是一个十分基础却又复杂的学问。

精致的色彩搭配会让人觉得赏心悦目，产生兴趣。而搭配得太过粗糙而土气，则会让人不免蹙眉，并且失去任何想要仔细看看的心情。其实餐饮品牌设计中关于色彩的搭配都是大有学问的，很多餐饮品牌的配色都与其风格定位有关。

在进行餐饮品牌设计时，要注重色彩搭配的协调，才能在打造品牌独特风格的同时，达到良好的视觉效果，给予顾客舒适的视觉享受。因此，在进行餐饮品牌的色彩设计时，应遵循一定的原则。下面以图解的形式介绍餐饮品牌色彩搭配的原则，如图 2-11 所示。

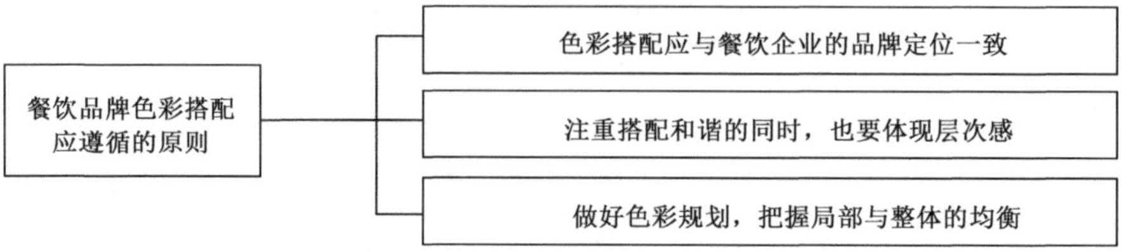

图 2-11 餐饮品牌色彩搭配的原则

了解一定的色彩搭配方法，是打造良好视觉效果的前提。下面以图解的形式介绍常见的色彩搭配方法，如图 2-12 所示。

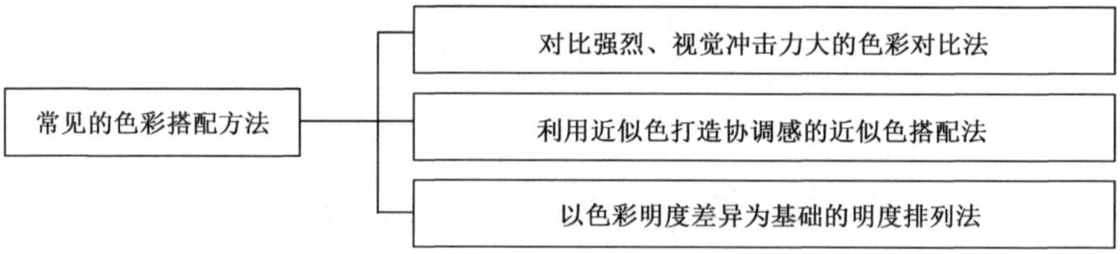

图 2-12 常见的色彩搭配方法

餐饮企业在进行色彩设计时，首先应考虑到所选用的色彩是否与企业产品的风格定位协调一致，色彩搭配所呈现的视觉效果能够提升餐饮品牌的知名度与影响力，凸显个性化特征。在这一点上，餐饮品牌“杏花楼”在色彩设计上是比较成功的案例。“杏花楼”是一个拥有百年历史，蕴含丰富文化底蕴的餐饮品牌。这一份来自历史的厚重感与古典气息正是其他餐饮品牌不具备的一种文化内涵。因此，“杏花楼”呈现出来的视觉效果也是充满这种历史感。图 2-13 所示为“杏花楼”独具特色的品牌标志。

图 2-13 餐饮品牌“杏花楼”的品牌标志

“杏花楼”所选择的色彩都带有浓重的中国特色，明亮的金色与沉稳的暗红色搭配，营造出古典庄重、优雅大方的氛围，这种色彩设计呈现的视觉效果与“杏花楼”的风格定位是完全吻合的。

除了在品牌 Logo 设计上注重色彩搭配之外，在传递品牌信息的官网首页的搭配中非常注重色彩搭配与企业风格定位的一致性。图 2-14 所示为餐饮企业“杏花楼”的官网首页。

图 2-14 餐饮企业“杏花楼”的官网首页

从“杏花楼”的官网首页中可以发现，最终视觉效果也是通过金色与红色两种色彩协调搭配呈现出来的。这样的视觉效果一方面符合春节将至的喜庆、热闹的文化氛围，另一方面利用中国红这种浓郁中国气息的颜色，能够最大限度地贴合消费者的情感，引起消费者的情感共鸣。

当然，除了可以在这种属于同一色调的色彩之间进行搭配之外，也有一些品牌故意使用一种颜色，利用同一颜色的明暗变化，产生视觉碰撞，从而增强某一颜色与品牌文化的联系，促使消费者加深对其品牌的影响。图 2-15 所示为餐饮品牌“黄记煌”的官网首页，整个页面的配色以黄色为主，将黄色变为自身的品牌色，增加了消费者对其品牌的记忆点。

图 2-15　餐饮品牌黄记煌官方首页

企业和商家在推广品牌之前，一定要将品牌的整体定位思考清楚，因为它会影响企业和品牌的设计风格，甚至包括整家网络店铺的装修色彩搭配。

2.1.4　字体设计，增强品牌辨识度的图注

品牌的字体设计也是视觉效果中的重要组成部分，因为字体设计的好坏能够影响客户对于品牌的辨识度和认知度，从而进一步影响产品的销量和视觉营销的效果，可以说出色的品牌字体设计，是增加品牌辨识度的重要途径。

在品牌设计过程中采用的字体不同，呈现出的视觉设计效果也会存在差异，例

如，楷体给人的第一感觉就是方正、圆润，带有古典端正的气息，而草书的简笔勾勒，给人一种行云流水般的飘逸感。因此，在选择品牌字体时，要注重结合餐饮企业的自身品牌定位与风格特色，打造个性化品牌特征。

一般而言，品牌字体的设计是为了成功进行视觉营销而做的基本工作，因此，需要注重一些设计细节的打造，从而获得最佳的视觉效果。下面以图解的形式介绍品牌字体设计中的注意事项，如图 2-16 所示。

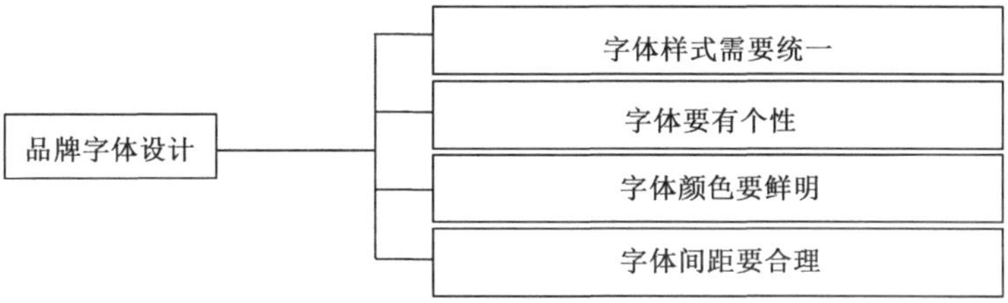

图 2-16　品牌字体设计需要注意的问题

图 2-17 所示为巧克力品牌德芙的字体设计，整个页面的字体设计都贯彻简约风格，简明的字体设计、鲜明而突出的字体颜色，不仅突出了产品的特征，打造了亮点来增加品牌的记忆点，还利用流畅的线条重点突出了品牌名称，从而与德芙的广告词“纵享丝滑”的产品卖点有效结合起来。

图 2-17　德芙的品牌字体设计

2.1.5 包装设计，提升品牌认知度的标识

从餐饮品牌来说，Logo、自身产品及风格都是需要包装的。例如，一家餐厅的菜品，属于哪种人群的口味和档次，个中酸甜苦辣都需要回归到一件事来——产品的包装。

品牌包装设计是塑造餐饮企业品牌形象的重要环节，好的包装设计应充分体现品牌的重要信息，向消费者传递品牌理念、品牌名称及品牌 Logo 等品牌信息，从而提高餐饮品牌的认知度，加深消费者对餐饮品牌的印象，最终树立餐饮品牌的形象。

纵观整个餐饮行业，不难发现，一个成功的餐饮企业在品牌的包装设计上都花了不少的心思，从而增加自身餐饮品牌在市场上的独特性与品牌影响力。下面以图解的形式介绍优秀的餐饮品牌包装需要具备哪些要素，如图 2-18 所示。

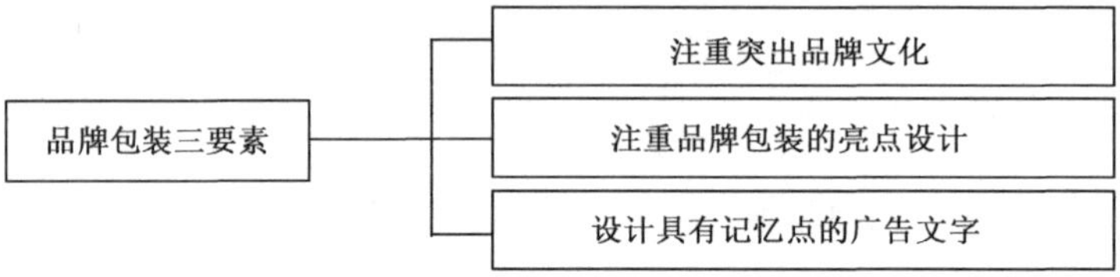

图 2-18 品牌包装三要素

当然，对于刚起步或者规模不大的餐饮企业而言，难以实现大规模的品牌宣传，因此，在品牌包装的时候就显得格外吃力。接下来以图解的形式介绍低成本的品牌包装的方法，如图 2-19 所示。

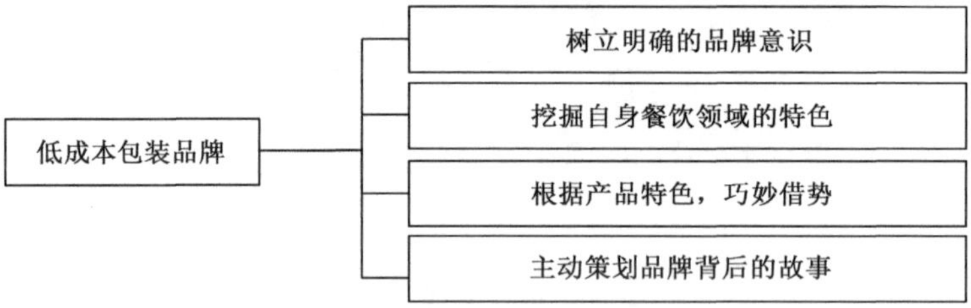

图 2-19 如何低成本包装自己的品牌

下面以知名品牌百草味为例进行介绍。2003 年百草味成立于杭州，是一家以休闲食品的加工、贸易为主的 B2C 品牌的餐饮（零食类）企业。如何让消费者通过包装就能对百草味进行品牌识别，是促使百草味在产品包装设计上进行创新改进的动力，如今已经成功到人们只要看到百草味的包装，便知道它是干果类零食品牌。图 2-20 所示为百草味品牌包装。

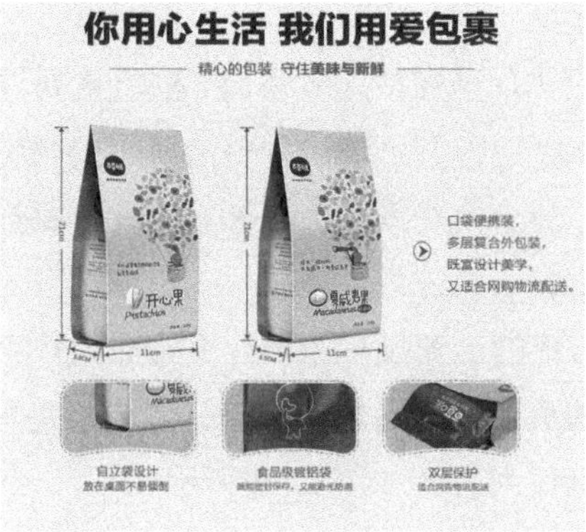

图 2-20　百草味品牌包装

2.2 餐饮店铺：轻松打造五星好评店铺

随着互联网越来越发达，越来越多的餐饮企业开始把侧重点放到网络店铺的打造上，并有五星评分标准。互联网时代，一家餐饮企业的网络店铺就相当于向大众抛出的“脸面”，其精致或粗略，往往决定着消费者对餐饮企业的第一印象。本节主要介绍如何打造皇冠级餐饮店铺的技巧与方法。

2.2.1　店铺首页，明确商家运营思路

首页布局是为了借助该页的展示来吸引消费者的兴趣，并给予指导，最后达到视觉营销的目的。首页布局的成功，能使消费者对店铺产生信任，也给予了消费者更多方便。

一个好的首页布局应体现商家的运营思路，按照重要程度的差异做好各类商品信息的分层工作，使整个店铺首页呈现一种整洁明了的视觉效果，从而最大限度地增强对消费者的吸引力，减少消费者的流失率。因此，要打造皇冠级店铺，首先要在店铺首页的布局设计上花心思。

显而易见，在线上店铺的运营过程中，首页布局的作用十分重要，如何打造兼具美观性与实用性的店铺页面也是餐饮企业管理者应思考的重要问题。下面以图解的形式介绍首页布局的具体内容，如图 2-21 所示。

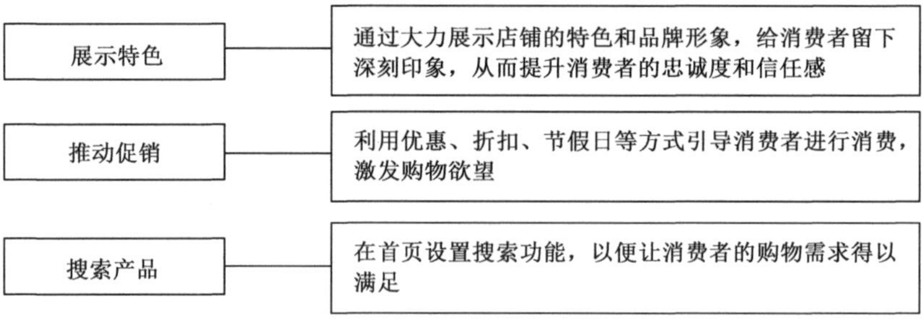

图 2-21　首页布局的具体作用

同时，在进行首页布局的设计时，需要关注的指标有很多，因为这些指标与产品销售及店铺的转化率密切相关。那么，首页需要关注的指标有哪些呢？下面以图解的形式介绍店铺首页需要关注的指标，如图 2-22 所示。

在关注这些指标的过程中，可以了解很多重要的信息，从而对首页进行合理的布局。例如，从首页到商品详情页的点击率，可以看出消费者对哪种产品更为青睐，如果与首页展示的产品不一致，就可以换掉；从首页到分类页的点击率，可以看出消费者喜欢浏览的商品类型，从而在首页重点显示。

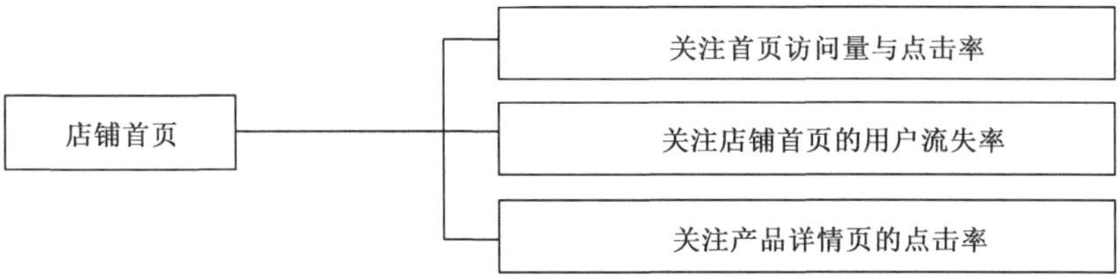

图 2-22　首页需要关注的指标

> **▶ 专 家 提 醒**
>
> 店铺页面结构的组建，就像购物场所的构造，有两个目的是一致的：一是为消费者提供舒适、方便的购物环境，从购物中获得愉悦的感受，以此产生更深的印象；二是建立更好的传播环境，打造成皇冠级商铺。

图 2-23 所示为美团外卖上的“叫了个炸鸡”餐饮连锁店，从各类折扣信息、统一的色调、明了的结构可以看出，这是一个比较成功的品牌首页布局设计，炸鸡本身是金黄的颜色，品牌和店铺统一的颜色风格也是金黄色，给人的印象非常深刻。

图 2-23　“叫了个炸鸡”首页布局

2.2.2 店铺风格，满足用户内在需求

有些店铺的风格主次分明，菜品也和店铺风格相融合，从视觉上让消费者觉得舒服至极。有些店铺装修风格与菜品不搭配、违和，会让人觉得不伦不类，稍微有品位的人可能就不再认可这家门店。因此，店铺风格如何满足用户内在需求是餐饮管理者应关注的问题。

店铺风格是线上店铺视觉设计过程中的重要部分，对树立整个品牌形象，增强品牌影响力有重要影响。在设计店铺风格时，管理者应考虑到主要消费人群的需求，设计出大部分消费者都能接受并认可的风格，使品牌既保留自身特色，散发独特魅力，又能贴合实际，增加收益。

店铺的风格设计，在整体上应与自身餐饮品牌的风格定位一致，在部分上应充分凸显品牌的产品信息，以美妙的视觉效果来引起消费者的兴趣，最终达到产品的预期的营销效果。那么，在打造满足消费者需求的店铺风格时应注意哪些事项呢？下面以图解的形式介绍店铺风格打造的注意事项，如图 2-24 所示。

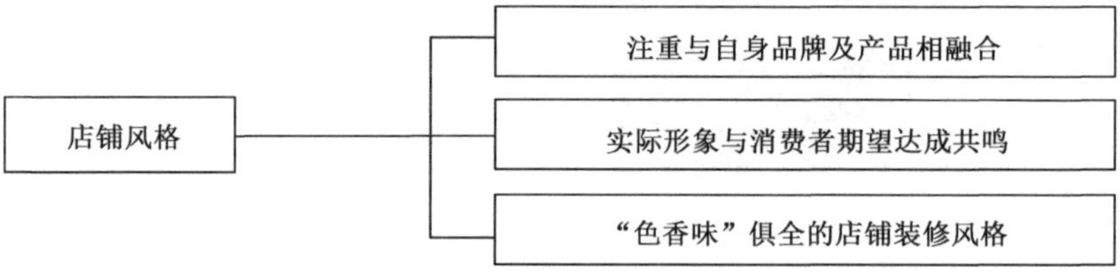

图 2-24　店铺的风格打造需要注意的事项

在互联网时代，线上店铺风格打造的重要性较比线下可以说有过之而无不及，餐饮企业的线上店铺展现在网上，也就意味着人人能看得到，其影响也较为深远。

以“绝味”为例，“绝味”是一家湖南卤制休闲类食品品牌，特有的湖南口味、多样化的产品种类，再加上连锁经营这一经营模式，使这一食品品牌得到迅速发展，品牌影响力与认知度大幅度提升。

注重线下发展的同时，“绝味”也积极开拓线上销售渠道，注重线上商铺的运营。在店铺的视觉设计中，寻求整个店铺风格与自身品牌定位的一致性，从而为消费者提供舒适、美观的视觉体验的同时，增进消费者对自身品牌的好感度与认可度。

图 2-25 所示为“绝味”线上商铺风格。

图 2-25　“绝味”线上商铺风格展示

“绝味”以经营鸭类、鹅类、鸭副产品及素食类等熟卤制品为主，口味多样，麻辣相宜，颇受广大消费者喜爱。据有关数据分析，喜欢吃这一类卤制品的消费群体以年轻人居多，所以，“绝味”的线上店铺风格以红色（食欲感强、火热、年轻）为主，页面中出现的“镇店款”“热卖款”及“人气款”的红色字样，加上诱人的产品视觉图片，带给消费者强烈的视觉冲击，整个页面设计也是当代年轻人所喜爱的画风，所以，绝味线上店铺销量逐年攀升。

2.2.3　商铺分类，梳理店铺多条产品线

每一家餐饮的线上店铺都设计了导航栏，商家会将类似的产品放在同一个导航标签中，它的主要功能是帮忙消费者更快地找到自己需要的商品。利用导航标签对

商品进行细致分类，一方面梳理经营店铺的多条产品线，使整个店铺的产品摆放有序，避免整个页面杂乱无章；另一方面缩短了消费者的搜索时间，在一定程度上减少了消费者的流失。

部分商家认为，对线上店铺产品线进行梳理是一件烦琐的事，其实不然，我们只要理清楚其中的逻辑思路，把握好消费者的浏览习惯，就可以打造出完善的线上产品体系。梳理店铺的产品线，一是有利于掌握店铺内不同产品的卖点，可以明确各类产品的特征与卖点；二是有利于店铺内各类资源的整合，便于确定产品营销的重点与难点。

在进行商品分类的同时，做好店铺导航栏的设计，对店铺产品线的梳理工作具有重要意义。下面以图解的形式为大家介绍导航设置的注意事项，如图 2-26 所示。

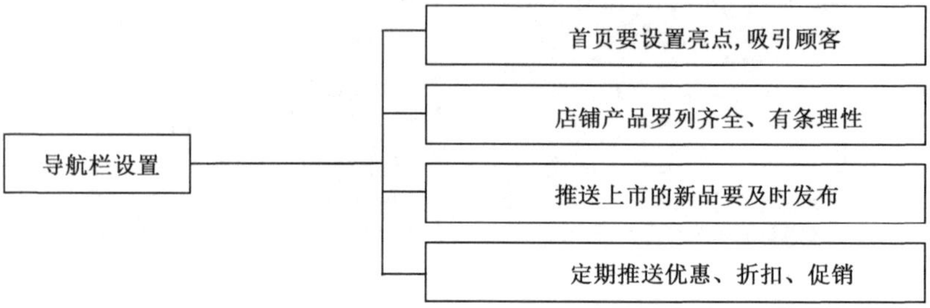

图 2-26　导航栏设置注意事项

针对上面提到的店铺导航栏设置应注意的事项，下面将以具体案例进行详细介绍。

1. 首页亮点吸引

从消费者的角度讲，首页是他进入店铺第一眼看见的页面，所以这个页面需要费点心思，可以陈设一些商家亮点（如代言明星、产品亮点、折扣资讯等）。图 2-27 所示为良品铺子线上店铺导航栏中的“店铺首页”标签栏，其中优惠资讯、品牌代言人等信息一览无余。

图 2-27　良品铺子的“店铺首页”标签栏

2．产品罗列齐全

商家应当尽可能多地上传产品到我们的网络商铺中，只有我们的产品页足够丰富，才能吸引大批量的消费者，并且对产品信息做出详细讲解，让消费者能明白线上购物的便捷和实惠。图 2-28 所示为良品铺子线上店铺导航栏中的“全部商品”标签栏，其中产品图片、数量、购买折扣等信息的展示较为详细。

图 2-28　良品铺子的“全部商品”标签栏

3．新品及时发布

为了留住和吸引消费者，我们的网络商铺中还要不断地发布新品，因为商铺总是一成不变的话，再好的产品消费者也会厌倦。图 2-29 所示为良品铺子线上店铺导航栏中的“店铺上新”标签栏，其中包括多种新上市的零食产品。

图 2-29　良品铺子的“店铺上新”标签栏

4．优惠折扣促销

不可忽略的是，任何层次的消费者都会对优惠的东西产生浓厚的兴趣，所以我们的网络店铺中还要分出一类产品来，那就是优惠折扣类。图 2-30 所示为美团外卖上某店铺的“折扣”标签栏，该页产品价格略实惠，产品附有相关折扣活动。

图 2-30　美团外卖“折扣”标签栏

2.2.4 商品图片，呈现最佳视觉效果

商品图片，作为视觉营销过程中必不可少的一个环节，是店铺在进行视觉设计时必须要考虑的问题。商品图片拍摄的好坏严重影响最终呈现在消费者面前的视觉效果。

要想商品图片呈现出最佳的视觉效果。选择的商品图片一是要构图合理、富有层次感，二是要突出商品亮点与卖点，从而吸引消费者关注。除此之外，随着现代社会的经济转型，人们更愿意接受“高品质”的事物，因此，我们选择的商品图片应具备一定的质感，从而彰显品牌格局。

要想使我们的商品图片凸显质感且充分展示我们推送菜品的亮点与特色，需要具备 3 个要素。下面对高质感商品图片应具备的 3 个要素进行详细介绍。

1. 色香味俱全

任何餐饮行业的商品图片都必须具备“色香味”这一元素，这里所说的“色香味”并不是指图片本身需要散发的气味，而是指一张成功的商品图片除了能给消费者带来强烈的视觉冲击，还应具备使消费者通过视觉产生联想，从而引发嗅觉、味觉等多种感官感受，呈现良好的产品视觉效果，以此来刺激消费者产生消费的欲望。

2. 文化宣传到位

关于文化宣传，我们更是不能忽略，特别是在针对店铺的主打菜系的时候，无论是产品本身的悠久历史，还是品牌背后存在的故事，都需要商家用心去打造。当一张商品图片被赋予了文化价值以后所带来的历史厚重感，会极大地增加消费者对商品的信任度，并且引起消费者的好奇心理。

3. 突出产品价值

在广告宣传中产品价值是重中之重，现在的消费者对吃越来越讲究，他们除了关注菜品的价格，还关注菜品的价值。在设计商品图片时，商家需要考虑一系列的问题，如我们的菜好在哪？如何表达给消费者？只有这样，商品的宣传图片才能体现产品的价值，才能向消费者传递商品的重要信息，凸显产品的卖点，达到预期的营销效果。

下面以图解的形式详细归纳餐饮业在设计商品图片时的方向和方法，如图 2-31 所示。

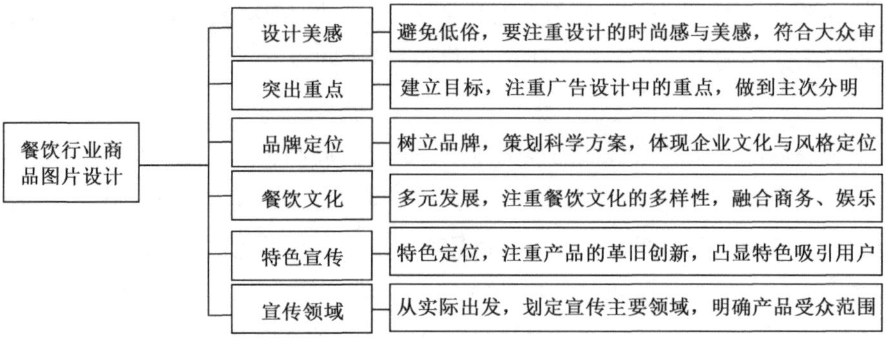

图 2-31　餐饮行业商品图片设计方法

图 2-32 为某餐厅特色菜品海报——佛跳墙。不难发现，整张图片包括色彩、字体设计及版面布局，都十分讲究和谐搭配，从而使整个画面呈现出一种质感，使消费者能很轻易地感受到古典文雅的气息。画面左侧的菜品背景介绍，一方面向消费者传递了“佛跳墙”的历史文化背景，凸显了浓厚的文化气息；另一方面也体现了产品的卖点之一。

图 2-32　某餐厅特色菜品海报案例

2.3 餐饮产品：决定成交的关键所在

餐饮企业的管理者如果想要让自己的餐饮品牌在市场上获得消费者的认可，就必须注重提高餐饮产品的品质，打造出带有浓郁个人风格的产品。换句话说，餐饮产品是决定成交量的关键所在。本节主要介绍打造高销量、高品质餐饮产品的技巧与方法。

2.3.1 餐饮描述，刺激顾客味蕾的重要手段

餐饮描述是消费者了解及推荐菜品的主要信息渠道，同时也是能否引起消费者兴趣和激发消费者消费欲望的关键。因此，在对菜品进行描述时应掌握一定的描述技巧，突出菜品的特色与口感，从嗅觉、视觉、味觉等多个角度展开描述，最大限度地描述出菜品的真实口感。

美食产品描述的好坏不仅影响销售量，而且还会影响到餐饮企业的品牌口碑。在对美食描述的详情页进行设计之前，不但要把握好热销美食的质量，还要对餐饮业的同类型美食产品设计进行调查和研究，从而更加完善地描述出自己的美食产品。

如果要想使餐饮描述能够刺激消费者的味蕾，引发消费者进行消费，就需要在菜品描述过程中体现 3 大要点。下面将对这 3 大要点进行详细介绍。

1. 菜品名称

商家为菜品取名时，一定要取一个大众知晓的菜品名称，将菜品与名称很好地结合，而且要通俗易懂，这样可以方便消费者快速搜索到需要的菜品，节约查找的时间，促进和提升门店的菜品销量。

2. 菜品价格

价格是美食描述的基本项，也是消费者最关注的，所以我们要在价格上动动脑筋。比如，图 2-33 所示的两款菜系价格就在原价格的基础上进行了折扣标示，以此证明该产品正在折扣热销。

3. 菜品信息

消费者的任何一种消费形式都是在做一种选择，最终选出一个符合他内心需求的产品，所以我们需要对菜品做出详细描述，如菜品的口味、材料等，唯有这样才能在某些点上与消费者内心产生共鸣，从而使其选择购买该菜品。

不难发现，描述详细的菜品更容易被消费者接受，消费者对这类菜品的信任度会更高。

对菜品进行详细描述，一方面有利于消费者了解整个菜品的特色与亮点，为消费者选择菜品提供更准确的判断依据；另一方面有利于让商家充分展示菜品的基本信息，增加消费者对菜品的信任度，为消费者提供细致的消费体验，提升消费者对其品牌的好感度。图 2-33 所示为某商家对两款热销美食的描述。

图 2-33　某餐厅美食描述案例

2.3.2　后期修图，凸显商品色香的主要技巧

在餐饮产品中，颜值也是一个很重要的板块，“色香味俱全”中“色”就排在第一位。不可否认的是，高颜值的产品图片更容易抓住消费者的眼球，更容易达到好的视觉营销效果。由此可见，图片的后期处理效果在视觉设计中显得举足轻重。

后期修图的根本目的是突出菜品的卖点与优势，利用强烈的视觉冲击带给消费者好的视觉体验，从而达到视觉营销的效果。在对图片进行后期处理时，应注意不能掩盖商品本身的特质，使商品过度失真，削弱产品的说服力。

在进行后期修图之前，我们要先掌握食物拍照最常用的三个基础技巧，如图 2-34 所示。

四十五度角	这种拍法，呈现的视觉效果简单又有整体感
装饰点缀	利用花类、适宜色系幕布等衬托物凸显美食
主题特写	镜头聚焦拉近，清晰拍出食物的质感

图 2-34　食物拍照三大基础

▶ 专 家 提 醒

在拍摄图片时，一般用得比较多的构图方式是主体构图或中心构图，也就是使拍摄主体充满整个画面，或者将其放在画面的中间位置，也可以让画面中的主体占据大比例，使用明暗对比衬托主体，或者使用色彩对比等都是直接表达主体的方法。

食物拍摄完成后，我们需要对食物照片进行后期处理，从而使照片的颜值更加诱人。下面我们以美图秀秀为例，结合使用“美食”和“静物”两大滤镜进行后期处理。

1.“美食”滤镜

在美图秀秀 App 中打开一张照片，单击左下角的“智能优化”按钮，进入相关界面，单击“美食”按钮，即可使用该模式调整照片参数，如图 2-35 所示。这种滤镜下处理出来的美食照片能增强美食的画面质感，使其色泽亮丽、清澈明朗。

图 2-35　美图秀秀“美食”滤镜使用方法及效果

2.“静物”滤镜

下面以美图秀秀 App 中的“静物”模式为例，介绍美化餐饮照片的操作方法。

在美图秀秀 App 中打开一张美食照片，❶单击左下角的“智能优化”按钮，执行操作后，进入“智能优化”界面，❷单击“静物”按钮，即可使用该模式调整图片参数，如图 2-36 所示。

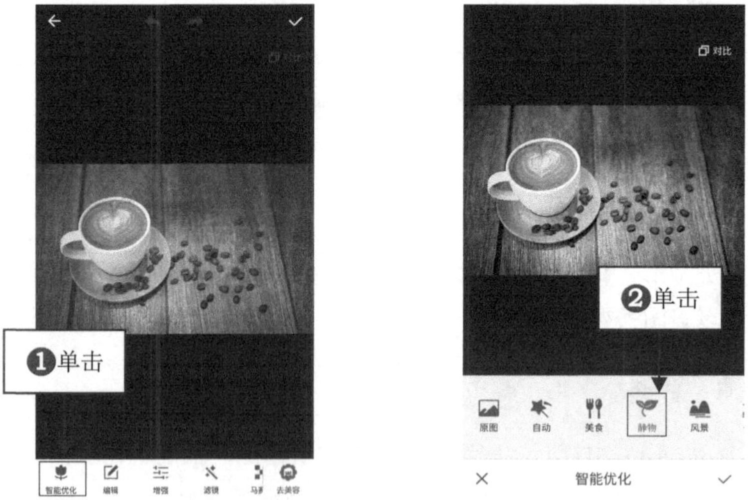

图 2-36　美图秀秀静物滤镜使用方法及效果

“静物”滤镜能针对不同风格的产品进行色调调整，特别是在光线不足、产品色泽度不够的时候，能起到明显的作用。图 2-36 中的美食照片在经过处理之后，其背景会更加明亮，整个画面的饱和度也有所增强，看着会让人更加有食欲。

2.4 餐饮文案：设计完美视觉化文案

视觉化文案是指将文字与图片结合起来，从而打造富有创意且视觉效果加倍的文案。在打造不同的主题文案时，首先要明确不同文案的特点，找准文案设计的重点，这样才能打造出最佳的视觉效果。本节主要介绍设计完美视觉化餐饮文案的方法与技巧。

2.4.1 促销文案，有冲击力更体现出紧迫感

中国有一句古话叫做“物以稀为贵”，意思就是越紧缺的资源，价值越大。很多时候，某项资源比较丰富时，我们对它的需求量相对较少；相反，资源稀缺时，我们会更想得到它，正是这种稀缺性，激发了人们想要拥有的欲望。

在设计促销文案时，餐饮文案的设计者既要使文案具有一定的视觉冲击力，又要营造出一定的紧张感，从而达到产品促销的效果。要想打造出产品的紧迫感，需要餐饮业的商家们在餐厅促销活动当中可以利用“物以稀为贵”心理，有意识地制造某种美食或菜品供不应求的状态，让消费者对这种菜品充满好奇心，并且想尝试购买一探究竟。

促销文案是文案中比较常用的一种，而且在各大电商网站的首页上都能看到，通常促销文案都具有 4 个特征，如图 2-37 所示。

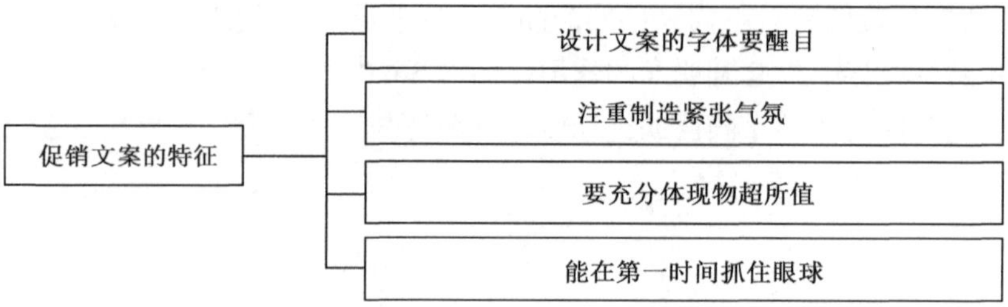

图 2-37　促销文案的特征

那么卖家应该如何制造美食的稀缺性呢？我们可以从两个方面着手，一是限制提供产品的数量；二是营造紧张的抢购氛围。

打造促销产品的稀缺性，从限制数量与营造紧张气氛两个方面着手。下面将为大家详细介绍这两个方面的内容。

1. 限制数量

以美团外卖上的美食商家推出的活动为例，从图 2-38 不难看出，煲仔饭套餐的折扣力度比较大，相对正常的价格优惠很多，但折扣商品后面标明：限购 1 份或 5 份。

从图 2-39 中可以发现，原价是 35.5 元的套餐，商家推出 5.53 折，最后的价格是 19.8 元，但是限制数量为 5 份。

餐饮商家们将自己餐饮品牌中的某种商品定为“限量版”，标明发售时间是先到先得，商品的销售量一定会大大提高。但必须要注意的是，这一方法更适用于相对来说较为高端、高品质、高口碑的商品。

2. 创造氛围

数字是比较抽象的概念，很多时候，如果没有别人的提醒，我们对数字的敏感度可能并不高。所以，在餐饮营销活动中也必须要注意这一点。餐饮商家们可以通过微信朋友圈、微信公众号等方式随时去提醒顾客们优惠的力度、优惠时间的流逝、限量商品数量的多少等，给对方营造一种紧张感，出现“如果再不抓紧时间，好东西就白白溜走了”诸如此类的感受，给顾客营造一种稀缺感和压迫感，这会在一定程度上提升销售的数量。

图 2-38 限制数量折扣（1）

图 2-39 限制数量折扣（2）

▶ 专 家 提 醒

在促销文案中还有一项重要的促销方式——限时营销，限时主要是采取一些打折扣、短时间的方式来引发顾客进店消费的欲望，在后面的篇幅中我们会进行详细介绍。商家们在进行饥饿营销时必须意识到，现在的线上营销中，各种促销活动扑面而来，消费者也不会轻易被这些折扣活动所吸引。餐饮商家应该抓住适当的时机，减少优惠的次数，提高优惠的力度，这样才能在众多的线上营销中杀出一条血路。

2.4.2 活动文案，善用一句话表达核心内容

现在是互联网信息高速化传播的时代，如何快速高效地传递活动信息是进行产品营销需要考虑的重要问题。因此，文案设计者在设计活动文案时，一方面要善于用一句话来表达核心内容，用简洁明了的语言来向消费者传递活动信息；另一方面

要打造有关活动的热门话题，引起消费者的广泛讨论，从而为开展活动造势，达到预期的营销效果。

餐饮活动文案的设计者要注重打造个性化的品牌形象，有意识地向消费者传递自身品牌文化，加深消费者对活动品牌的印象，从而对增强品牌影响力起到促进作用。

任何活动文案的产生，都有一定的目的，而这个目的可以分为很多种，具体内容如图 2-40 所示。

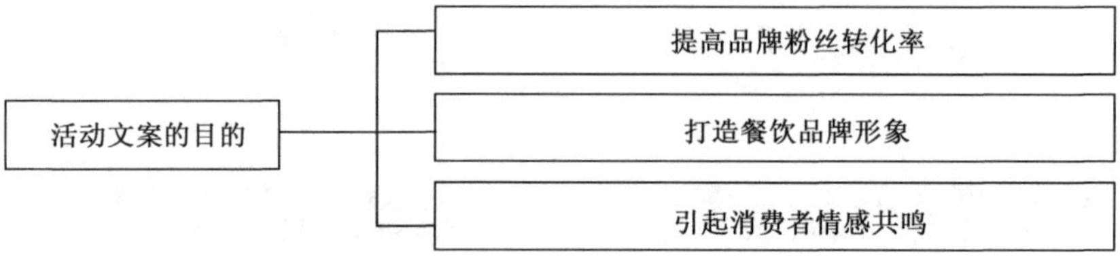

图 2-40　活动文案的不同目的

要想使活动文案达到预期的效果，需要在活动文案中打造热门话题，结合商品展开话题营销。打造热门话题的常用形式有两种，一是借助热点打造；二是结合自身打造。下面对这两种方式进行详细介绍。

1. 借助热点打造

借助指的就是巧妙地将一些当下流行的、热门的、符合自身产品的热点整合利用起来，并最终将它推广出去。下面将以热门游戏和热播电视剧为例，介绍借助热点可以打造哪些活动。图 2-41 所示为借助社会热点打造的活动类型。

需要餐饮商家们注意的是，在结合热门话题打造自己的产品时，千万别侵权了，要秉持一个原则，那就是只可借鉴，不可全然照用。比如，研发一个菜品，不可以直接取名为“王者荣耀”。

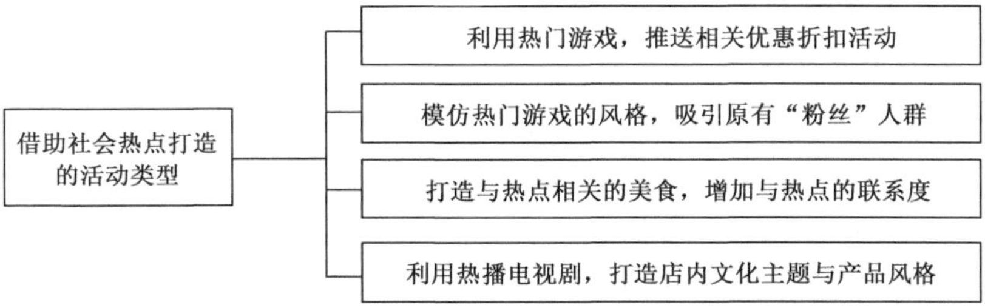

图 2-41　热点话题打造案例逻辑推理

2．结合自身打造

餐饮商家只要具备了打造一个话题的条件，无论什么样的思路都可以，自己营造一个话题需要具备的条件有哪些呢？下面我们将以图解的形式进行介绍，如图 2-42 所示。

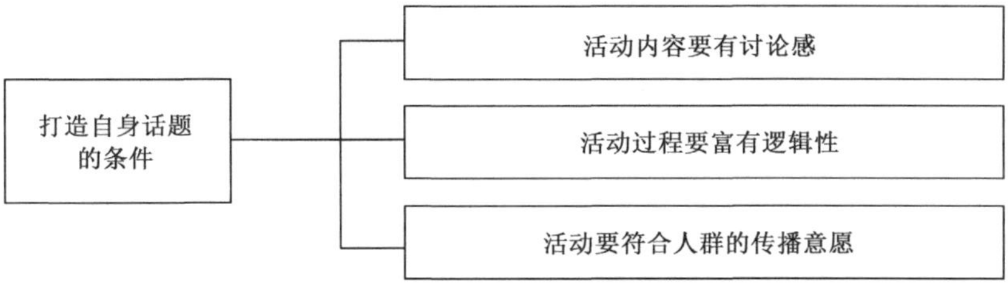

图 2-42　打造自身话题的条件

图 2-43 所示为肯德基结合游戏“王者荣耀”打造的活动文案，推出“人气荣耀餐”，吸引顾客的同时，推出相应优惠、赠送福利，从而引起消费者，尤其是王者荣耀忠实“粉丝”的关注。

2017 年，电视剧《我的前半生》热播，剧中“酱子店”原形餐厅随着电视剧的热播，人气高涨，餐厅经营者及时抓住这一热点。

一方面是将自己线上店铺的头像更换为剧中出现的场景特写图片，增加消费者对店铺的熟悉感与关注度；另一方面推出电视剧中出现的美食套餐，掀起了消费者的购买狂潮，如图 2-44 所示。

图 2-43　王者荣耀话题营销

图 2-44　《我的前半生》话题的产品打造

下面将介绍结合自身实际情况打造热门话题的案例。例如，最近十分火热的一款面包——“脏脏包”。“脏脏包”的火爆可以说是结合自身打造热点的最为典型的实例。“脏脏包”其实是一款法式可颂面包，将纯脂巧克力淋在可颂面包上，再撒上满满的的巧克力粉，就变成了网红“脏脏包”。

“脏脏包”可以说是一款名副其实的吃起来让人变脏的面包。正是由于这种吃起来让你变脏，但是美味难挡的食品，让消费者感受到巧克力带来甜蜜的同时，也容易使消费者产生回到童年，无忧无虑的感觉。可以说，“脏脏包”凭借自身“脏”这个特点，加上美妙的口感成功打造了自己的话题热度，如图 2-45 所示。

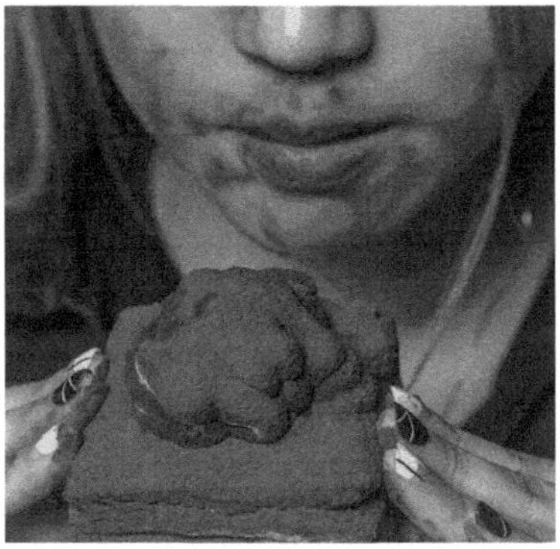

图 2-45　网红“脏脏包”

“脏脏包”营销活动的成功，有许多可供其他餐饮管理者借鉴的地方。下面我们将以图解的形式介绍“脏脏包”营销活动的成功经验，如图 2-46 所示。

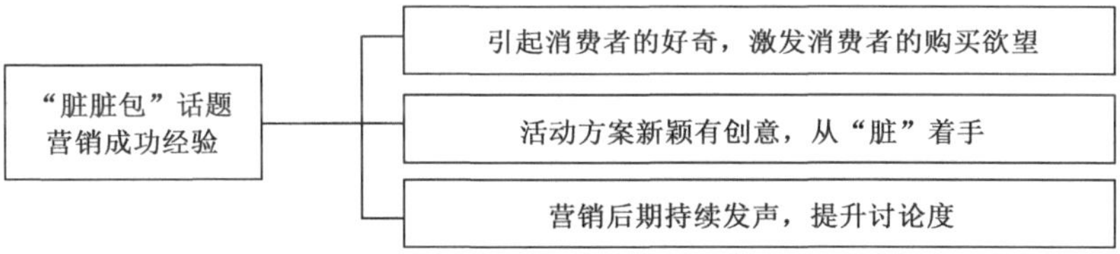

图 2-46　“脏脏包”话题营销的成功经验

2.4.3　新品文案，抓对商品卖点与打造卖点

新品文案是每个商家在推出新品时都不能忽视的，因为新产品成功与否往往取决于文案与视觉效果的设计，如果没有抓住卖点或者打造出富有特色的卖点，这款新品就难以突围成功。

新品文案的设计比较显著的特色就是让产品的亮点凸显，所有不同类型的文案都是为了提升产品的销售量，新品文案也不例外。因此，如何第一时间吸引消费者，让消费者心甘情愿为新品买账，就是新品文案需要思考的。

新产品策划文案的创作重点主要是以产品为中心，通过产品对全部内容进行把握。下面我们将以图解的形式介绍新品文案中应体现的内容，如图 2-47 所示。

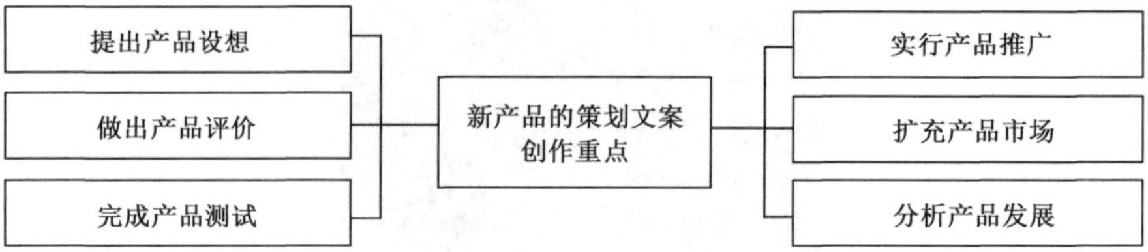

图 2-47　新品文案的主要内容

很多新品推出之时都是以产品的卖点为主，没有卖点就打造卖点，以吸引消费者的注意力。图 2-48 所示为吉野家推出的新款产品——牛肉饭套餐。这个新品文案主要是以“吉时”“新年”为卖点，同时还强调了产品的特色，即“新鲜手做”，以及新品折扣“第二杯半价”。

整个新品文案一方面采用凸显产品特色的视觉图片，给消费者带来视觉冲击，引发消费者的购买欲望；另一方面在文案中分别用不同的字体强调产品的卖点及优惠活动，进一步加强视觉营销的效果。

图 2-48　吉野家的新品文案

第 3 章

爆品打造：需求、痛点与创新结合

餐饮经营者要想赢得消费者对其品牌的高关注度，一方面需要注重消费者的需求分析，为消费者提供满足其需求的餐饮产品；另一方面应注重餐饮爆品的打造，不断进行产品创新，提升消费者对产品的关注度。本节主要介绍打造餐饮爆品的实用技巧与方法。

- 制造爆品：找准餐饮客户群体。
- 创新爆品：打破常规的餐饮产品。
- 成就爆品：极致体验与餐饮质量。

3

3.1 制造爆品：找准餐饮客户群体

爆品之所以能受到消费者的欢迎，除了需要打造具有吸引力的讨论话题之外，还因为商家找准餐饮客户群体，使推送的爆品切实地满足消费者的消费需求，为消费者提供满意的餐饮服务。打造餐饮爆品是提升餐饮品牌在餐饮市场的辨识度、知名度的重要手段。本节主要介绍制造餐饮爆品的技巧与方法。

3.1.1 目标定位，找准你的服务对象

打造一款成功的爆品的关键点就是找准你的目标受众。作为爆品的设计者，你要清楚地了解你的消费者是谁。不仅如此，你最好还能生动形象地描述出消费者的各种特性，以及其喜欢的生活状态。

在营销当道的时代，为了寻找特定的目标消费群体，了解他们独有的消费需求，就应该学会为不同类型的消费者提供相对应的产品或服务。如果不这么做，就很难找准受众，那么，打造爆品也就成了空谈。

如何找准目标受众呢？方法有两种，一种是根据年龄来分段；另一种是按照兴趣爱好来划分，下面依次给大家介绍。

1．根据消费者年龄分段

营销与人密不可分，研究营销之前一定要先了解人。因此，打造爆品也少不了对消费者心理的掌控。根据年龄分段的要点如图 3-1 所示。

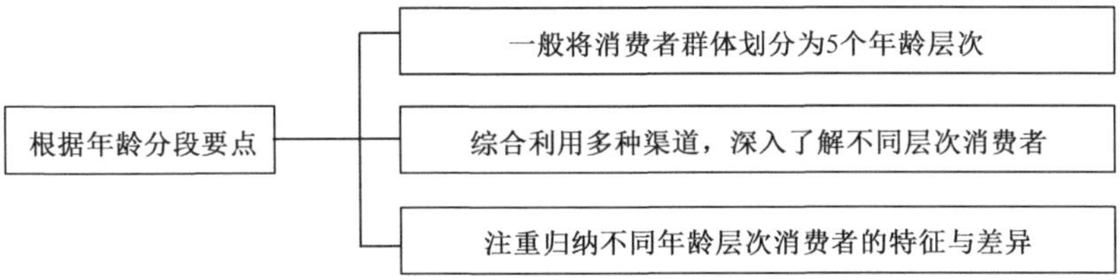

图 3-1　根据年龄分段的要点

总的来说，餐饮商家在为消费者提供餐饮服务时，应注重对消费者的内在需求的满足，为消费者提供符合其口味的菜品是提升服务品质的重要方法。不同年龄层的消费者即使面对同一类型的菜品，也会呈现出明显的需求差异。

以推荐火锅为例，餐饮服务人员向 20 岁左右的火锅消费者推荐口味偏重一点的鲜香麻辣型火锅，可能会比较符合年轻人的口味；而当消费者的年龄层次在 40 岁左右时，推荐清淡养生类型的火锅会更加符合这类消费者的需求。

因此，要学会根据年龄分段去明确目标消费群体，而不是盲目地打造产品。你可以利用这些群体年纪相仿的特性，找到他们相似的地方，即“共性”，然后根据他们的共同特征，尝试着以他们感兴趣的事物进行交流。

2．按照兴趣爱好或需求划分

按照兴趣爱好或需求来划分的消费者通常与年龄无关，比如，很多人跨越年龄的鸿沟，彼此成为要好的朋友，只因为他们有相同的兴趣爱好，对于餐饮产品，也是如此。

比如，喜欢吃火锅的人，无论是 80 后，还是 90 后都喜欢去火锅店吃火锅，因为他们都喜欢享受火锅带来的美味。所以说，“物以类聚，人以群分”还是有深刻道理的。因此，按照兴趣爱好划分消费人群有效打破了年龄的限制，让不同年龄的人对同一种产品情有独钟。

以川菜、自助餐、麻辣烫这 3 种不同类型的餐饮为例，介绍不同类型餐饮品牌之间目标消费群体的差异，如图 3-2 所示。

川菜	针对四川人或者爱吃辣、麻等饮食口味偏重的消费者
自助餐	针对饮食讲究多样化或者是胃口较大的消费者
麻辣烫	针对喜欢烫食并且偏向于重口味的消费者

图 3-2　不同类型餐饮品牌之间目标消费群体的差异

学会根据年龄分段明确目标消费群体，从而避免盲目打造产品，通过分析这些群体年纪相仿的特性，找到他们相似的地方，即“共性”，然后根据他们的共同特征，尝试着对他们感兴趣的事物进行交流。

如此一来，你就能准确把握他们的想法和需求，从而打造出受人欢迎的爆品。图 3-3 所示为最近较为火爆的饮料品牌——“喜茶 HEYTEA”，它就是从产品包装到制作工艺再到口感，完美契合了年轻消费者心目中所想要的概念，所以才成了当下广受欢迎的饮料类爆品之一。

图 3-3　当下火爆饮料——“喜茶”

▶ 专 家 提 醒

“喜茶”创新地采用了咸芝士与天然茶香相结合的制作工艺，口感绵密的芝士与清醇的茶香两者融合得恰到好处，再加上产品包装、品牌设计注重现代感与时尚度，所以一时间成为一种极具特色的饮料品牌。

说到找准目标受众，还有一家餐饮企业品牌，做得很不错，那就是茶颜悦色，茶颜悦色的产品被誉为饮品界的“当红花旦”，推出了不少热销爆品，如图 3-4 所示。

图 3-4　茶颜悦色的热销爆品

茶颜悦色之所以能受到消费市场的欢迎，迅速提升品牌知名度，一方面是由于茶颜悦色有明确的消费者定位，通过对特定消费群体的分析，使推送的产品符合消费者的喜好；另一方面是由于推送的产品从包装到口感符合自身品牌“中茶西做”的定位，既能凸显浓郁的中国文化气息，又能体现时尚现代气息。

茶颜悦色的品牌定位离不开“茶文化”“中国风”及“高颜值”这 3 个词，而茶颜悦色的目标受众正是爱好茶文化、喜爱文艺中国风的年轻人。从图 3-4 也不难看出，热销爆品从中国风的外包装到富有诗意的产品名称，再到整个产品的风格定位都符合这一目标受众的特征与爱好。下面将以图解的形式从包装与口感两个方面介绍茶颜悦色爆品打造的成功经验，如图 3-5 所示。

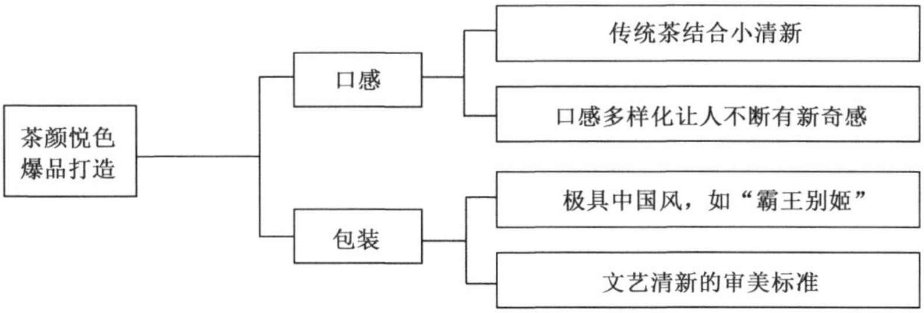

图 3-5　“幽兰拿铁”成为爆品的逻辑思维

在打造餐饮爆品的过程中，我们需要明确的是，要想打造成功的餐饮爆品，就需要准确抓住消费者的特点，从而找准目标受众。无论销售什么产品，都应该对消费者进行目标锁定，可以按照年龄阶段划分，也可以根据兴趣爱好区别，总之要恰到好处地把握消费者的想法。这样的话，我们就可以顺利地找到他们的消费需求，从而更好地进行营销。

3.1.2 需求定位，打造多重产品卖点

需求定位是打造产品卖点的前提条件。只有对产品目标受众的需求进行分析，明确消费者的内在需求，才能准确打造产品的卖点，使推送出来的产品受到消费者的青睐，从而赢得市场的认可，凸显自身品牌特色，打造个性化品牌。

如何成为爆品？第一要素一定是满足消费者的诉求。要想做好产品的需求定位，打造产品的卖点，达到预期的营销效果，需要做到以下两点：一是找准产品的目标受众，切忌产品消费者定位不清；二是注重对目标消费人群的需求分析，从而使推荐产品满足消费者的真实需求。

▶ 专 家 提 醒

在打造爆品时，创业者一定要注意满足受众的刚需，切勿一口吃成一个胖子。最好的办法就是量力而行，先找到消费者的真实需求，再锁定目标受众。

为了满足消费者的需求，首先需要餐饮商家体会部分消费者的真实消费感受，才能为消费者提供满足其真实需求的餐饮产品。图 3-6 所示为了解消费者真实感受的过程。

在打造餐饮爆品的过程中，常常会有企业走入餐饮爆品营销的误区，从而使爆品打造的效果达不到预期。下面将以图解的形式介绍常见的餐饮爆品营销误区，如图 3-7 所示。

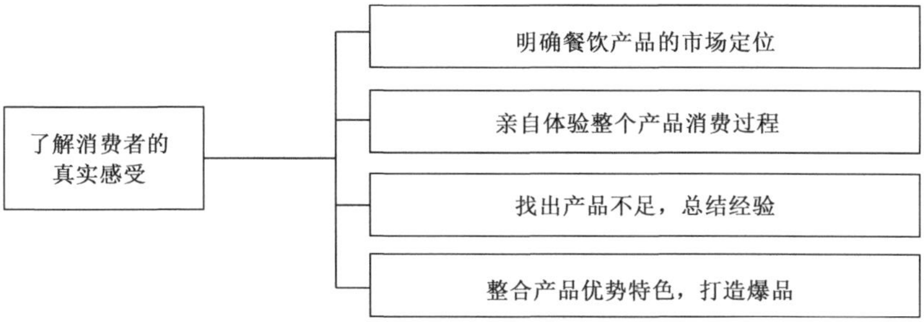

图 3-6　了解消费者真实感受的过程

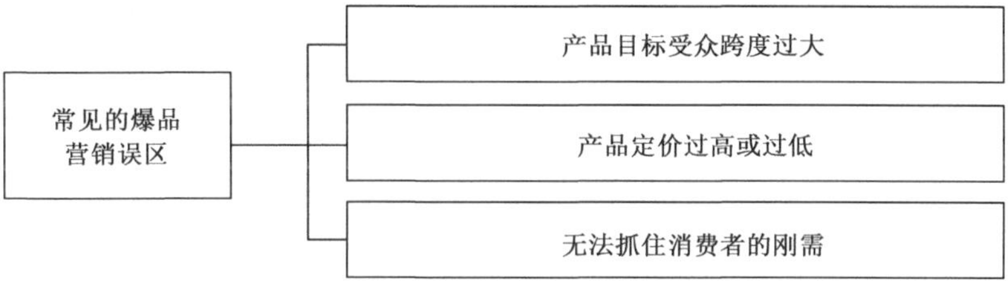

图 3-7　常见的爆品营销误区

以伊利推出的谷粒多系列谷物牛奶为例，伊利推出的谷粒多系列饮品，如图 3-8 所示，不仅以“蕴含丰富谷物”的特色奶制品为卖点，还以“牛奶＋谷物”优化搭配方法，最大限度地满足现代人健康、营养及快捷的生活需求。

图 3-8　伊利推出的谷粒多系列饮品

哪里有需求，哪里就会有市场，餐饮行业是多元化行业，每一个领域都有其独特的受众市场，所以我们还需要仔细对此进行分析。只有准确抓住消费者的需求，才能为消费者提供满足其内在需求的产品，也只有满足消费者需求的产品才能赢得餐饮市场的认可，获得超高人气。

3.1.3 痛点定位，“粉丝”转化的第一要素

与卖点不同，痛点强调的是消费者的诉求和体验，主要是从消费者自身出发的。痛点定位就是找出影响消费者的消费体验的阻碍因素，并且积极寻求解决办法来提升消费者体验质量的行为。

总之，痛点就是通过对人性的挖掘全面解析产品和市场；痛点就潜藏在消费者的身上，需要你去探索和发现；痛点就是正中消费者下怀，使他们对产品和服务产生渴望和需求，从而促使消费者转化为品牌“粉丝”，增加消费者对品牌的忠诚度。

要想抓住消费者痛点，首先需要餐饮经营者了解消费者消费行为，分析影响消费者消费体验的因素。接下来将以图解的形式介绍餐饮消费者痛点分析的过程，如图 3-9 所示。

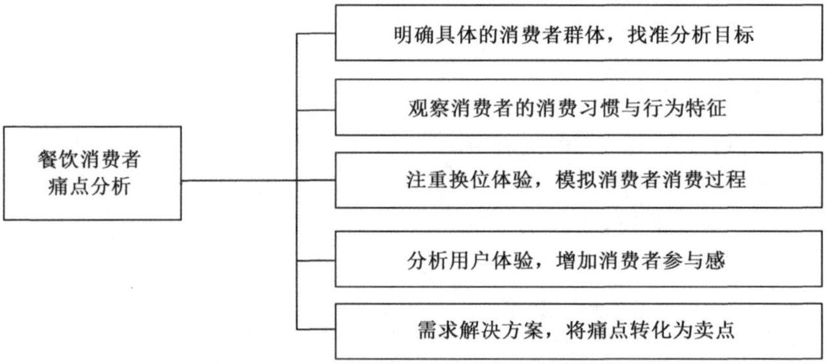

图 3-9　餐饮消费者痛点分析的过程

餐饮管理者要想做好痛点定位，需要掌握一定的痛点分析方法，从而准确抓住消费者痛点，有针对性地推出爆品。下面将以图解的形式介绍常见的痛点分析方法，如图 3-10 所示。

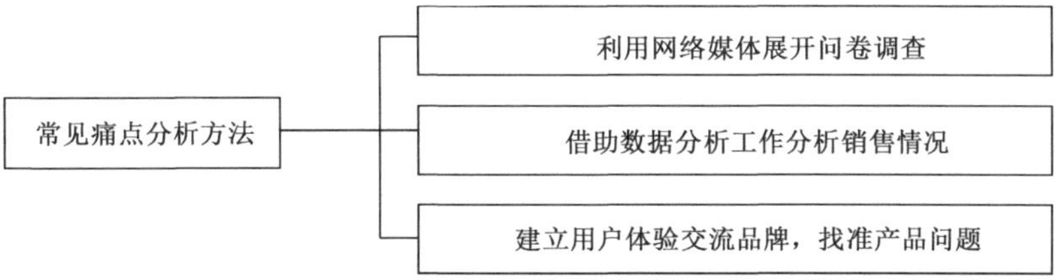

图 3-10　常见的痛点分析方法

图 3-11 所示为休闲食品品牌良品铺子推出的自热速食小火锅。良品铺子推出的自热小火锅准确抓住了传统火锅无法携带、等待时间过长的痛点。便于携带的包装设计、优质原材料的选择及简单直接的操作步骤，仅仅需要一杯冷水就可以让消费者吃上美味火锅。

图 3-11　良品铺子推出的自热速食小火锅

3.1.4　高性价比，奠定无可替代的地位

无论购买什么产品，消费者第一关注的就是性价比，最好的产品总是消费者眼里物美价廉的那一款。没有人不喜欢物超所值，只要产品拥有让消费者满意的性价比，就能成功吸引消费的眼球，从而推动产品的销售。

要打造餐饮产品的高性价比，最重要的是制定合理的产品价格。价格的制定一方面要体现推出爆品的价值，为餐饮商家创造一定的利润空间；另一方面价格的高低要充分考虑消费者的承受能力，注重打造产品的高性价比，从而增强消费者对产品的吸引力。

餐饮管理者要想打造餐饮爆品，除了利用性价比优势提升爆品热度与销量，还应该掌握各种各样的定价方式，才能真正做到物美价廉，得到消费者的肯定和认同。那么具体有哪些打造爆品的定价方式呢？下面将以图解的形式介绍爆品定价的方式，如图 3-12 所示。

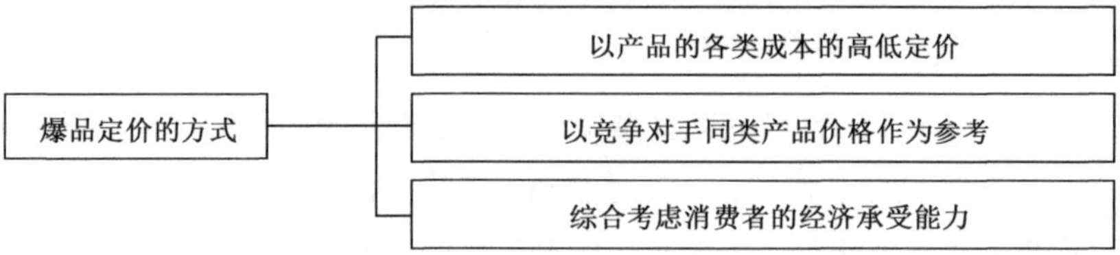

图 3-12　爆品定价的几种方式

那么，为了打造爆品，对产品的定价到底有着怎样的要求呢？下面将以图解的形式介绍爆品定价的要求，如图 3-13 所示。

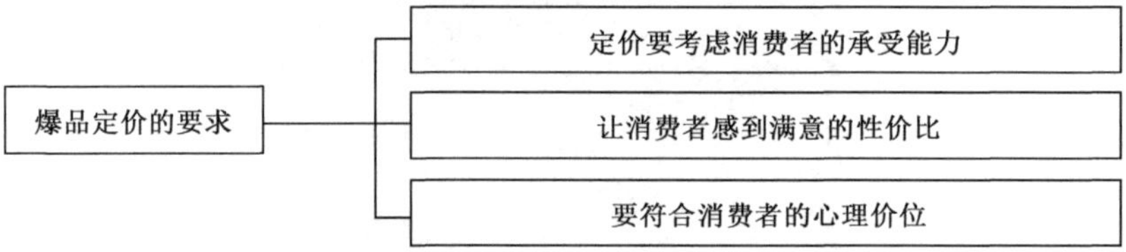

图 3-13　爆品定价的要求

为了打造爆品，赚取更为丰厚的利润，很多企业和商家给爆品定价时十分盲目，以至于走入了定价的误区而不自知。销量提不上去很大的原因就在于定价错误。下面将以图解的形式介绍爆品定价的误区，如图 3-14 所示。

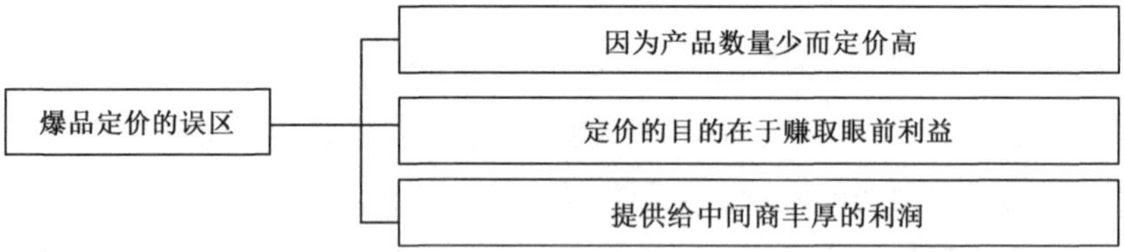

图 3-14　爆品定价的误区

▶ 专 家 提 醒

打造爆品，如果有了远超对手的性价比这个法宝，那么就会容易很多。性价比的关键就在于产品应该如何根据产品的实际价值和消费者的心理定价。企业和商家一定要把眼光放得更长远一些，不能光看眼前的利益，不然就无法打造出真正受消费者喜爱的爆品。

以喜家德水饺为例，如图 3-15 所示，介绍高性价比的餐饮产品如何占据餐饮市场。喜家德水饺在制作工艺上一直是高标准、高要求，不仅采用的面粉是无添加的天然面粉，选择的肉制品都是能排除有害物质且抑制微生物繁殖的排酸冷鲜肉。可以说，喜家德水饺虽然走的是大众路线，但是品质追求上却是走的高端路线。

图 3-15　喜家德虾三鲜水饺

喜家德水饺这种中上品质的餐饮产品，在价格上却是走的平价路线，人均 20~30 元的价格定位对消费者来说的确是物超所值。凭借其高性价比，喜家德水饺不仅赢得了消费者的好口碑，也具备了一定的市场影响力。

3.1.5　餐饮名号，打造专属的个性品牌

对于产品而言，拥有一个响亮的名号就是成为爆品的敲门砖，名号也是品牌影响力。爆品的打造不能缺少品牌的塑造这一因素，因为没有名号的产品称不上是爆品。因此，餐饮企业和商家要格外重视产品的名号。

所谓名号，我们不妨理解为一个名字拥有号召力，现在是互联网时代，我们还是要从互联网中孕育名号，积极在各类社交平台（微信、微博等）与消费者们互动，进行线上的运营和营销。久而久之，让大众都记得我们的品牌名或者产品名。其次，精心设计品牌名和属性名也很重要，让产品先拥有一个好名字是打造所有爆品的必经之路，无一例外。

产品的名号和人的名字一样，会随着时代的脚步不断变化，生动地反映每一个特定年代的状况，也给人们留下深刻的印象和对一个年代的怀念。那么，随着时间的流逝，企业和产品的命名发生了哪些变化呢？下面将向大家展示名号变化的轨迹，如图 3-16 所示。

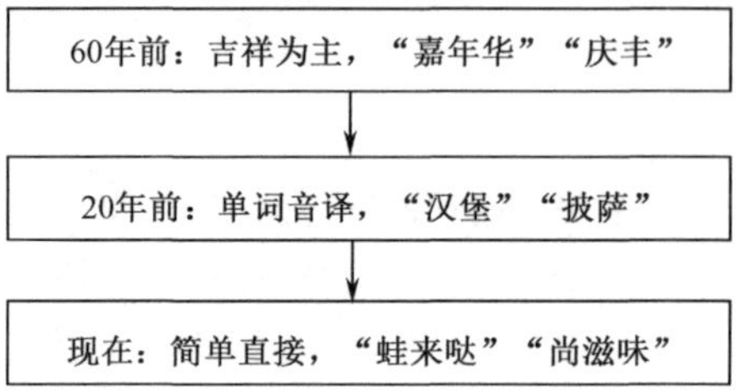

图 3-16　产品命名变化的历史

此外，对产品的名号而言，最重要的就是要让消费者知道产品究竟是什么。如今，各种新奇的餐饮产品层出不穷，如何打出一个响亮的名号让消费者能够一目了然也是个问题。下面将以图解的形式介绍打响餐饮品牌名号的方法，如图 3-17 所示。

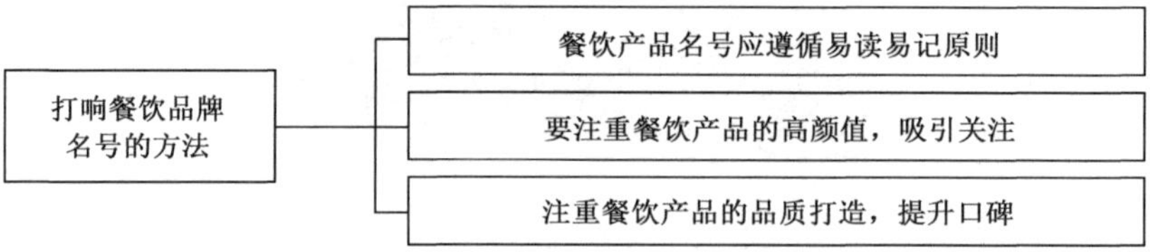

图 3-17　打响餐饮品牌名号的方法

在这个“颜值”当道的时代，餐饮产品是非常注重颜值的。要想打响餐饮产品的名号，产品颜值的高低也是重要影响因素。美的事物人人都会追求的，吃的也不例外，因此，“颜值”高的餐饮产品往往第一眼就能把消费者吸引住，从而变成人人都爱的爆品，打响爆品的知名度。

作为爆品，如果没有美丽大方的外观，是很难成功的。问题的关键是消费者为什么那么关注外观呢？产品“颜值”的重要性又体现在哪里呢？下面将以图解的形式介绍餐饮产品“颜值”的重要性，如图 3-18 所示。

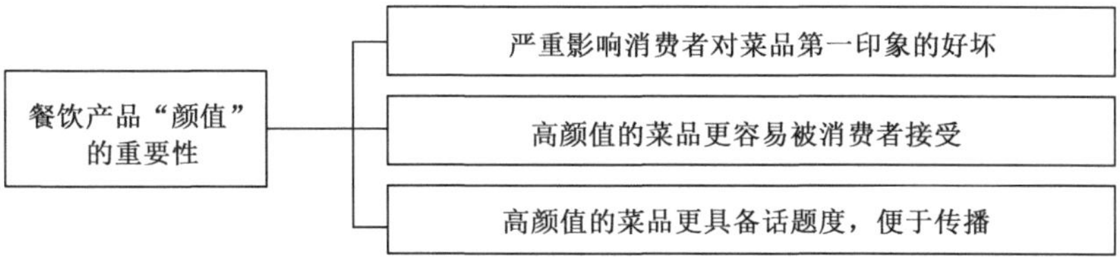

图 3-18　餐饮产品“颜值”的重要性

在这里值得注意的是，如何对产品的“颜值”进行检测，才能使其达到高“颜值”的标准，从而成为爆品。首先是测验的方法，主要分为自测法与他测法，具体内容如图 3-19 所示。

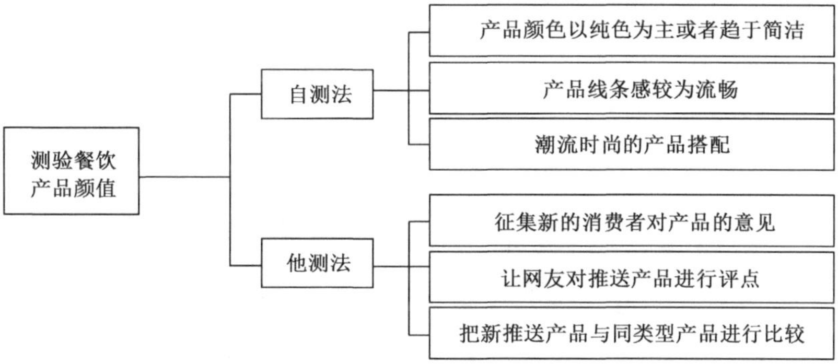

图 3-19　测验餐饮产品“颜值”的方法

那么，我们究竟该如何提升餐饮产品“颜值”呢？下面将以图解的形式介绍提升餐饮产品颜值的方法，如图 3-20 所示。

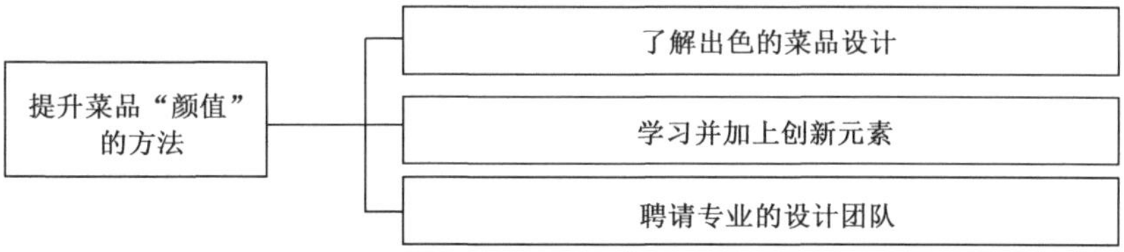

图 3-20　提升菜品“颜值”的方法

要想打造响亮的餐饮名号，首先需要有一个让消费者便于记忆的品牌名称，为打响餐饮名号、提升品牌知名度奠定基础，如图 3-21 所示。

图 3-21　餐饮品牌“汉堡王”

之所以要打响餐饮名号，一是为了帮助消费者直接明白产品是什么，从而引起消费者的兴趣；二是为产品贴上品牌标签，打造个性化餐饮品牌。餐饮经营者要想提高餐饮产品的知名度与市场认知度，就不得不注重餐饮产品的颜值。

说得更直接一点，“颜值”就是一个餐饮产品的好看程度。下面为大家找来同款菜品不同颜值的对比案例，左边的菜品对颜色的搭配、光线的处理及细节的修饰都很到位；右图的菜品则没注意这些，所以对比起来天差地别，如图 3-22 所示。

图 3-22　同款菜品不同颜值的对比

可以说，产品有了高“颜值”，再加上其他方面的优势，想要成为爆品，打响品牌知名度，绝不是一件难事，毕竟高“颜值”的事物都会深受消费者喜爱。

3.1.6　产品优势，提供满意的消费体验

要想打造餐饮爆品，就需要商家在营销过程中向消费者充分展示自身产品的亮点与特色，从而为消费者提供满意的消费体验，提升消费质量。凸显产品优势是打

造餐饮爆品的重点，也是难点。打造餐饮爆品归根结底是将产品优势最大限度地扩大化，制造热门话题，从而提高餐饮产品的关注度与话题度，最终提高餐饮产品的销售额，增加餐饮商家的利润。

餐饮爆品的打造过程中，许多企业和商家都容易忽视突出餐饮产品优势这一环节，致使消费者的需求无法得到真正满足，最终导致消费者的消费体验不佳。因此，在爆品打造过程中最大限度地凸显餐饮产品优势显得尤为重要。

那么，爆品的成功打造为什么要展现餐饮产品优势和亮点呢？下面将以图解的形式介绍凸显餐饮产品优势的重要性，如图 3-23 所示。

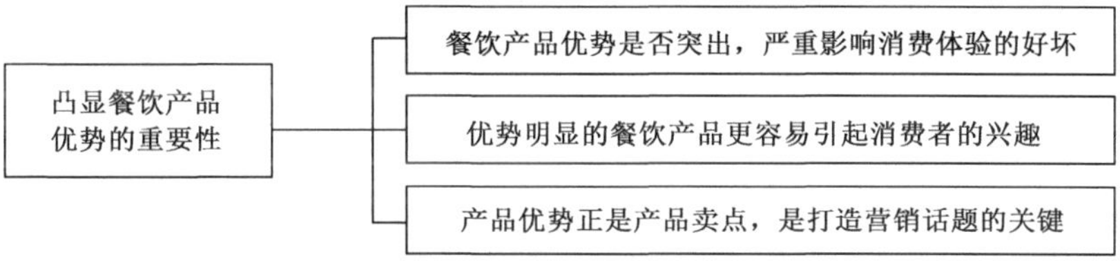

图 3-23 凸显餐饮产品优势的重要性

以餐饮品牌“华神火锅”为例，它不仅全面体现出了自身精致的优势，还全心全意为消费者考虑，做到了把消费者的用餐体验放在第一位。比如，特别注重环境细节方面带给消费者的体验，以店铺的用餐区为例，在用餐区的设计上，尤其专注于精致、干净的打造，如图 3-24 所示。

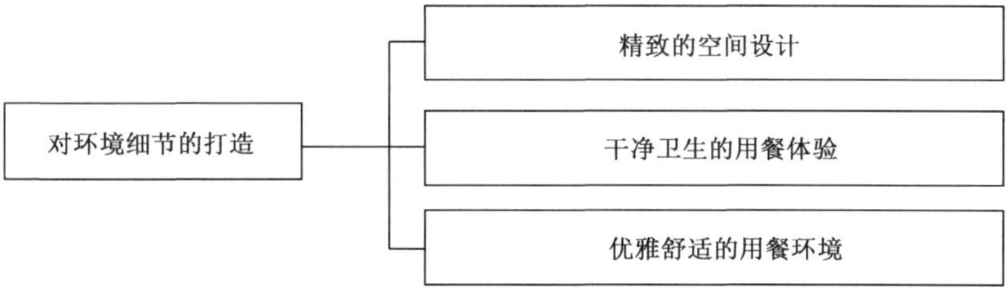

图 3-24 对环境细节的打造

良好的环境打造使之成为了“华神火锅”的优势亮点，从而也使得“华神火锅”在众多的火锅品牌中脱颖而出。图 3-25 所示为“华神火锅”的店内实拍图片。

图 3-25 “华神火锅”的店内实拍图片

“华神精致火锅”对环境的精心打造都是为了给用户提供更好的体验，从而展示自己产品的独特之处，从而也成为消费者心目中的优势亮点，间接的打造爆品。

由此可见，为消费者提供优质的体验需要倾注全部的心血，不仅如此，还要学会从消费者的角度出发，为消费者考虑，知道他们需要什么样的产品和服务，才能打造出令人喜爱，受人欢迎的爆品。

3.2 创新爆品：打破常规的餐饮产品

打破常规、富有创意的餐饮产品往往更能吸引消费者关注，从而成为高人气的餐饮爆品。千篇一律的餐饮产品不仅容易让消费者产生疲劳感，而且容易让消费者丧失兴趣。餐饮管理者只有不断进行产品创新，才能更好地吸引消费者关注，提升产品话题度，打造餐饮爆品。本节主要介绍创新爆品的打造技巧与方法。

3.2.1 经验吸取，从失败中获取新创意

俗话说，“没有多次失败，难得一次成功”。大多数人的成功都是在经历了无数次失败才取得的。在历史上有许多从失败中崛起的人，他们之所以能取得胜利，除了自身惊人的毅力之外，还因为他们懂得从失败的经历中吸取教训，获得创意。伟大的创新大多都是人们经历过失败后的教训总结，而想要通过创新引爆产品，就需要企业或创业者从失败中提炼点子。

不管餐饮企业取得成功的速度有多快，最重要的还是要看它在成长的过程中应对各种各样困难的态度，以及如何把失败总结为教训并利用起来。拥抱失败是实现创新的法则，即每次失败都是一次绝佳的学习和成长机会，每一次失败的经验都会引导我们进行新的思考和观察，就是这样的思考和观察让我们最终获得成功。

随着“互联网+”时代的到来，我们不难发现，有很多餐饮企业都想利用互联网这一拥有巨大潜力的渠道进行餐饮营销，从而打造出餐饮爆品，在餐饮市场上占据一片天地，但不是所有的企业都能一蹴而就，一举成名。

那么，在竞争激烈的餐饮行业，如何从失败中获得新的创意呢？下面以图解的形式介绍如何从失败中获得创意的方法，如图 3-26 所示。

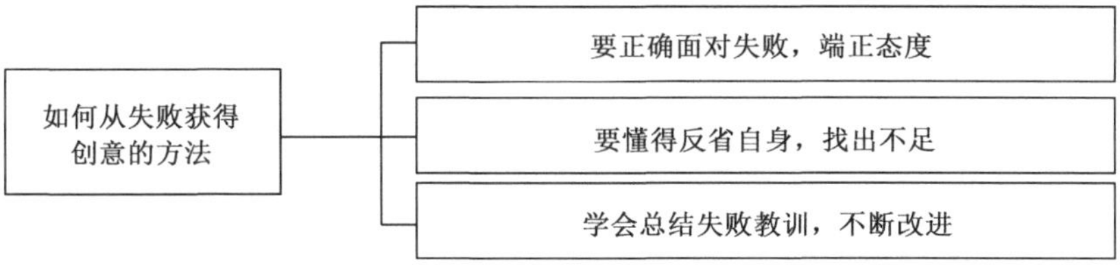

图 3-26 从失败中获得创意的方法

以著名餐饮品牌肯德基为例，1987 年肯德基正式进入中国市场，肯德基在中国的第一家餐厅在北京正式开业。肯德基作为一个外来餐饮品牌，在最初进入中国市场时，主打的餐饮产品主要是具有浓郁美食快餐风格的“炸鸡”“土豆泥”“菜丝沙拉”。饮食文化的差异及相对高昂的价格，使早期肯德基的销售情况并不如意。

肯德基的高层管理者为了改变这种境况，同时也是为了更好地适应中国市场，

符合中国人的饮食习惯，对自己的产品做出巨大的改变，促使产品的“本土化”。这一改变使得肯德基广受中国消费者的喜爱与欢迎。

肯德基在发展过程中提出“为中国而改变，打造新快餐”的口号，带有中国特色的餐饮产品更是不断推出，可以说肯德基的中国化、本土化就是对早期失败经验的总结。由此可以看出，肯德基在中国市场的火爆就在于从失败中获得了创新的源泉，从而赢得了消费者的青睐。图 3-27 所示为肯德基推出的中式早餐。

图 3-27　肯德基推出的中式早餐

3.2.2　餐饮创新，始于管理者解放想象

创新就是让自己的思想“活”起来，为了革新企业，引爆产品，就要解放自己的思想，去思考更多的可能性，然后将其用于自己的创新中。餐饮企业管理者要想进行餐饮产品创新，就应该解放思想，寻求更多可能性。

创新的最好办法就是把心中所想大胆用于实践之中，揣摩方案的可行性是我们必须具备的能力，从了解人类自身的生理构造到宇宙的运行原理，几乎每一次大的进步都是以人类的疯狂想象为前提的。因此，想要利用创新引爆产品，革新企业，就要解放想象。

餐饮创新，为餐饮发展提供动力，同时也是成功打造高人气爆品的关键因素。只有不断寻求餐饮创新，才能满足消费者日益增加的消费需求。那么想要餐饮创新要从哪些方面着手呢？下面以图解的形式介绍餐饮创新的两个方向，如图 3-28 所示。

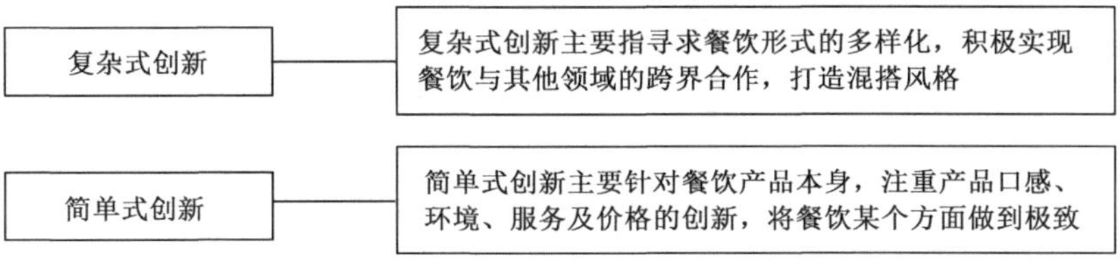

图 3-28　餐饮创新的两个方向

想要实现餐饮创新，仅明确具体的餐饮创新方向是远远不够的。只有掌握了科学有效的餐饮创新方法，才能达到预期的创新效果。下面以图解的形式介绍餐饮创新的方法，如图 3-29 所示。

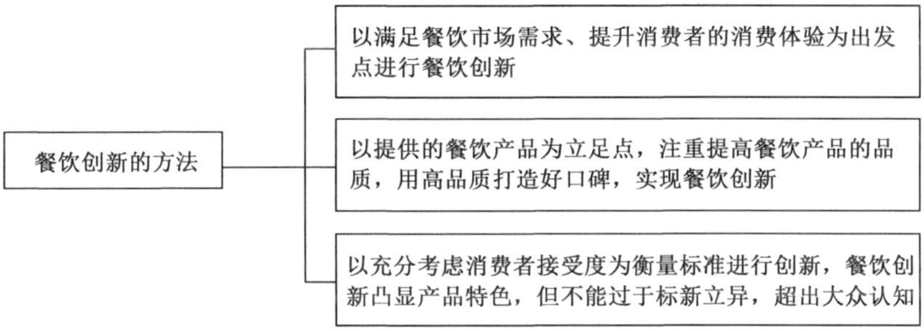

图 3-29　餐饮创新的方法

近几年烤鱼品牌探鱼可以说是声名在外，在餐饮市场广受好评。探鱼就是利用创新爆品，提升品牌影响力的典型案例。

虽然餐饮市场上麻辣口味的川菜与口感绝佳的烤鱼早就深受消费者的欢迎，但是很少有像探鱼一样将烤鱼品牌化、专业化的餐饮企业。探鱼的管理者很好地抓住了这一餐饮市场空白，创新性地找准烤鱼这一餐饮品类，填补市场空白，并且深入挖掘烤鱼这一餐饮产品的更多可能性，推出的餐饮产品注重原创性、创新性，讲究口味的多元。可以说，探鱼的高人气，也是得益于管理者的创新。因此，创新始于解放想象，创新引爆产品。

图 3-30 所示为烤鱼品牌探鱼推出的原创单品。

图 3-30　烤鱼品牌探鱼推出的原创单品

3.2.3　颠覆传统，打破餐饮行业旧思维

餐饮经营者要想进行创新，打破餐饮行业固有的思维模式，首先需要意识到一味地安于现状，会给自身发展带来怎样的负面影响。首先，餐饮市场的竞争是残酷和激烈的，任何一家餐饮企业要想在餐饮市场占有竞争优势，都需要使自己提供的餐饮产品能切实满足消费者的内在需求。然而，消费者的需求是一种不确定因素，并不是一成不变的。

餐饮企业如果无视消费者的需求变化，势必使提供的产品无法满足消费者的需求，最终被市场淘汰。再者，对于餐饮企业自身而言，没有创新就意味着无法为餐饮企业发展提供源源不断的动力，无法促使企业的可持续发展。

持续的创新需要深入和持久的探索，创新没有止境。那么，对于一个企业而言，怎样打破定式，颠覆传统才能获得成功呢？下面以图解的形式介绍打破定式颠覆传统的要点，如图 3-31 所示。

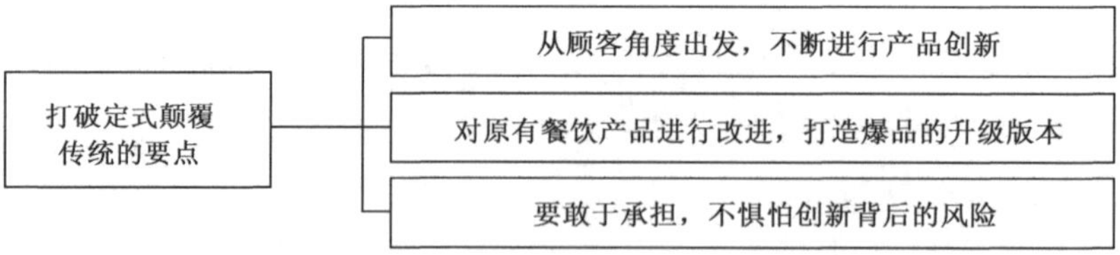

图 3-31　打破定式颠覆传统的要点

颠覆传统，在一定程度上可以理解为把看似不可能的东西变为可能，最近比较流行的跨界混搭，就是把看似毫无关联的两个或多个元素进行配搭。如今，餐饮行业也开始出现不少跨界混搭的餐饮产品，为消费者带来新的消费体验。

说起宜家这个品牌，最先出现在大家脑海中的想必都是“家具”或者“家具品牌”这一类与餐饮关联很少的字眼。但是家居品牌宜家设立了宜家餐厅，也开始进入餐饮行业。

混搭餐饮的出现，确实打破了餐饮企业的传统思维定式，颠覆了餐饮传统。例如，你可能正喝着咖啡，也可以在这家“餐厅”买衣服；你也可能正逛着杂货铺，也可以在里面享受美食。图 3-32 所示为杂货品牌无印良品开设的“MUJI Diner”。

图 3-32　杂货品牌无印良品开设的“MUJI Diner”

3.2.4　营销创新，实现餐饮行业新局面

创新远远不止产品、服务，如果要将创新的想法运用于实践当中，就应该大胆去实现想法，即对营销模式进行创新。

营销方式的创新，一方面是为了更好地迎合餐饮市场的发展，满足消费者的需求；另一方面也是提高餐饮企业的经营水平，获取更多的经济效益的重要方法。运营方式的创新可以说是餐饮企业发展的需要，对餐饮行业新局面的形成也起到了促进作用。

改进企业的营销，需要大胆去实现想法，这也是通过创新引爆产品的关键。那

么，具体应该怎样开始对营销模式进行创新呢？下面以图解的形式介绍运营创新的方法，如图 3-33 所示。

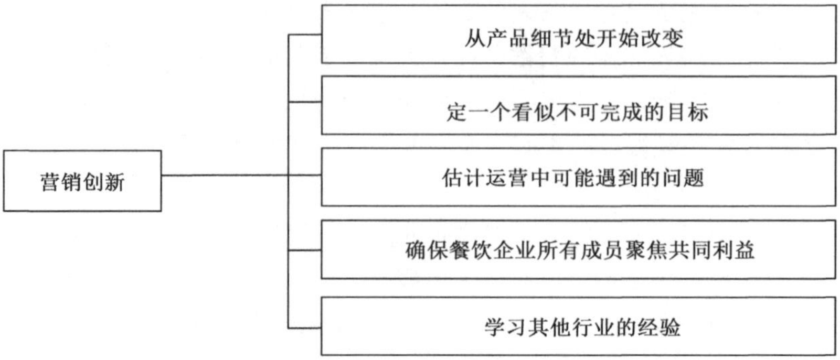

图 3-33　营销创新的方法

学习其他行业的经验是一个行之有效的方法，一方面，可以提高创新工作的效率，减少创新成本的投入；另一方面，能迅速为用户提供更贴心的服务和产品。

其实，对产品和运营模式进行创新并不需要自己苦思冥想，而是要从其他行业寻求一些具有创造性的方法，再加以应用，就可以在自己的行业中发现好的解决问题的方法。

随着 O2O 模式在餐饮行业的深入发展，也带来餐饮营销模式的变化，从传统的广告营销、优惠折扣营销等方式逐步转变为注重产品口碑营销、用户体验营销的方式。可以说餐饮产品营销创新，带来了餐饮行业发展格局的新变化。

以餐饮品牌海底捞为例，海底捞注重打造极致的服务，为消费者提供极致的服务体验，打造品牌口碑，从而实现口碑营销，增加品牌关注度，如图 3-34 所示。

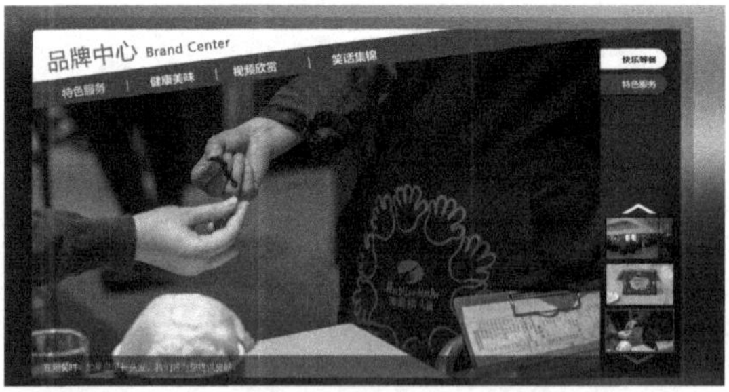

图 3-34　海底捞为顾客提供小皮筋的特色服务

3.2.5 技术创新，创造餐饮发展新契机

对于创新而言，新技术的出现就是一个绝佳的契机。很多时候，都是先有技术的发展，才有产品的创新。这也是企业创新所要依靠的硬性条件。因此，寻求餐饮技术创新，便是在创造餐饮发展新契机。

有些企业就不懂得利用新技术对产品进行革新，或是自行进行技术的创新来引爆产品。而这样的企业注定会错失大好时机，一方面，无法实现自我的突破；另一方面，还可能被消费者和市场无情抛弃。

技术创新，虽然能为餐饮发展提供新的发展机遇，但是要想做好餐饮技术创新，也需要掌握一定的科学方法，才能提高创新成功的概率，避免不必要的经济损失。下面以图解的形式介绍进行餐饮技术创新的条件，如图 3-35 所示。

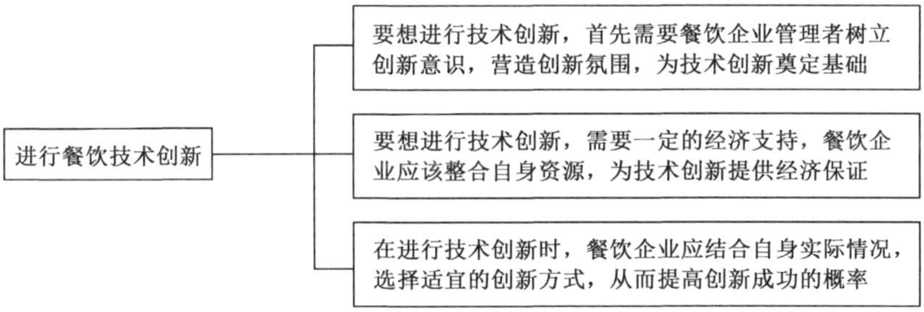

图 3-35 进行餐饮技术创新的条件

餐饮企业在进行技术创新时，应立足于自身的发展情况，选择合适的创新模式。下面以图解的形式介绍常见的技术创新的模式，如图 3-36 所示。

技术创新对餐饮企业的经营发展具有重要意义，是获得餐饮市场竞争优势的重要途径。那么，餐饮企业要想提高技术创新成功的概率，可以采取哪些应对措施呢？

下面以图解的形式介绍提高技术创新成功概率的应对措施，如图 3-37 所示。

常见的技术创新模式

- 以模仿为主要方式的创新模式，侧重于对现有创新产品制作工艺的进一步改进与完善
- 以整合资源为主要方式的创新模式，侧重于与同行业其他餐饮企业进行技术合作，创新优化现有资源
- 以自主研发、自主创新为主要方式的创新模式，侧重于餐饮新技术的自主研发、自我突破，对企业实力要求较

图 3-36　常见的技术创新的模式

提高技术创新成功概率的应对措施

- 在餐饮企业内部，要自上而下树立技术创新的意识，注重培养技术创新的人才
- 要在餐饮企业内部建立完善的管理制度，以保障技术创新工作的有序进行
- 要结合餐饮市场的发展趋势，在“互联网＋”时代，借助网络信息技术实现技术创新

图 3-37　提高技术创新成功概率的应对措施

如分子料理的出现就是餐饮技术创新的典型表现。分子料理是指通过科学的方法，观察食物在外在环境的刺激下发生的物理或化学变化，从而对分子结构进行分析、重组，打造新口感、新形态的餐饮食物，与传统的食物烹调方法有很大的差异。图 3-38 所示为餐饮技术创新的分子料理。

图 3-38　餐饮技术创新的分子料理

3.3 成就爆品：极致体验与餐饮质量

餐饮爆品之所以受到消费者的青睐，除了爆品本身具备的话题度之外，还离不开餐饮爆品带来的极致体验与高品质的餐饮质量水平。因此，餐饮企业或商家需要考虑如何为消费者提供极致产品体验，提升餐饮爆品的质量。本节主要介绍如何通过极致体验与餐饮质量成就餐饮爆品。

3.3.1　爆品推送，打造优质产品极致体验

要想打造高人气餐饮爆品，除了要注重打造产品卖点，提升产品话题度，增加产品讨论热度之外，餐饮企业或商家还应注重打造优质产品，为消费者提供极致的消费体验，从而塑造良好的品牌形象，打造爆品的口碑。餐饮爆品的打造应该是基于优质化和标准化品质，不断扩大餐饮爆品的适用性。

要想为消费者提供极致体验，从而达到爆品营销的效果，需要餐饮管理者明确打造极致体验可以采取的措施。下面以图解的形式介绍打造极致体验的措施，如图 3-39 所示。

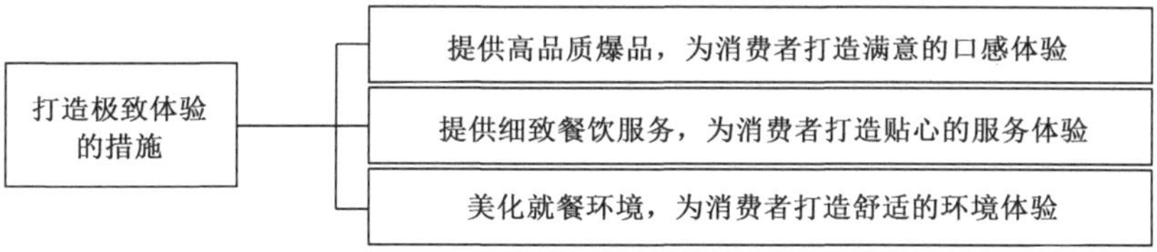

图 3-39　打造极致体验的措施

要想打造餐饮极致体验，首先需要了解影响消费者消费体验的因素。通常，影响消费者消费体验的因素有 3 个方面：一是餐饮产品本身的口感；二是餐饮企业整个餐饮服务体系；三是餐饮企业或商家打造的就餐环境。

想要打造成功的餐饮爆品，除了需要注重餐饮产品本身的高品质外，还要注重提升其他影响消费者消费体验的因素。如果要求餐饮管理者在打造餐饮极致体验时面面俱到，未免要求过高，难度过大。因此，餐饮管理者可以选择某个具体方面，做到单点极致，形成某一方面的专家。

星巴克之所以在市场上广受消费者的好评，除了注重提供的咖啡的高品质，塑造高端咖啡品牌形象之外，为消费者打造舒适的环境体验也是不容忽视的重要原因。有很多人去星巴克，并不只是冲着它的拳头产品——咖啡，而是喝的一种情怀，一种环境氛围。图 3-40 所示为星巴克的舒适环境。

图 3-40　星巴克的舒适环境

3.3.2　质量保证，实现餐饮产品高质服务

一般来说，餐饮爆品一定是卖得特别火的，但并不是卖得火的就是爆品，还要考虑价格和品质方面的因素。一款餐饮产品在没有品质保证的情况下，即使它卖得再火，也只是暂时的“爆品”，而不是长久的。

要打造具有长久生命力的餐饮爆品，除了要具备话题讨论之外，最重要的就是用产品质量赢得消费者的口碑，让消费者转化为品牌忠诚的“粉丝”群，从而打造“粉丝经济”，为餐饮品牌的可持续发展提供动力。

餐饮企业或商家要想打造成功的餐饮爆品，首先需要保证推送的产品能够为消费者带来极致体验，提高餐饮产品的知名度与影响力，凸显品牌特色。一款餐饮爆品要想为消费者提供极致体验，首先应该在品质上有保证，且这种品质的保证要两个要求，如图 3-41 所示。

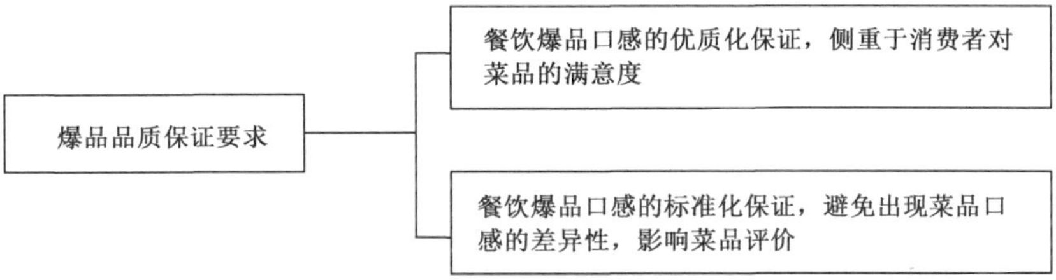

图 3-41　餐饮爆品的品质保证的要求

著名品牌“老干妈”在品质方面就做得非常好，拥有无可取代的口味，而且价格在国内也不算太贵，因此一度受到大众的喜爱，网友甚至一度调侃，说这款产品是“增肥神器”（因为太好吃），如图 3-42 所示。

图 3-42　著名品牌“老干妈”的产品

爆品的存在是打造餐饮 IP 的基础，因而，对餐饮企业和商家来说，要想从爆品发展到餐饮 IP，建议采用“低价不低质”的策略，既在销售数量上有保证，又能在产品质量有保证。下面以图解的形式为大家分析“老干妈”餐饮 IP 实现的特点和要求，如图 3-43 所示。

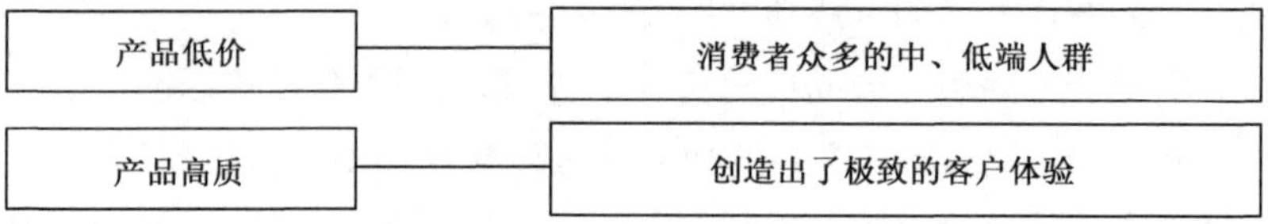

图 3-43 “老干妈”餐饮 IP 实现的特点和要求

第 4 章

用户体验：融入情感，建立第一印象

在餐饮行业的营销活动中，餐饮企业或商家要想扩大自身品牌的影响力，提升品牌知名度，就必须重视用户体验。只有融入情感，设身处地为消费者着想，才能为消费者提供舒适的消费体验。本节主要介绍用户体验的类型，以及如何打造最佳用户体验的技巧。

- 体验分析：用户主观感受最重要。
- 线上体验：满足各类用户的需求。
- 线下体验：打造优质的服务环境。
- 餐饮售后：迎来口碑的持续暴涨。

4

4.1 体验分析：用户主观感受最重要

用户体验，也就是用户在使用产品过程中出现的主观感受的好坏，其影响着对餐饮企业在市场竞争力的大小。准确来说，用户的体验过程其实也是积累企业竞争力与影响力的过程。本节主要介绍用户体验的实质、基本类型及变化趋势。

4.1.1 问题剖析，打造最佳用户体验的要素

用户体验是用户的主观感受，会受到很多外界因素的影响，呈现出一种不稳定的状态。用户体验的主观性与不确定性，反映了用户需求的不稳定性。因此，在餐饮行业，管理者要想了解消费者的需求，可以通过分析消费者的消费体验，找到消费者需求的痛点，从而满足消费者需求的餐饮产品。

提到用户体验，首先需要了解任何事物都需要注意的亘古不变的两个问题，如图 4-1 所示。

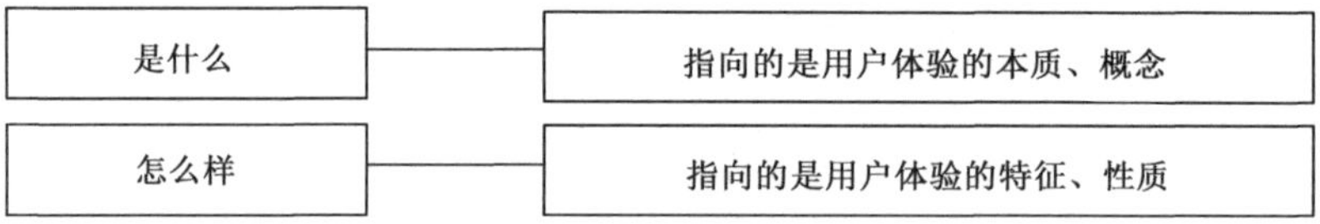

图 4-1　用户体验是什么和怎么样

1．“是什么？”的问题

所谓“用户体验”，实质是消费者关于所消费的产品或服务的纯主观感受的总和，可以说，在产品或服务的消费过程中，企业或商家提供给消费者的基于服务这一平台的商品创造的认知印象和回应。用户体验受到很多因素的影响，总体上可分为 3 类。下面以图解的形式介绍用户体验的影响因素分类，如图 4-2 所示。

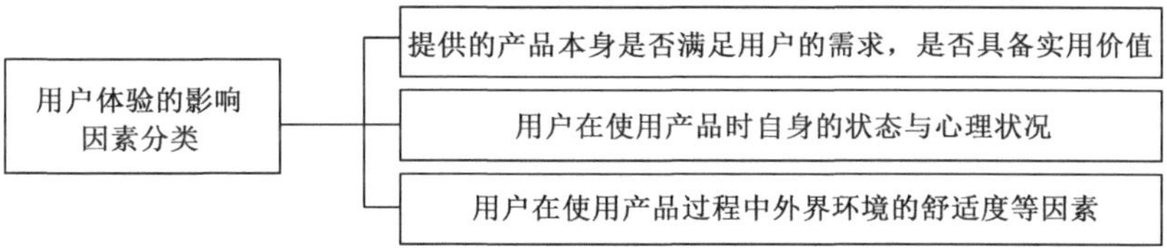

图 4-2　用户体验的影响因素分类

只有很好地从消费者的角度出发，做到以下 3 点，才能提升消费者的用户体验，才能称之为好的用户体验。

（1）带来超出用户预期的惊喜与感动。在餐饮企业或商家给用户提供产品或服务时，达到用户预期的体验效果并不能称之为完全成功的用户体验，只有那些超出用户预期的产品或服务，才能带给用户额外的惊喜与感动，才能更好地提升餐饮企业或商家的形象，形成良好口碑。

（2）带来能为用户所具体感知的价值。餐饮产品或服务给用户带来的体验，贯穿用户食用产品或享受服务的全过程。当餐饮企业或商家在这一过程中能创造被用户具体感知的好的价值和体验，那么，它们就有可能获得竞争优势。

（3）带来贯穿每一个细节的魅力感受。细节，因其重要性，一直是人们特别强调要注意的问题；因其细小，也是人们经常容易忽略的问题。基于此，注意把握细节往往更容易获得成功。下面以图解的形式介绍重视产品细节的原因，如图 4-3 所示。

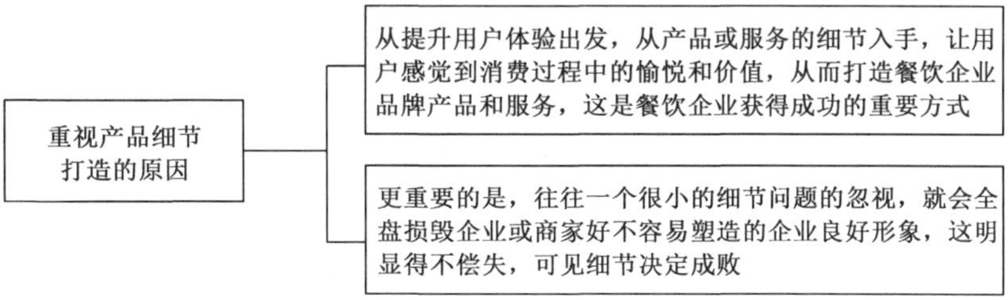

图 4-3　重视产品细节的原因

2. “怎么样？”的问题

以消费者为核心的营销中，用户体验是一个影响营销全局和发展前景的重要因素。随着 O2O 模式在餐饮行业的应用与发展，再加上消费者的消费观念从传统的“为产品而消费”转变为“为生活而消费”，更加注重自我需求的满足。

在这种形势下，用户体验更是备受关注。因此，企业或商家所提供的好的用户体验不仅是餐饮商户营销实现的重要条件，也是提升客户忠诚度和增加客户黏度的重要保证。

营销实现与客户忠诚度的保持，它们与企业或商家之间有一个非常重要的连接途径，那就是企业品牌的建立。在如今端到端、点到点和社会化的营销布局中，企业和商家可以基于 O2O 模式的应用，通过自媒体建立自身的营销品牌。

可见，用户体验的提升是建立企业品牌的绝佳途径。对企业或商家而言，改善和提升用户体验，可以使得消费者在某种程度上重新认识品牌产品，并在此过程中形成企业或商家与消费者互动的营销模式。

以著名的品牌“西贝”为例，详细介绍用户体验对餐饮企业发展的重要性。西贝餐饮是一个以西北菜肴为主的餐饮品牌。西贝注重消费者的体验，致力于为消费者提供健康、美味的优质餐饮产品，使消费者能从提供的餐饮产品中感受到价值。

西贝之所以能从一个“黄土坡小吃店”发展为大型餐饮连锁企业，关键就在于其注重高品质餐饮产品的打造，注重产品制作的细节，为消费者提供了高品质的服务。从制作的原材料上，西贝推出的餐饮产品都是选用西北精良的天然食材，符合现在消费者追求的“天然”“健康”“绿色”；从制作工艺上说，西贝对西北菜民间制作工艺做到传承与创新，善于运用简单的烹调方法，保持食物的原汁原味，使消费者感受最为地道的西北菜风味。图 4-4 所示为西贝餐饮推出的具有浓郁西北风味的餐饮产品。

图 4-4　西贝餐饮推出的具有浓郁西北风味的餐饮产品

4.1.2　提分要点，用户体验的八大提分技巧

随着“互联网＋”时代的到来，传统的餐饮体验方式已经不能适应消费者日益发展的更深层次的消费需求。如何在为消费者提供餐饮产品服务时，最大限度地引起消费者的情感共鸣，是餐饮企业或商家需要思考的问题。而用户体验的好坏对能否引起消费者的情感联想产生重要影响。如何提高用户体验也是餐饮管理者在运营过程中需要积极思考的问题。

在高度的商业文明发展的氛围中，O2O 模式应用下的用户体验差不多席卷了整个市场，作为“百业之王”的餐饮行业更是如此。消费者在一次完整的餐饮消费过程中需要满足 8 个方面的要求，如图 4-5 所示。

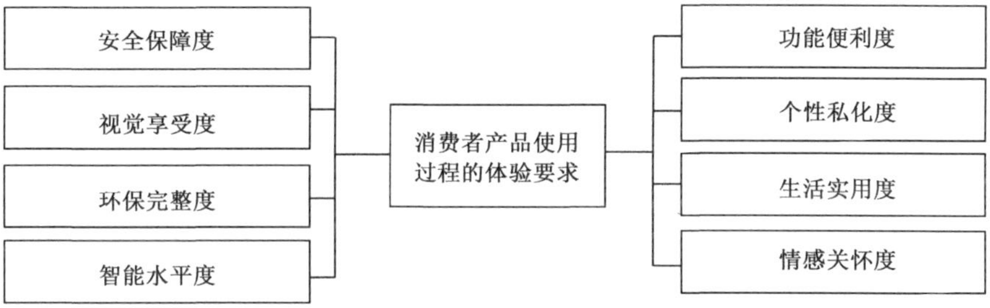

图 4-5　消费者产品使用过程的体验要求

著名冰淇淋品牌“哈根达斯”在产品设计上将产品的视觉美感做到了极致，可以说仅从产品的外观设计上，都能带给消费者一种美的享受。再加上哈根达斯在产品的原材料质量上严格把关，坚持品质至上。无论是从口感还是视觉上，哈根达斯都是优质的象征、质量的保证。图 4-6 所示为哈根达斯推出的创意冰淇淋菜式。

图 4-6　哈根达斯推出的创意冰淇淋菜式

4.1.3　基本类型，用户体验的三种类型介绍

用户体验，其实就是企业或商家传播自身消费价值的体现，而消费者从自身的整个消费过程、企业或商家带给自身的各方面感受中体验这一价值，具体表现在企业特有的标志、独具风格的装修、精心制作的产品和精心准备的服务 4 个方面。

在这一消费体验过程中，根据其带给消费者的诉求的不同，可以将用户体验分为 3 类。下面以图解的形式介绍用户体验的分类，如图 4-7 所示。

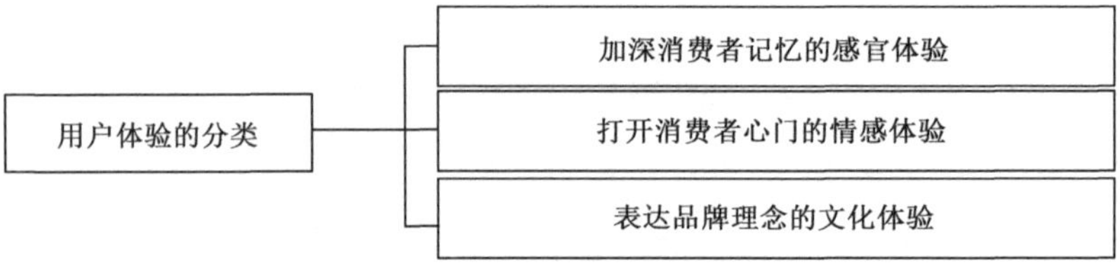

图 4-7　用户体验的分类

1. 感官体验：让消费者产生难忘回忆

所谓“感官体验”，是一种诉诸视觉、听觉、触觉、嗅觉和味觉 5 种感官的用户体验，具体表现就是促使消费者在使用产品和享受服务时所产生的美好感觉。

在感官体验中，消费者能够获得关于产品或服务的第一印象，从而进入消费体验的初级阶段。其实，这一体验过程就是用户感官体验的信息自动处理过程，包括消费者直观的信息接收与摒弃的过程。下面以图解的形式介绍感官体验信息处理的具体内容，如图 4-8 所示。

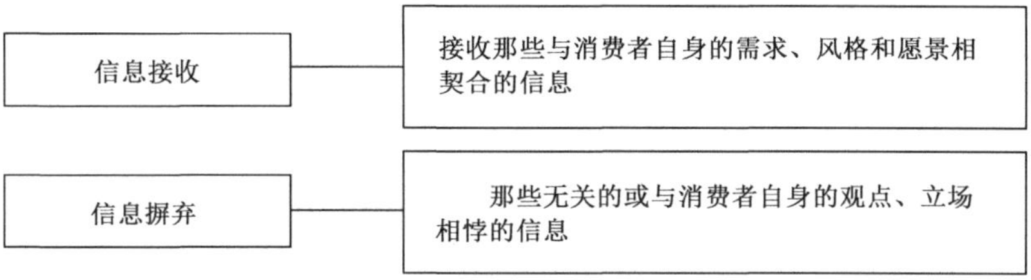

图 4-8　感官体验信息处理的具体内容

2. 情感体验：触及消费者的心灵深处

所谓“情感体验”，即一种判断消费者的需求是否得到满足时的主观态度和内心体验。它是最吸引人的消费体验之一，这是基于其在营销世界的地位和产生的影响而言的，即情感和形象是营销的力量源泉。

与感官体验不同，感官体验直击消费者的心灵，引起消费者的共鸣，并产生持久而深刻的情感印象，其结果就是，能激发消费者的购买欲望和最大限度地提升消费者的忠诚度。

因此，在 O2O 营销过程中，不仅要将诉求点置于产品或服务本身，还应该将实现产品或服务的利益点与对消费者关怀的完美结合。根据这一理论，积极寻找能引起消费者情感变化的因素，并采取有效方法激发其消费活动过程中的积极情感，最终将使得营销活动顺利进行。

3. 文化体验：建立强大的品牌观念优势

相对于感官体验和情感体验来说，文化体验这一用户体验类型超越了个人体验的范畴，实现了与更深厚、更宽阔的社会文化的关联，并对消费者的选择和观念产生了巨大的影响。在文化体验这一中心理论的指导下，企业或商家设计出围绕某一主题的品牌产品、文化氛围和空间环境等多方面的内容，从而建立强大的品牌观念。

以著名的餐饮品牌“上海小南国”为例，介绍餐饮商家是如何打造用户体验，增加消费者对其品牌的认知度，扩大品牌影响力的。“上海小南国”为消费者提供富有上海特色的佳肴，在保留上海菜的制作精致、口感腴润适宜、风格典雅特色的同时，在装修风格上，也是具有浓郁的上海气息，透露出古典文化气息，容易引发消费者的情感共鸣。

除此之外，“上海小南国”在保留传统上海菜特色的同时，为了更好地满足消费者的需求，在餐饮产品的制作上，注重改革创新，既凸显了上海菜精致、古典别致的优势，又融合了其他菜系的优势，创新出肥而不腻且富含营养价值的新上海菜。图 4-9 所示为上海小南国的体验品牌特色的环境与菜品。

（a）上海小南国的内景

（b）上海小南国的特色菜品

图 4-9　上海小南国的体验品牌特色的环境与菜品

4.1.4　变化趋势，用户体验的四大趋势分析

分析用户体验变化，了解未来发展趋势，是餐饮企业或商家提升产品质量、制订产品营销计划时需要考虑的重要因素。做好用户体验的变化趋势分析，也是餐饮企业或商家打造更优消费体验的需要。

为了迎合消费者的需要，餐饮企业或商家改变了传统的餐饮营销模式，这样的转变，一方面使消费者的消费习惯及支付行为发生变化；另一方面也使消费者在消费过程中的关注点发生转移。下面以图解的形式介绍用户体验的四大变化趋势，如图 4-10 所示。

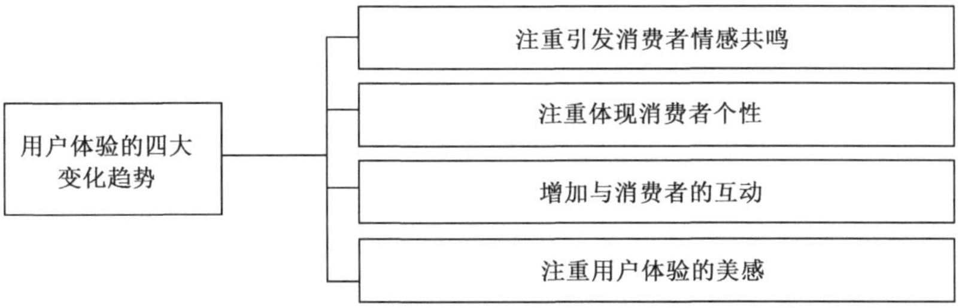

图 4-10　用户体验的四大变化趋势

1．情感化：与消费者产生心理共鸣

餐饮 O2O 模式的应用，其中一个重要的发展就是更加注重消费者情感方面的诉求，注意自身产品、服务与消费者的心灵契合度。

随着网络社交化的快速发展，餐饮企业或商家为了对消费者的影响更加全面和深入，它们更多地将目光投向社交网络上，纷纷在社交平台上积极营建企业自身的品牌形象，树立品牌优势。而消费者的消费决策在受网络社交化的影响方面也随之加大。这样，在企业或商家、消费者两方面的发展趋势下，基于信任、真诚等情感投入的社交平台的餐饮 O2O 营销在用户体验方面获得了其他方式所没有的巨大优势，营销领域的情感化变化趋势也越发明显。

2．个性化：彰显消费者个性的一面

在以人为本的时代环境下，个性化的追求越来越突出，营销领域更是如此。消费者从追求知名品牌转为更加注重彰显自己个性的趋势日趋增强。

对餐饮行业而言，个性化的用户体验，主要是指菜单、餐位等方面的个性化。餐饮企业或商家可以通过多种途径获知消费者的各项用餐信息，从而为消费者提供满足需求的餐饮产品。下面以图解的形式介绍消费者用餐信息应包含的内容，如图 4-11 所示。

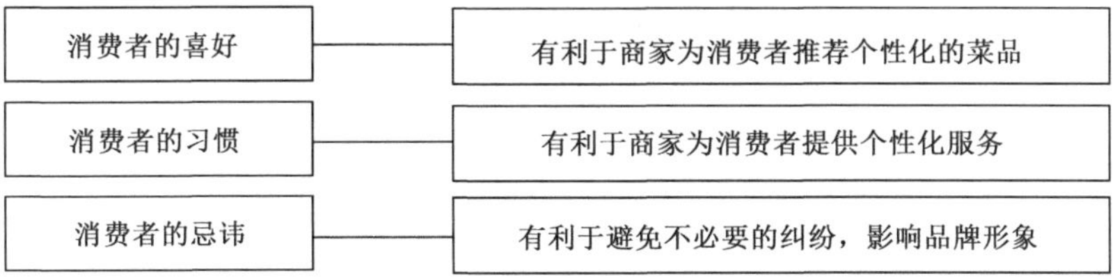

图 4-11　消费者用餐信息应包含的内容

3. 互动化：让消费者参与产品设计

“互动化”体验的发展变化，指的是消费者开始逐渐注意产品和服务的呈现，积极参与到产品或服务的设计中去。下面以图解的形式介绍与消费者互动的 3 种方式，如图 4-12 所示。

借助社交平台的互动	基于产品或服务的功能性需求进行的互动，在这些消费的功能性互动中，逐渐建立起双方的信任关系
一对一式的互动交流	是一种个人化的关系互动，是信任关系发展的进一步延伸，一般借助餐饮场景或微信小号环境进行沟通
人与品牌之间的互动沟通	从人与人的关系转化到了人与品牌的关系上，其目标是建立对品牌的积极参与和认同的信任关系

图 4-12　与消费者互动的 3 种方式

4. 美感性：注重消费者的心灵感受

“美感性”的用户体验，集中在一个“美”字上，即随着社会经济的发展，消费者已经把产品或服务能够带给自身何种美的感受作为衡量企业或商家的重要标准。

因此，企业或商家需要在提升产品或服务的美感上多下功夫，更好地把握好消费者的情绪。从这一方面着手，将更好地提升 O2O 模式应用中的消费者体验。

餐饮品牌“啊咕咔咔”就十分注重为消费者带来个性化的消费体验。消费者在“啊咕咔咔”可以按照自己的喜好选择食材，自由搭配，消费者还可以自己烹制食物，掌握主动权，如图 4-13 所示。

图 4-13　餐饮品牌“啊咕咔咔”

4.2 线上体验：满足各类用户的需求

随着越来越多的餐饮企业开始注重线上渠道的开拓，实现流量的转化，如何打造优质的线上服务，满足各类用户的消费需求，为消费者提供好的线上服务体验，成为餐饮企业或商家运营过程中需要思考的问题。本节主要介绍如何为消费者带来优质的线上体验。

4.2.1 线上接待，为用户提供优质沟通体验

线上接待的基本内容就是与用户进行沟通，而沟通是促进相互了解的最有效的、最便捷的方式。O2O 营销的线上沟通在没有其他辅助了解方式的情况下更需要特别关注。这不仅是企业或商家了解客户的基本要求，也是吸引客户的必要条件。因此，在餐饮 O2O 的线上运作中，线上接待环节有着非常重要的地位和意义。

基于线上接待的重要地位和意义，企业或商家需要创建一个吸引人的、高效的沟通体验平台和流程，且在创建的全过程中需要从顾客的角度出发来进行考虑，从而创造出一个有黏性的、愉悦的体验设计。下面以图解的形式介绍打造高水准的线上接待的意义，如图 4-14 所示。

只有为消费者提供优质线上接待服务，才能在沟通的过程中建立起彼此的信任关系，并在不断增进了解的过程中实现与消费者的情感共鸣，在促进线上消费的同时也为线下体验的展开奠定坚实的基础。下面以图解的形式介绍线上接待环节展示的内容，如图 4-15 所示。

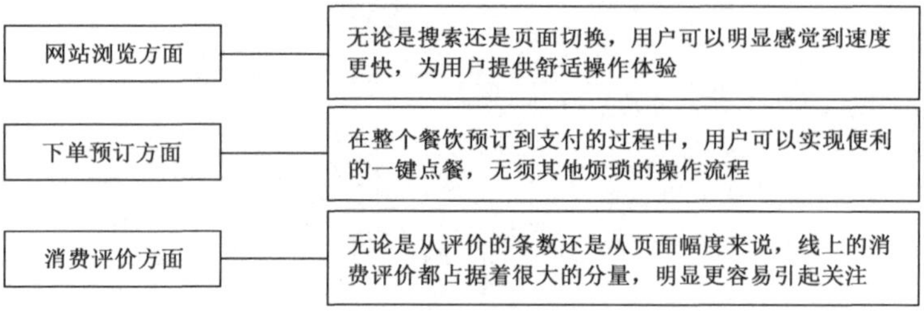

图 4-14　打造高水准的线上接待的意义

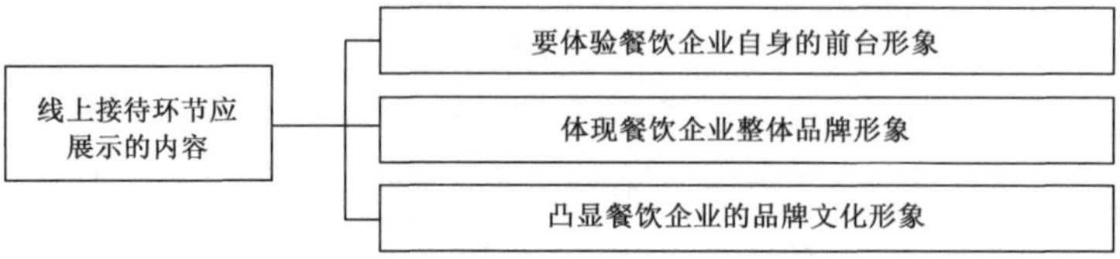

图 4-15　线上接待环节展示应展示的内容

线上接待是体现品牌服务质量的重要途径。线上接待做得好，有利于品牌在消费者心中留下好的印象，从而塑造优势的品牌形象。一方面有利于吸引消费者到线下的实体店进行消费；另一方面有利于凸显自身品牌的优势与特色，从而使新顾客转化为老顾客，奠定品牌的“粉丝”基础，增强消费者对品牌的忠诚度。如“海底捞”的线上餐饮店，在线上接待环节就做得比较好，工作人员的服务态度很好，如图 4-16 所示。

图 4-16　“海底捞”周到线上接待

4.2.2 产品分类，为用户提供便利选择体验

产品分类是指按照一定的分类标准，将餐饮产品划分到相应的范围。做好产品的分类工作，一方面能引导消费者顺利找到需要的餐饮产品；另一方面也能充分展示出餐饮企业或商家在细节处的关注度，从而间接提升消费者对餐饮企业或商家的好感与信任度。

在进行产品分类时，需要明确一定的分类标准。在设立分类标准时，餐饮商家不仅要考虑到产品本身体现出来的分类特征，如原材料、做法、口味等，还需要考虑到自身品牌定位与目标消费群体的需求。

产品分类在一定程度上体现了餐饮企业提供的产品的特色与价值。产品分类是否科学，将对消费者线上体验的好坏产生重要影响。因此，掌握一定的产品分类技巧对餐饮企业或商家是十分必要的。下面以图解的形式介绍产品分类的常见分类依据，如图4-17所示。

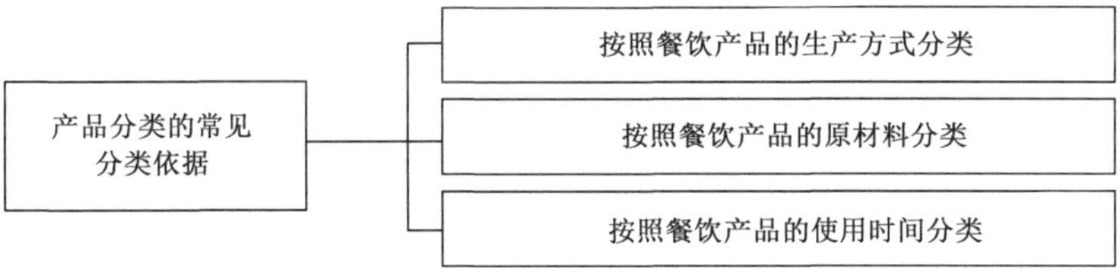

图4-17 产品分类的常见分类依据

为了保证产品分类的准确性与科学性，最大限度地体验产品的特征与价值，餐饮企业或商家在进行产品分类时，应遵循相应的分类原则。下面以图解的形式介绍在进行产品分类时应遵循的分类原则，如图4-18所示。

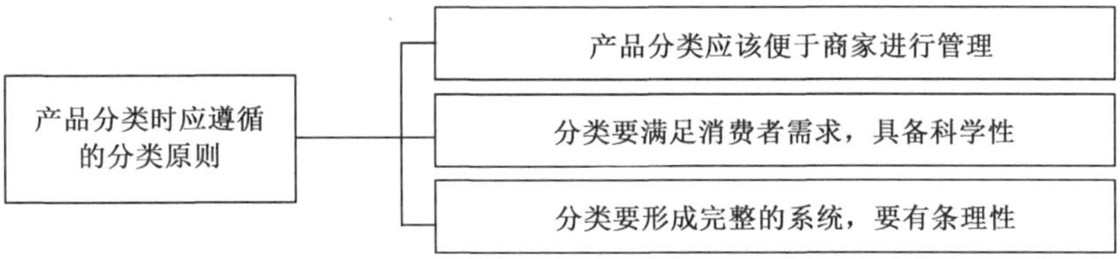

图4-18 产品分类是应遵循的分类原则

要真正做好产品分类工作，除了在分类时体现产品的特征，凸显产品的价值之外，还需要注重产品之间的内在关联性，使产品分类具备一定的层次，体现系统化特征。下面以图解的形式介绍产品分类的层次，如图 4-19 所示。

产品的大类	体现产品所处的餐饮领域，如小吃、零食
产品的中类	体现产品的共同特征分类，如坚果、肉制品
产品的小类	体现产品的具体品种名称，如牛肉、羊肉
产品的细化	产品特征的详细划分，如做法、口味、口感

图 4-19　产品分类的层次

产品分类是否细致，在一定程度决定着消费者消费体验的好坏，以美团外卖为例，线上“牛鼎记”餐饮品牌在线上产品的分类上，致力于为消费者提供便利服务，不仅注重产品分类的细致，还详细展示了产品的图片，帮助消费者进行产品选择，在产品分类上就做到了细致全面，如图 4-20 所示。

图 4-20　“牛鼎记”的产品分类

4.2.3　预订支付，为用户提供快捷服务体验

餐饮 O2O 模式的线上交易，其用户体验的便捷性主要表现在两个环节——线上预订和线上支付。线上餐饮的预订与支付为用户提供了快捷的服务体验。

从线上预订方面来说，它不仅可以实现一键下单，还可以节省消费者的等位时间，使得消费者能够在约定的时间迅速获取产品或服务；从线上支付来说，消费者能够利用多种方式进行支付，特别是在支付宝和微信这两种支付方式盛行的时代，为消费者和企业或商家提供了便捷的支付场景。

线上预订与线上支付改变着消费者的消费行为与支付方式，也改变了餐饮企业或商家的经营方式，使餐饮企业或商家积极与第三方平台合作，开拓线上渠道增加餐饮产品销售量。

线上预订为什么如此受消费者的欢迎，有什么优势呢？下面以图解的形式介绍线上预订的优势，如图 4-21 所示。

线上预订的优势
- 消费者可以直观了解到餐厅的情况，减少沟通阻碍
- 消费者通过网上预订，可以获得部分菜品优惠与折扣
- 线上预订能够为消费者提供更多的选择时间与空间

图 4-21　线上预订的优势

线上支付的普及在一定程度上推动了线上预订的发展，为餐饮企业的线上经营活动提供了条件。线上支付之所以受到人们的欢迎，并且在消费过程中占有越来越重要的地位，是由于它具备传统支付方式所不具备的优势。下面以图解的形式介绍线上支付的优势，如图 4-22 所示。

线上支付的优势
- 线上支付利用数字化完成支付过程，便捷安全
- 线上支付可以不受时间、空间的限制
- 线上支付的安全性、保密性程度更高

图 4-22　线上支付的优势

线上体验离不开线上预订与线上支付这两个环节，从一定程度上讲，线上预订与线上支付极大地推动了餐饮企业的发展。因此，餐饮企业要想打造高品质的线上体验，可以从为消费者提供细致到位的线上预订与线上支付服务着手。图 4-23 所示为重庆刘一手火锅的预订服务与一家名为“客串出品”的餐饮店的线上支付。

在美团外卖上，还有一种功能是“到店自取”服务，如果餐饮商家开通了“开店自取”功能，则消费者在美团外卖上提交订单后，有“外卖配送”和“到店自取”两个功能，如果顾客是在回家路上提交订单的，而在回家的路上刚好需要经过下单的餐饮店铺，那么顾客可以选择“到店自取”服务。

图 4-23 预订服务与线上支付

在如图 4-24 所示的美团外卖店铺中，用户选择相应的菜品后，左下角显示了“支持到店自取”服务，表示该商家已开通该功能，选择好菜品后，单击下方的“去结算”按钮，进入“提交订单”页面，其中包括“外卖配送”和“到店自取”两个标签，单击右侧的“到店自取”标签，确认信息无误后，单击下方的“提交订单”按钮，然后进入支付页面，支付成功后即可到店自取食物。

图 4-24 “支持到店自取”服务及相关操作

4.2.4 “亲”式用语，为用户消除不适体验

在餐饮 O2O 模式中，用户体验主要是由 3 个因素决定的——产品、服务和价格。其中，在服务方面，企业或商家还有待精耕细作，进行深化，如在服务用语上选用显得亲切的称呼就是一个重要的体现。在 O2O 的线上平台交易环境中，消费者与企业或商家的交易是通过冷冰冰的电子设备进行的，消费者对产品和服务的印象也只是来源于特定的图片和文字，双方间缺失了交谈的温情。

如果在图片和文字间加入“亲”式的称呼，如“亲，欢迎光临”“亲，谢谢惠顾”等，可以拉近双方间的距离，产生良好的沟通效果，从而让消费者对企业或商家的信任感倍备。下面以图解的形式介绍“亲”式用语的好处，如图 4-25 所示。

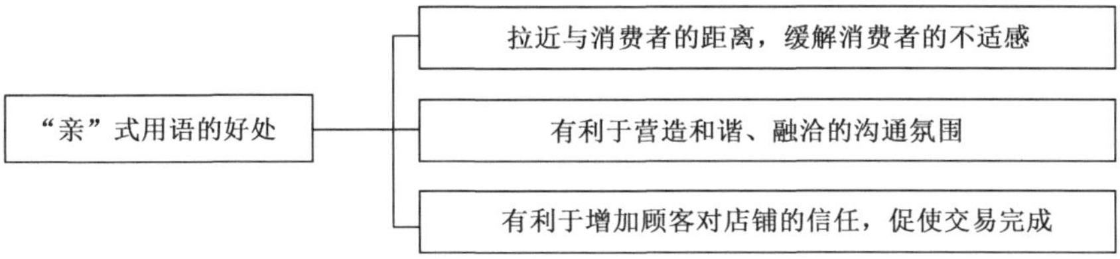

图 4-25 “亲”式用语的好处

在与消费者进行沟通交流时，要想向消费者传递准确的信息，营造和谐的沟通氛围，需要餐饮管理者掌握一定的语言表达技巧。下面以图解的形式介绍与消费者进行沟通的技巧，如图 4-26 所示。

与消费者进行沟通的技巧

- 在整个沟通过程中，态度要谦和有礼
- 在沟通过程中注重礼貌用语的使用，如“请”“您”
- 在沟通过程中传递的信息要准确、语言要简练
- 要注重语速、语调的标准化，体现专业性

图 4-26 与消费者进行沟通的技巧

使用“亲”式用语有利于拉近餐饮商家与消费者之间的距离，消除彼此之间的紧张感与不适感。图 4-27 所示为某线上餐饮店铺使用的“亲”式宣传海报。

图 4-27 带有“亲”式用语的宣传图片

4.3
线下体验：打造优质的服务环境

相对于线上体验而言，线下体验更容易获得消费者的信任，这是线下运作的优势之一。基于这一优势，消费者在享受线上消费的同时也普遍希望线上企业提供更多的实体终端以供他们体验产品。下面就以线下体验为主题进行具体介绍。

4.3.1　真诚服务，轻松打造十万好评

餐饮行业，属于服务业的范畴。在餐饮消费过程中，店家的服务贯穿消费者消费全过程。消费者到实体店消费首先感受到的就是店家对消费者的态度。针对这一问题，店家需要从礼貌和真诚两个方面提升服务态度。

那么如何为消费者提供优质服务呢？图 4-28 所示为打造优质服务的方法。

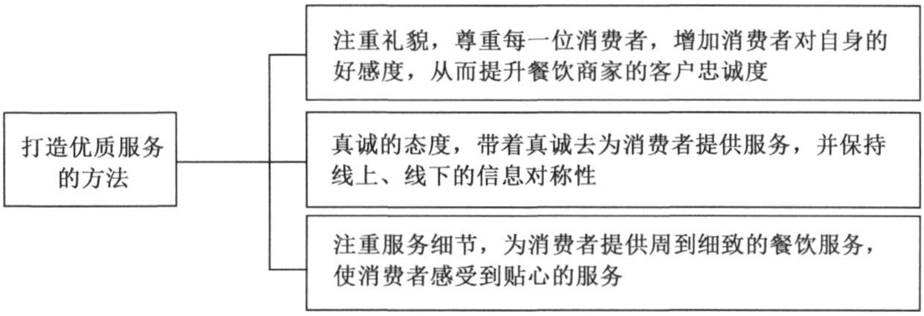

图 4-28　打造优质服务的方法

基于此，在餐饮行业，礼貌服务的培训是必不可少的。试想，一个餐馆如果对待消费者的态度不好，甚至恶劣，那么，还会有人去这家店吗？对此，不少餐饮企

业会定期组织一些有关礼貌服务的培训，如图 4-29 所示。

图 4-29　礼貌服务的培训

著名的餐饮品牌“俏江南”就十分注重服务质量。在企业内部明确规定了各项服务标准，始终坚持“尊重备至、热情真诚、快捷高效、无微不至”的服务标准，为消费者提供最优质的用餐服务。

俏江南通过建立客户管理系统，为消费者及时发布产品信息、优惠折扣信息，提供高效的信息服务，除此之外，俏江南还通过及时回复消费者的订单信息、在特定节假日给予祝福等服务措施，为消费者提供细致贴心的服务，增加了消费者对自身品牌的好感，让消费者感受到餐厅服务的真诚与周到。

4.3.2　舒适环境，完美实现“粉丝”积累

餐饮 O2O 的线下运作，消费者在到店消费时除了感受店家的服务态度外，还有一个重要的方面，那就是店面形象和布局。这是餐饮企业或商家的企业文化、企业价值的对外体现。不同的店铺装修风格有不同的内涵和消费价值，且根据其装修风格的不同可以察觉出企业或商家的特色产品和服务。如简洁的店面装修能给消费者带来清爽、整洁的第一就餐印象。

在餐饮 O2O 模式应用中，线下运营的第一步就是打造一个契合店家营销理论与特色、并能最大程度提升消费者满意度的消费环境。这样让消费者满意的就餐环境至少要具备 3 个方面的要求，如图 4-30 所示。

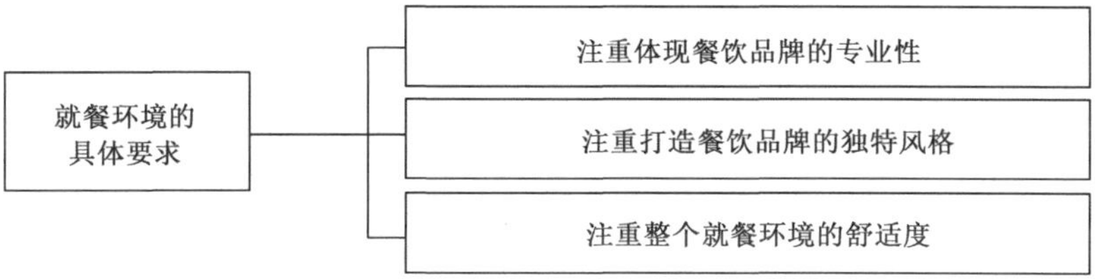

图 4-30　就餐环境的具体要求

为消费者提供舒适的用餐环境，是提升消费者的消费体验质量的重要途径。出色的店铺装修风格，不仅能突出品牌的特色，增加品牌辨识度，有时还能引发消费者的情感共鸣，为品牌奠定“粉丝”基础。图 4-31 所示为时尚、简约的店面装修，它能给消费者带来奇妙、舒适的第一就餐印象。

图 4-31　时尚、简约的店面装修

4.3.3　优质体验，打造餐饮店铺口碑

所谓“体验式消费”，即通过商品的试用来提升商品营销的消费方式。这是一种市场推广创新的体验式消费方式，可以让消费者对需要的商品有一个直观、清晰

的了解，因此，颇受消费者的欢迎。

多种方式的体验式消费，可以吸引那些觉得网上购物不让人放心的消费者，让他们在线下直接感受到企业或店家的商品，帮助他们加深对商品的了解，从而快速引起消费者的购买欲望。餐饮行业的体验消费相较于其他行业来说，其消费感受更容易让人印象深刻。

关于体验式消费，在线下运作中主要包括 3 类。下面以图解的形式介绍体验式消费线下运作的方式，如图 4-32 所示。

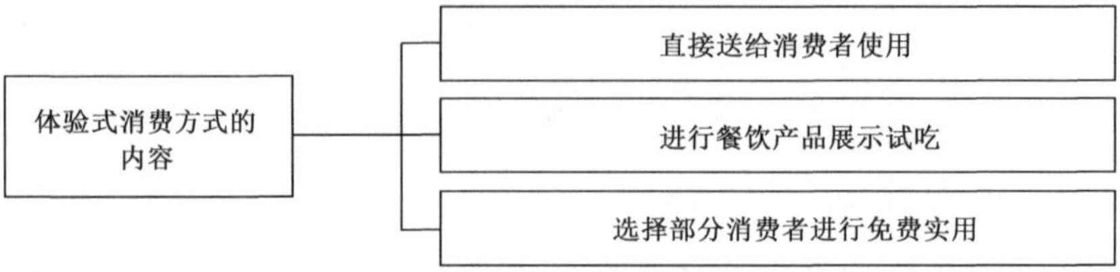

图 4-32　O2O 模式的线下体验消费方式

图 4-32 所示为某甜品店推出的“免费试吃”活动。通过试吃活动吸引消费者关注，向消费者传递产品信息，达到营销的效果。

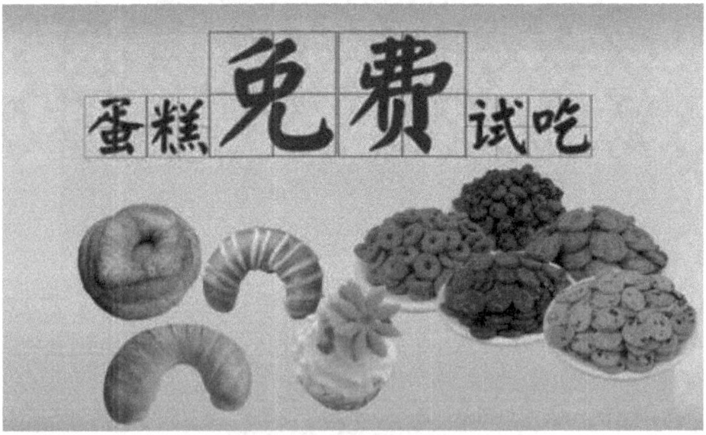

图 4-33　某甜品店推出的“免费试吃”活动

4.4 餐饮售后：迎来口碑的持续暴涨

售后服务对于口碑的打造而言，是十分关键的一个环节。很多企业不注重售后的完善和提高，因此白白流失了很多客户，同时也错失了树立口碑的大好时机。本章将详细介绍如何打造售后，从而为企业树立口碑的各种方法。

4.4.1 端正态度，提升客户好感的诀窍

口碑的打造少不了高水平的售后服务，对于消费者而言，一个产品或者一个企业的售后服务决定了他们还会不会再次回头购物，或是为其进行口碑宣传。可以说，在进行售后服务时，餐饮服务人员应端正态度，从而提升客户好感度。

遇到消费者的抱怨与反馈时，商家最明智的做法就是认真对待这些问题和抱怨，如果逃避问题、推卸责任，就很容易遭到消费者的反驳和抛弃，最终导致产品的口碑大打折扣，甚至毁于一旦。

面对消费者的抱怨，企业的售后服务一定要做到位，最重要的一点就是不能推卸责任，既然是购买了你的产品，无论什么环节，你都要负责。只有勇于承担责任，机智处理消费者的正当抱怨，缓解他们的怒气，才能获得他们的肯定。那么，商家面对消费者的抱怨具体要怎么做呢？下面将详细介绍如何妥善处理消费者的抱怨。

1. 承担责任不推脱

这是第一点，也是最重要的一点。这种主动承担责任的做法，能让消费者感受商家承担责任的果断，并且还怀着一种真诚的态度，而不是卖出了产品就对消费者敷衍了事。那么，商家需要承担哪些方面的责任呢？下面以图解的形式介绍餐饮商家应承担的责任，如图 4-34 所示。

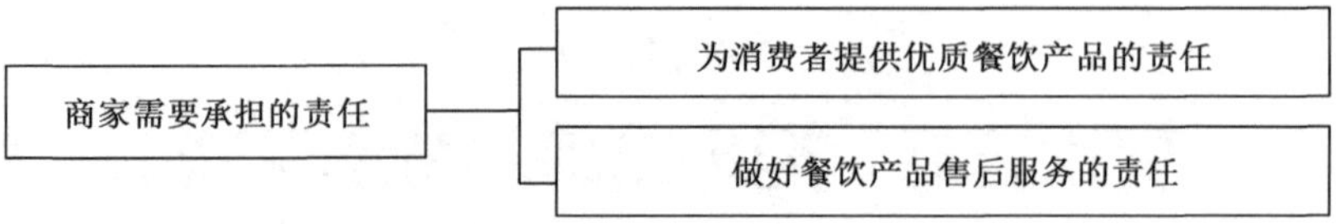

图 4-34　商家需要承担的责任

对于企业而言，如果想要打造口碑，就应该正确对待消费者的抱怨和投诉。无论怎么样，推脱责任是最不可取的方法。

2. 吸引消费者给好评

消费者一旦对产品或企业服务有了很大的意见，就很难对产品产生好感，更别说给好评了。因此，这就需要企业或商家的售后人员向消费者道歉后积极吸引消费者。那么，具体的吸引方式有哪些呢？下面以图解的形式介绍吸引消费者给好评的方式，如图 4-35 所示。

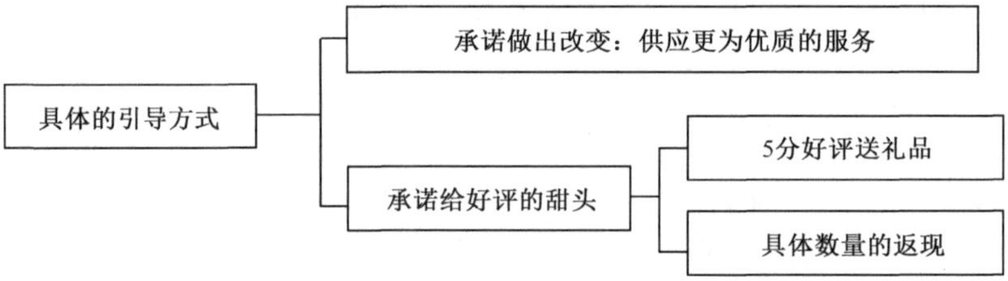

图 4-35　具体的引导方式

当然，在售后人员向消费者承认错误时也要采取适当的方式，以博得其理解和认可。具体的沟通方式如图 4-36 所示。

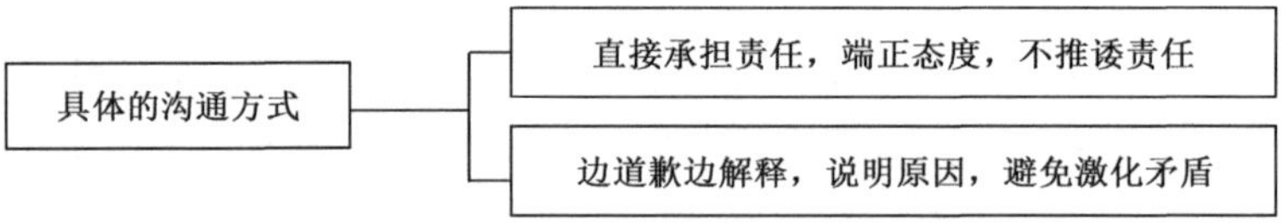

图 4-36　具体的沟通方式

某天中午，小李在美团外卖上点了一份炸鸡，店家在菜品下方提供了 4 种炸鸡的口味，但小李当时没有注意到，因此没有选择口味，此时商家随机配送了一款特辣烧烤口味的炸鸡，小李收到外卖后，发现炸鸡上方写了特辣口味，小李是不吃辣椒的，因此收到外卖后非常生气，觉得与商家宣传的产品信息不符。小李通过美团外卖的售后服务，打电话与商家沟通，希望商家能给小李一个解释，为什么配送的是特辣口味的，这位商家感受到了小李不悦的情绪，首先对小李进行了一翻安慰，当小李的情绪稳定后，商家回复说在网上收到小李订单后，小李并没有选择炸鸡的口味，因此就随机配送了一款口味，商家的态度非常好，后来小李觉得自己也有失误。此时，商家给出的解决方案是，这份炸鸡是不能退的，小李可以赠送给自己的同事吃，然后小李可以再重新下一份订单，选择原味的炸鸡口味，商家以 5 折的优惠价格给小李，小李听后非常高兴，立马又重新下了一份原味的订单。收到订单后，小李在美团外卖上给了商家五星好评。

从小李的经历可以看到，如果企业提供的产品和服务不能满足消费者的需求，就会遭到来自消费者的抱怨和斥责。此时，商家要以温和的态度与消费者进行沟通，想出两全齐美的解决办法，消除顾客不满的情绪，才能在消费者心中建立良好的口碑。

4.4.2 主动沟通，建立良好的客户关系

在产品销售出去之后，为了打造口碑，企业要做的就是主动与消费者进行沟通。因为这样才能知道自身的问题，以及消费者对产品有什么诉求或者建议。餐饮商家应主动与消费者进行沟通，从而建立和谐的客户关系。

对于企业而言，主动沟通的好处是无穷无尽的，是推动产品进步、口碑优化、企业发展的绝佳渠道。只有企业自己主动，才能掌握消费者的心理。如果企业不主动与消费者沟通，就会失去改进产品的机会，因为消费者不会都向产品和企业做出反馈，他们会做的就是不再购买产品。这样企业就会被蒙在鼓里，永远也不知道自己的问题出在哪里，从而失去优质的口碑，白白流失众多客户。

商家通过与消费者的沟通就能更加准确地对自己的产品进行定位，或者重新进行升级改造。那么具体沟通的内容有哪些呢？下面以图解的形式介绍，如图 4-37 所示。

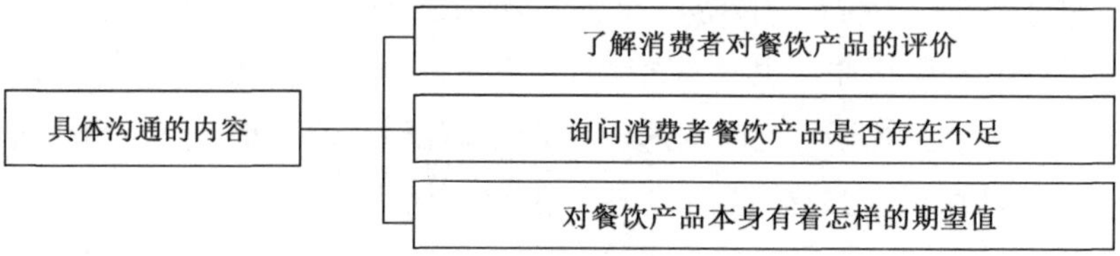

图 4-37　具体沟通的内容

值得注意的是，在与消费者主动沟通时，企业的售后服务人员还要表现出热情积极的态度，好让消费者感受到人情味。每一位消费者都是企业的上帝，如果没有把握好沟通的态度，就无法打造口碑。只有热情主动地沟通，才能赢得消费者的好评，从而提升产品和企业的口碑。当然，在主动与消费者沟通的过程中，也要注意措辞，随时注意消费者的心理变化，做到随机应变。图 4-38 所示为沟通的具体技巧。

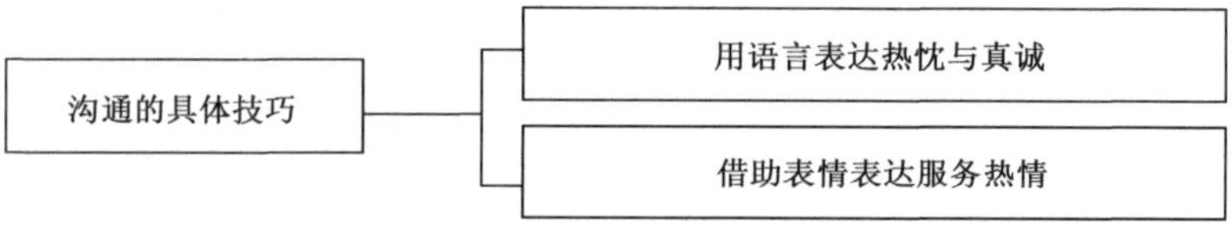

图 4-38　沟通的具体技巧

一家专卖甜品的外卖店铺在销售出甜品后，会主动对消费者进行售后咨询，如对甜品到手之后的口感如何、产品外观会不会有所损坏、喜欢什么口味等，借此来了解消费者的购物取向。

除了这种直接对话的方法，甜品店还可以采用问卷调查的方法与用户进行沟通，平时到店消费的顾客，商家都会留下顾客的电话与电子邮箱，方便日后沟通。如美团外卖上的一家餐饮店铺会不定时给消费者以电子邮件的方式发放调查问卷，以了解消费者的看法，如图 4-39 所示。

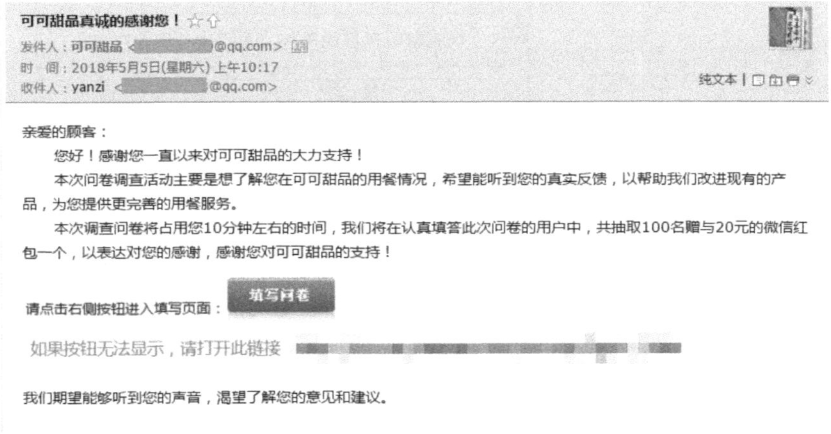
可可甜品真诚的感谢您！

发件人：可可甜品 <[redacted]@qq.com>
时　间：2018年5月5日(星期六) 上午10:17
收件人：yanzi <[redacted]@qq.com>

纯文本

亲爱的顾客：

您好！感谢您一直以来对可可甜品的大力支持！

本次问卷调查活动主要是想了解您在可可甜品的用餐情况，希望能听到您的真实反馈，以帮助我们改进现有的产品，为您提供更完善的用餐服务。

本次调查问卷将占用您10分钟左右的时间，我们将在认真填答此次问卷的用户中，共抽取100名赠与20元的微信红包一个，以表达对您的感谢，感谢您对可可甜品的支持！

请点击右侧按钮进入填写页面：填写问卷

如果按钮无法显示，请打开此链接 [redacted]

我们期望能够听到您的声音，渴望了解您的意见和建议。

图 4-39　美团网外卖甜品店的调查问卷

4.4.3　倾听意见，实现管理优化的途径

在购物的过程中，会产生一些产品质量或者其他方面的问题，这时消费者就会向企业或者商家提出一些意见和建议。有的企业非但不承认错误，还不接受建议，最后只会砸了自己的招牌，失去消费者的支持。正确的做法应该是认真倾听消费者的意见，而不是置之不理或者敷衍了事。

在进行餐饮售后服务时，认真倾听消费者的意见非常重要，在倾听消费者的诉求时有没有什么技巧可寻呢？如态度、语言等方面有哪些值得注意的事项？下面详细介绍认真倾听消费者意见的要点。

1. 静下心来聆听意见

消费者不会无缘无故向企业和商家投诉，如果不是因为产品和服务存在问题，消费者不会花时间和商家理论。因此，为了打造口碑，企业的售后服务人员一定要态度诚恳地倾听消费者产品和企业的意见。那么，具体要怎么静心倾听呢？笔者对其大致流程进行了总结，如图 4-40 所示。

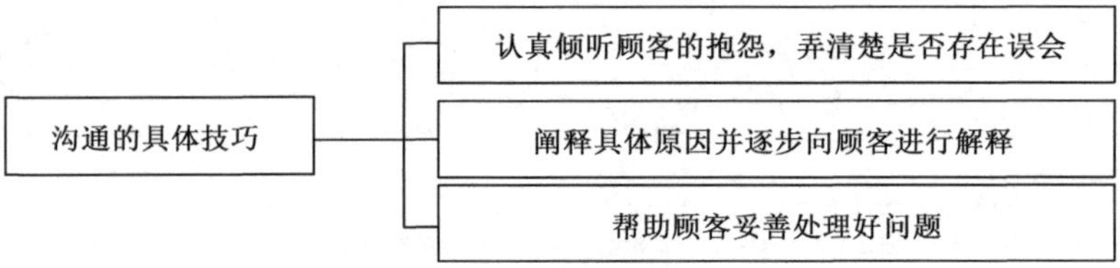

图 4-40　静心倾听的具体流程

2. 对消费者说过的话进行确认

光是倾听没有用，听了没理解或者听了不行动也是白搭。因此，企业的售后服务人员应该在消费者说完意见后，对消费者表达的意思进行确认。这样对口碑的打造有很大的优势，具体作用如图 4-41 所示。

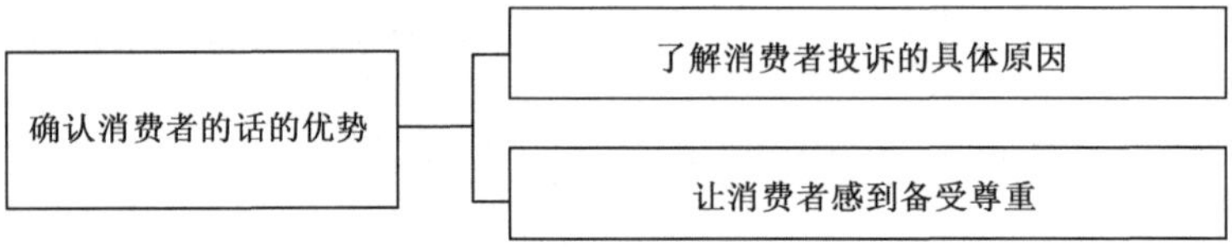

图 4-41　确认消费者的话的优势

认真倾听是一种实现顺利沟通的有效技巧，无论什么行业的售后服务人员，都要掌握这门技巧，以便为消费者表达自己的需求提供更加优质的服务。那么，这样做的好处有哪些呢？下面以图解的形式介绍认真倾听的好处，如图 4-42 所示。

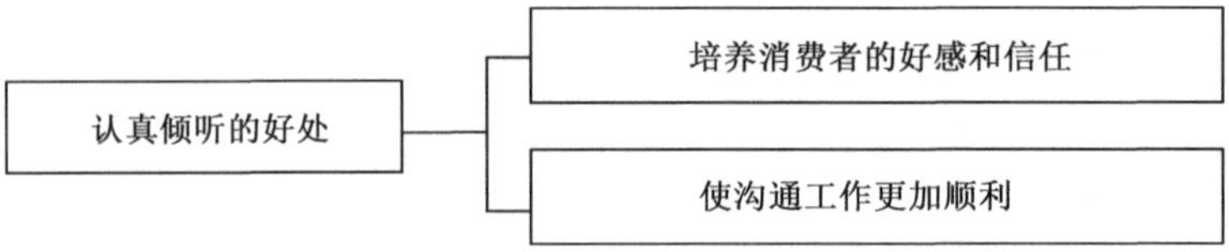

图 4-42　认真倾听的好处

倾听是最好的沟通语言，要打造口碑也需要认真的倾听。不要忘了顾客是永远的上帝，倾听上帝的诉求总是没错的。

一位消费者在外卖 App 上购买了一份湘菜，吃了几口之后发现口感不是很好，感觉味道怪怪的，于是向店铺申请退款，或者要求店家重新配送一份湘菜。这时店

铺的售后服务人员应该怎么做呢？让我们一起看看她的处理步骤，如图 4-43 所示。

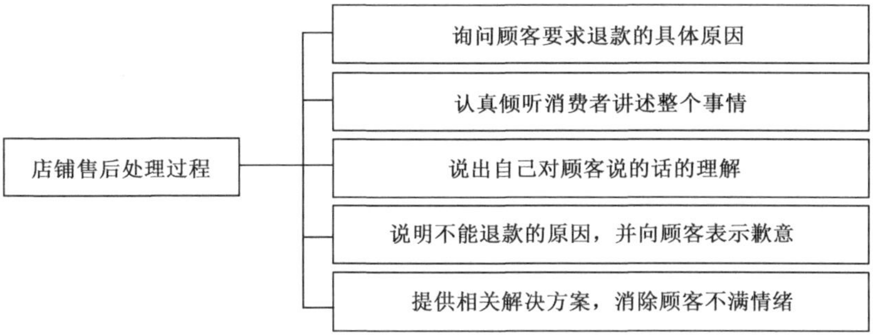

图 4-43　店铺售后处理的过程

▶ 专 家 提 醒

从售后服务人员处理退款的过程来看，第一个要点就是认真倾听消费者讲述事情经过。而这一点恰巧是很多企业的售后都没做到的，很多企业的售后往往会第一时间打断消费者的话，并罗列出一大堆理由来为自己开脱，以证明不是自己的问题。这样的售后服务为企业带来的是无穷的隐患，如客户的流失、口碑的坍塌等。

4.4.4　附赠惊喜，成就双赢局面的技巧

通过售后服务打造企业口碑，需要消费者对企业产生好感，附赠小惊喜就是打造口碑的有效方法。如果售后服务人员同意给予消费者一些福利，就能吸引更多消费者的注意。一般而言，消费者都喜欢占小便宜，因此，只要给予他们些许实际优惠，他们就会对产品和企业产生好感和信任。

很多消费者会对商家的这种附赠小礼物的行为表示好感倍增，无论是买什么产品，消费者总是希望能够买到最实惠的，因此，收到一些小恩小惠会让消费者产生一种“我赚到了”“这个东西买得真值”的感觉。这些都是打造企业口碑的形式，

对于消费者来说，这些小惊喜能提升他们对产品和商家的好感度，从而主动为产品进行宣传和推广。

在消费者消费过程中附赠惊喜，一方面可以为消费者带来愉悦的消费体验；另一方面也有利于餐饮企业塑造自身品牌形象。那么，具体应该怎样给消费者附赠一些小惊喜呢？下面以图解的形式介绍给各科附赠惊喜的技巧，如图 4-44 所示。

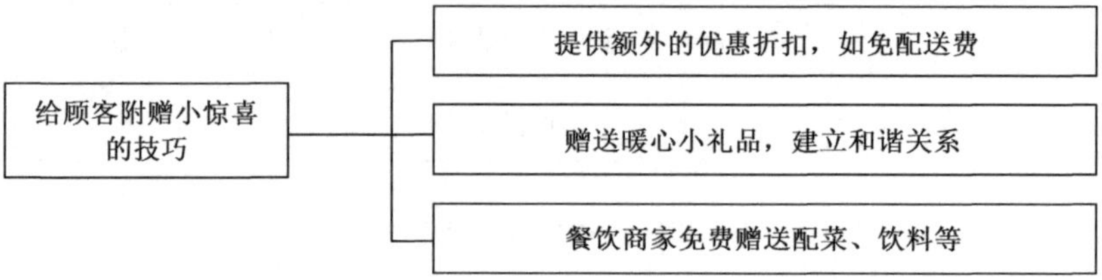

图 4-44　给顾客附赠小惊喜的技巧

小新最近新买了一箱坚果，与客服沟通好后就下了单。坚果本来就物美价廉，没想到收到货后打开包裹发现店家还贴心地附赠了几包其他零食和冲泡饮品等小礼品，这让小新觉得物超所值。于是立马把这家店铺收藏了，还大力向朋友们推荐这家店铺。

小新的购物经历就恰好证明了附赠惊喜的重要性。

4.4.5　引导好评，推动流量转化的手段

越来越多的餐饮企业开始注重线上渠道的扩展，借助互联网平台为消费者提供更好的服务。引导消费者对提供的服务给出好评，是基于为消费者提供高水准的服务质量之上的，打造品牌口碑不容忽视的工作。

引导消费者对提供的服务给出好评，餐饮商家首先必须遵循自愿的原则，不能在违背客观事实的情况下，强迫消费者做出不实的评价。其次，餐饮商家要明确引导消费者对提供的服务给出评价，这是商家与消费者进行沟通的重要环节，也是获得消费者反馈的直接途径。

对于线上餐饮店铺而言，要想打造口碑就需要引导用户给出好评。基于产品服务的评价，一方面，能使商家直接获得消费者的产品反馈，为完善产品服务提供依据；另一方面，好的产品评价，能为餐饮商家带来更多流量，增加品牌的认知度与影响力，塑造品牌形象。掌握获得好评的窍门是一个值得深思的问题。下面以图解的形式介绍引导消费者给出好评的技巧，如图 4-45 所示。

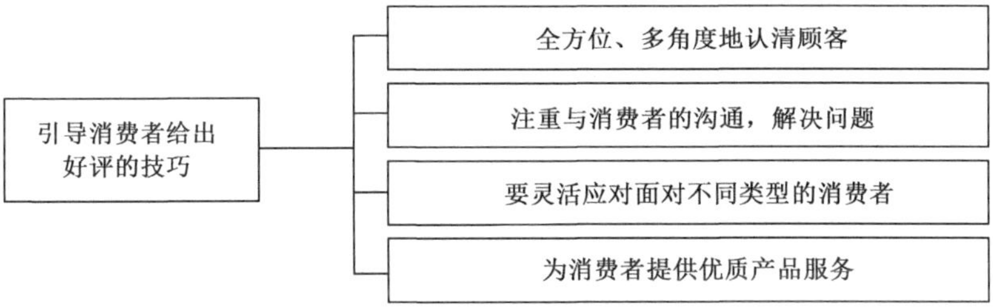

图 4-45　获得好评的窍门

首先，全面认清顾客的目的就在于把握顾客的心理，从而避免遇到比较不好对付的顾客。那么，应该从哪些方面了解顾客呢？下面以图解的形式介绍从哪些方面了解顾客，如图 4-46 所示。

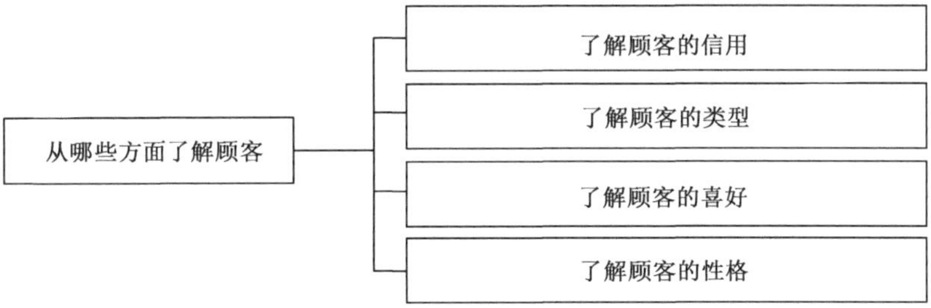

图 4-46　从哪些方面了解顾客

其次，沟通一直以来都是解决问题的最好办法，售后服务同样也需要利用沟通来进行打造。那么，客服人员应该从哪些角度与消费者进行沟通呢？笔者将详细介绍不同情境的处理方法。

1．提前告知顾客问题所在

企业要想打造爆品，树立口碑，就要全心全意为顾客提供使其满意的产品和服务。万一有什么难处，就要提前告知顾客自己的问题，并为其提供更为可行的解决办法。

这里有两个小技巧，一是坦白承认产品的不足之处，二是用一些送福利的方式让顾客满意，如免费赠送顾客礼物、打折等。

2. 明白顾客的需求和期待

企业的产品要与顾客的需求和预期一致，否则顾客无法得到满足感，不会主动为企业宣传推广产品和品牌。几乎所有的顾客都会对自己购买的产品产生期待，如产品的口感如何、服务怎样等。如果产品与预期有差别，顾客就会对企业大失所望，甚至再也不会消费。

因此，对于商家而言，最重要的就是明白顾客对产品的需求和期望。那么，具体应该怎么做呢？下面以图解的形式介绍了解顾客消费期待的技巧，如图 4-47 所示。

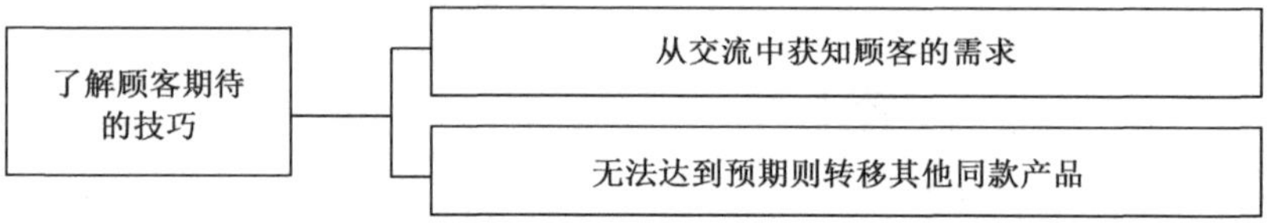

图 4-47　了解顾客期待的技巧

3. 清楚顾客对配送的需求

一般而言，顾客在网上购买了自己喜欢的产品，都会迫不及待地渴望产品到达自己手中。但有些外卖平台的配送服务做得特别差，导致顾客对其产生不良的印象，难以树立企业的口碑。因此，企业要努力为顾客提供高质量的物流配送服务，在交流时应该弄清楚顾客对配送的需求。下面以图解的形式介绍满足顾客配送需求的具体技巧，如图 4-48 所示。

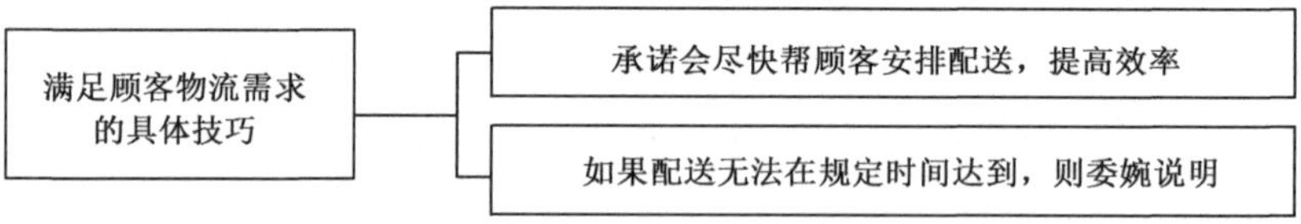

图 4-48　满足顾客配送需求的具体技巧

4. 第一时间帮助顾客破解难题

售后人员的职责就是帮助顾客破解难题，无论有什么事情，都应该第一时间为顾客服务。这样一来，既能增强顾客对企业的信任，又能促使顾客帮助企业树立口碑。当然，帮助顾客破解难题也需要技巧，如图 4-49 所示。

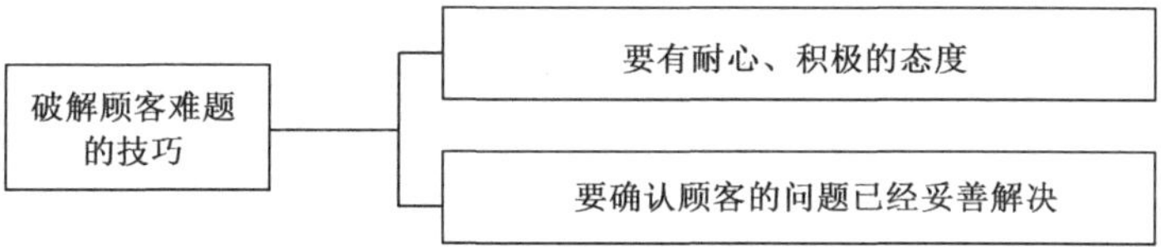

图 4-49　破解顾客难题的技巧

再次，面对不同类型的顾客，商家要采用不同的方式来赢得好感。只有“对症下药”，才能获得成功。笔者将面对不同类型顾客的解决方式进行了总结，如图 4-50 所示。

最后，就是为顾客提供优质的服务。顾客感受到贴心、温暖的服务，自然就会对企业产生好感，从而为企业打造口碑。

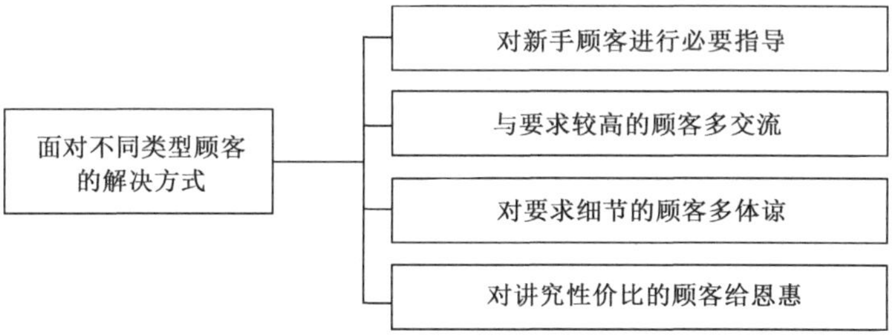

图 4-50　面对不同类型顾客的解决方式

售后人员在与顾客交流时，务必把顾客放在第一位。一定要时刻保持活力和热情，让顾客感受到来自企业和售后人员的真诚态度。在引导好评时，可以邀请消费者在用餐后填写相应的评价卡，如图 4-51 所示。

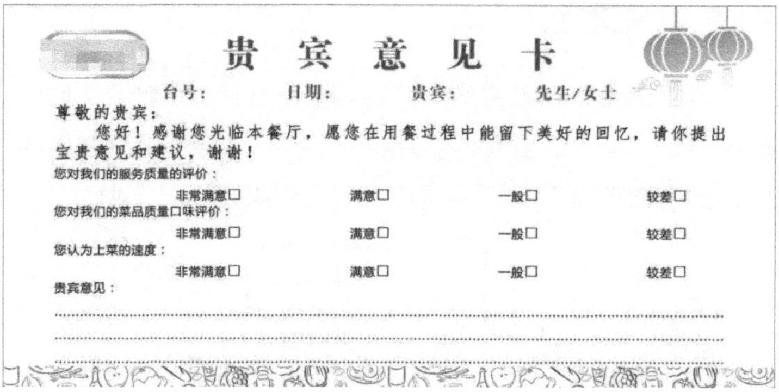

贵 宾 意 见 卡

台号：　　日期：　　贵宾：　　先生/女士

尊敬的贵宾：

您好！感谢您光临本餐厅，愿您在用餐过程中能留下美好的回忆，请你提出宝贵意见和建议，谢谢！

您对我们的服务质量的评价：

非常满意□　满意□　一般□　较差□

您对我们的菜品质量口味评价：

非常满意□　满意□　一般□　较差□

您认为上菜的速度：

非常满意□　满意□　一般□　较差□

贵宾意见：

图 4-51　某餐厅制定的“意见卡”

4.4.6　礼貌道别，打造细节制胜的服务

为了打造口碑，优质的售后服务是必不可少的，沟通方式也需要一定的技巧。关于如何道别这一方面，可能很多售后人员都没有留心，如果售后服务人员做到与消费者礼貌道别，说不定会收获到意想不到的效果。

要想为企业打造口碑，企业的售后人员往往要与消费者进行长时间的交流。值得注意的是，在结束与消费者的交流后，售后人员都应该与其礼貌道别。这样做的目的是给消费者留下好印象，赢得他们的好感，从而为企业树立口碑打下坚实的基础。

售后人员要想打造细节制胜的服务，需要了解一定的服务技巧。下面将具体介绍与消费者礼貌道别的技巧。

1. 表达感谢之情

虽然消费者并不认同企业的产品和服务，但售后人员还是要向顾客表达感谢之情，因为这样能够给顾客留下良好的印象。那么，具体的做法是什么呢？下面以图解的形式介绍表达感谢之情的技巧，如图 4-52 所示。

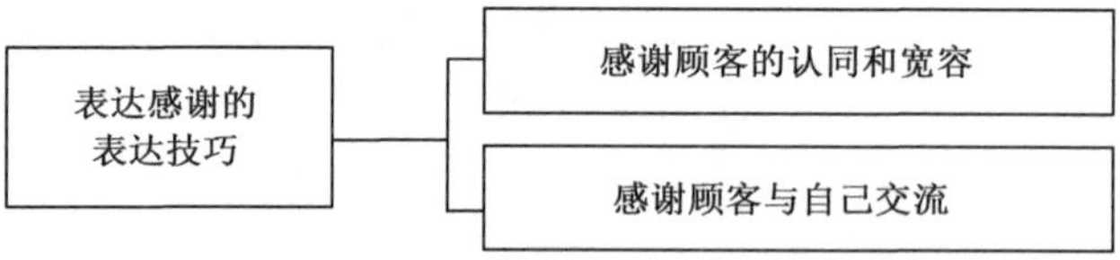

图 4-52　表达感谢的表达技巧

这样一来，顾客就能感受到商家的诚恳态度，从而再次光顾。

2. 送祝福话语

礼貌道别关键就在于售后人员要懂得运用恰当的词语与消费者进行道别，如“工作顺利”“万事如意”等。而且面对不同的人，要用不同的祝福语，具体操作方法如图 4-53 所示。

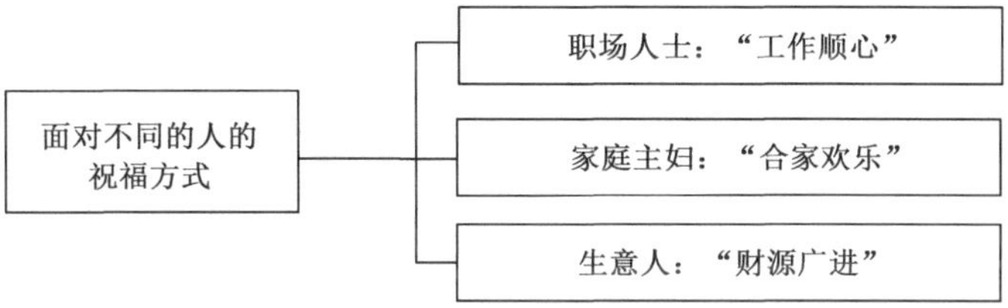

图 4-53　面对不同的人的祝福方式

不少餐厅为了体现周到细致的服务，为消费者带来最佳的消费体验，常常会在餐厅出口处派专人向消费者礼貌道别，如图 4-54 所示。

图 4-54　某餐厅的礼貌送别

第 5 章

口碑运营：口口相传客人源源不断

随着“互联网+”时代的到来，一个餐饮企业口碑的好坏，对品牌形象的影响越来越大。口碑营销也在市场中占据着举足轻重的地位。如何有效打造口碑，利用口碑进行营销，已经成为每个企业需要重视的问题，本章主要介绍餐饮企业口碑运营的技巧与方法。

- 口碑打造：轻松获取用户好评。
- 提升口碑：餐饮口碑的运营技巧。

5

5.1 口碑打造：轻松获取用户好评

餐饮企业或商家之所以要注重产品的口碑打造，一方面，产品口碑的好坏在一定程度上代表消费者对产品的认可度与接受度的高低；另一方面，良好的口碑有利于提升餐饮品牌在市场上的知名度，扩大品牌影响。本节主要介绍如何打造产品口碑，轻松获取用户好评的方法。

5.1.1 观念树立，消费与口碑相辅相成

“口碑”一词的意思就是众人口头上的赞扬，泛指大众的议论。从这一词义来看，我们可以从中分析出有关口碑的两个要点：一是指大众对某一事物稳定且一致的看法；二是指产品口碑以口头传播为主。从这里可以看出，任何产品在被消费者购买、使用之后，都会产生相应的购物感受，继而为产品传播口碑。

要明确的是，消费与口碑之间的关系无比密切，不能彼此分离。在产品的销售过程中，一定不要把销售产品和打造产品口碑分开。全然不顾产品质量的优劣，而想仅仅通过营销来提高销量是极不明智的行为。

随着移动互联网的不断发展，产品的口碑传播方式也越来越多，同时也让更多普通人摇身一变，成为产品口碑的代言人。下面分别详细介绍这两者的现状。

1. 口碑传播途径增多

在以前，口碑传播的途径比较单一，主要依靠人们的口头传播。这种传播方式

有两大特点，如图 5-1 所示。

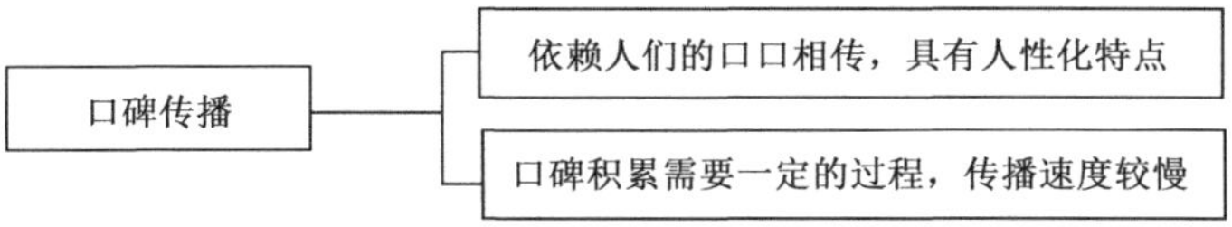

图 5-1　口碑传播的特点

在移动互联网飞速发展的现在，口碑的传播方式发生了翻天覆地的变化，从口头传播到通过各种移动设备互相交流、传播，口碑的传播方式越来越丰富。那么，在移动互联网时代，口碑有哪些传播的新渠道呢？将口碑传播的渠道进行总结，如图 5-2 所示。

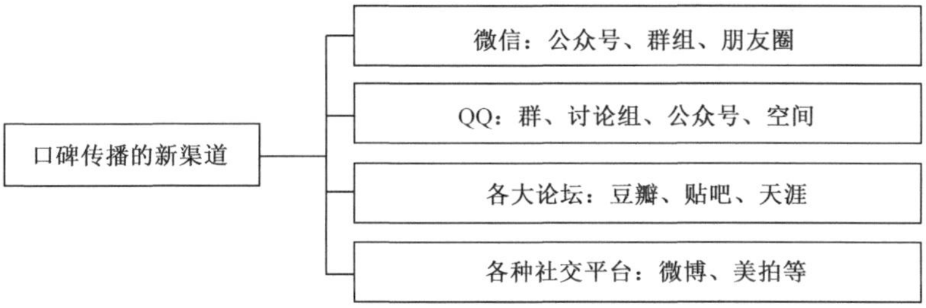

图 5-2　口碑传播的新渠道

消费者可以利用移动端设备，随时登录微信、QQ、豆瓣、天涯、贴吧等社交软件，通过各种“空间”和“圈子”把自己对产品的使用感受发布出去，以供其他消费者借鉴和参考。这样一来，口碑传播的渠道就更加广泛，因为所有用来交流的平台都可以为口碑的传播出力。因此，口碑传播的速度不仅更快，影响的人群范围也更广。

2. 有些人专为口碑“代言”

口碑传播渠道的日益丰富也使得越来越多的人倾向于和他人分享自己的消费体验，一方面有电子设备的技术支持，另一方面有社交软件的平台支撑，每个人都有为口碑“代言”的机会。除了这种已经带有专业性质的口碑宣传，平时我们在朋友圈中晒的餐厅等在朋友的评论中也会形成口碑效应，使得我们在不经意间变成了口碑的“代言人”，为产品的口碑起到了一定的传播作用。

微博就有很多专门推荐产品的账号，他们既推荐好物，又不定期向大众发送福利。图 5-3 所示为微博推荐产品的账号。

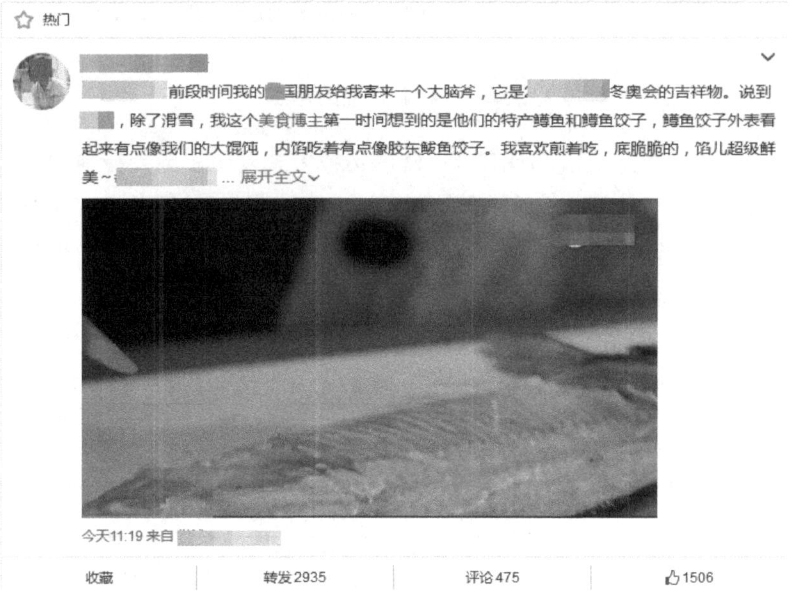

图 5-3 微博推荐产品的账号

由此可见，消费与口碑是相辅相成，彼此相连的。而对于每一个企业来说，口碑又是持久盈利的关键所在。因此，企业必须把每一位消费者的需求摆在最重要的位置，认真为其提供最为真诚的服务。只有这样才能获得消费者的青睐，从而打造好的产品口碑。

5.1.2 定位准确，好口碑始于精准定位

一款产品想要树立好的口碑，获得广大消费者的肯定和认可，需要有一个正确的定位。正确的定位才能引导企业顺利获得口碑，如果企业采用一些错误的价值观或者没有意义的定位，其打造口碑的效果就会适得其反。一般而言，产品的定位决定了产品的口碑。因此，在进行口碑营销时，也要注意对产品定位的重视，同时还

要为产品植入消费者喜爱的因子，这样才能取得消费者的青睐。

口碑打造，除了产品本身质量要过关之外，还要为其融入一些有特色的定位因素。下面以图解的形式介绍融入的定位因素，如图 5-4 所示。

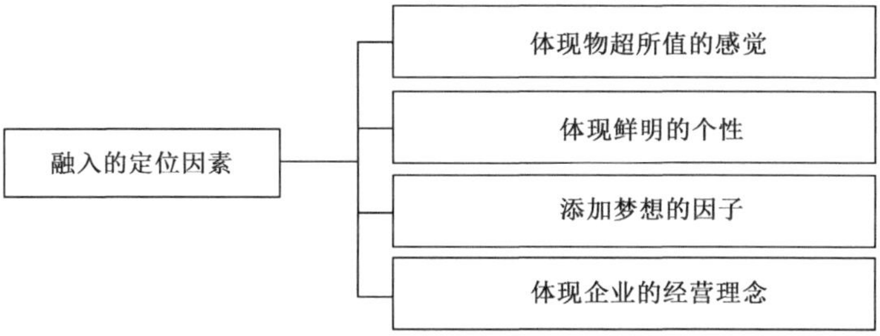

图 5-4 为产品融入的定位因素

下面介绍一些产品的正确定位方式，从而让大家更加了解正确定位的要点。

1. 价格定位：物超所值

对于产品的价格定位，企业要做的最重要的一点就是保持较高的性价比。从消费者的角度考虑，肯定希望自己能够购买到最划算的产品，不然也不会出现“货比三家”的经验之谈。因此，企业要为消费者考虑周到，尽量做到物美价廉，为消费者提供好的产品和服务。这样，消费者就会看到企业的良苦用心，从而主动帮助企业和产品打造口碑。

2. 创新定位：产品要新

凡事都讲究创新，产品也不例外。无论是什么类型的消费者，都比较热爱新产品。特别是年轻一代，追求新产品的势头更加猛烈，如“果粉”“米粉”就会时刻关注新产品的发布，可能还会拿着辛苦加班赚来的工资，不惜花时间和精力去购买自己相中已久的产品，甚至还会乐此不疲地把产品推荐给其他人。那么，企业要如何利用“创新”这一要点进行产品的定位呢？

一是要擅长创新，多多推出外形和功能都充满创新元素的产品。只有这样，企业才能利用创新型产品争取到消费者持续不断的追捧，最终树立口碑，在市场上占据一席之地。下面以图解的形式介绍餐饮企业创新的原则，如图 5-5 所示。

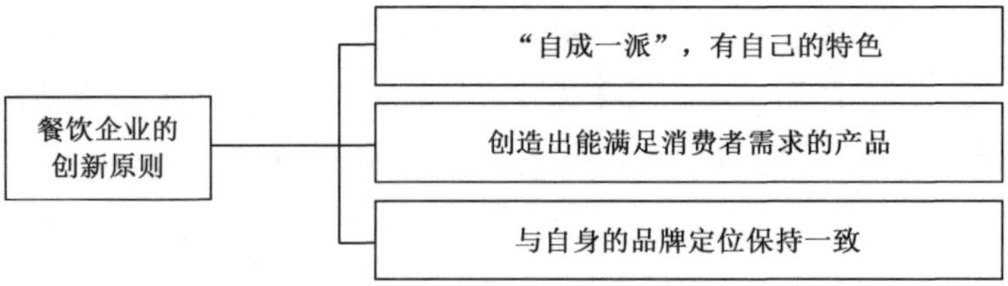

图 5-5　餐饮企业的创新原则

二是大力征集创意，让企业创新理念为大众熟知。企业除了要打造高端的产品研发团队外，还要懂得利用消费者的资源，集思广益，让消费者为产品的创新也出一份力。从消费者身上获取创意，一方面可以节省金钱和资源，另一方面还可以提高消费者的参与感，并使得消费者对新产品的推出充满期待。

3. 产品定位：梦想色彩

人人都有梦想，让企业和产品加入梦想的色彩就会让消费者为之倾倒，因为梦想是美好的，是让人不懈追求的。因此，将梦想作为产品的定位，将会吸引消费者的眼球，并树立良好的口碑。因此，企业要懂得利用梦想为自己的产品添加几分色彩，那么，在营销过程中，企业要怎样为自己的产品增添梦想的色彩呢？下面以图解的形式介绍为产品添加梦想色彩的要点，如图 5-6 所示。

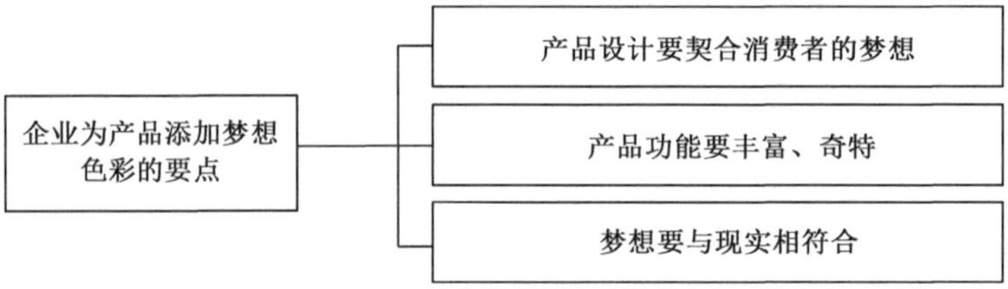

图 5-6　企业为产品添加梦想色彩的要点

一家名为“初代”的甜品店在品牌定位上就做得比较出色。首先“初代”具有明确的消费人群定位，即酷爱抹茶的“抹茶控”。基于这一目标人群定位，“初代”以抹茶为主题推出了一系列的抹茶产品，再加上店铺的装修风格呈现出古典、雅致的氛围，如图 5-7 所示。

图 5-7　一家名为“初代”的抹茶主题店

5.1.3　用户体验，口碑打造的重点难点

在这个体验经济的时代，消费者的体验成为重中之重。每个企业都应该关注消费者的需求，为其打造最舒适的购物体验，让消费者享受到购物的乐趣。下面笔者将大致介绍消费者体验与口碑之间千丝万缕的关系。要想为企业打造口碑，就应该从各个方面想办法满足消费者的需求，做到让消费者满意。

值得注意的是，企业要想树立良好口碑，还应该多站在消费者的角度看问题。这样做有利于企业不断完善和提升自己，也让消费者感受到企业无微不至的关怀，从而更加认可企业的品牌。下面详细介绍餐饮企业口碑打造的技巧。

1. 口碑打造：优质+体验

在移动互联网高速发展的今天，体验经济使得企业口碑传播得更为迅速。只有为消费者提供优质的消费体验，才能打造口碑，如图 5-8 所示。

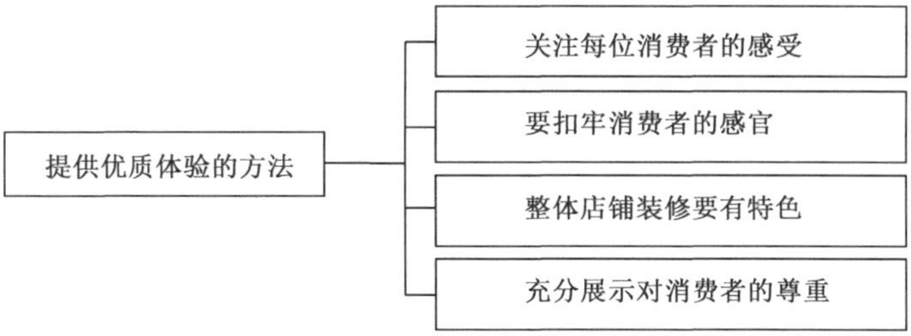

图 5-8　为消费者提供优质体验的方法

2．口碑打造：体验大于打广告

很多企业和商家认为只有通过打广告的方式才能让自己的品牌做到无人不知、无人不晓，于是在产品和企业品牌的广告方面注入了不少心血，殊不知，这种口碑打造的方式在体验经济时代已经不管用了。

即使广告打得再好，消费者如果不愿意相信，也是白白浪费时间和精力。因此，企业最好是做好体验，提供良好的产品和购物环境，缩短消费者与企业之间的距离，从而打造口碑。下面以图解的形式介绍企业做好用户体验的要点，如图 5-9 所示。

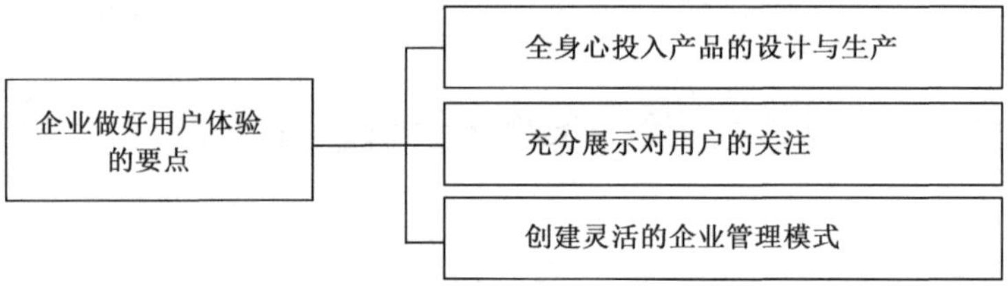

图 5-9　企业做好用户体验的要点

3．口碑打造：第一印象很关键

企业要想树立口碑，在竞争日益激烈的市场赢得自己的一片天地，就要重视产品给消费者的第一印象，并懂得怎样利用产品的第一印象吸引消费者的眼球，那么，企业具体要怎么做呢？下面以图解的形式介绍企业重视第一印象的做法，如图 5-10 所示。

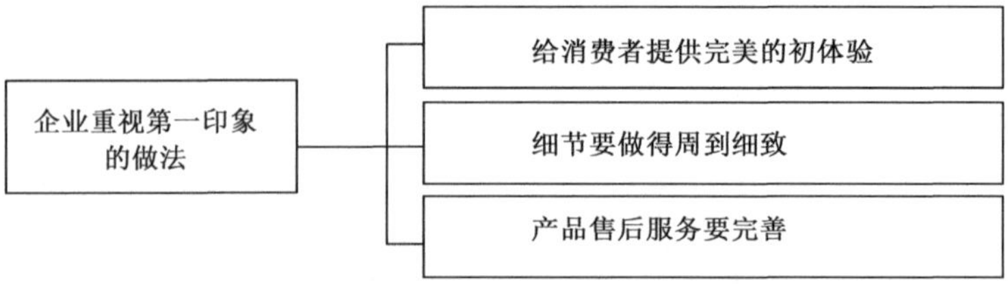

图 5-10　企业重视第一印象的做法

4．口碑打造：得到消费者的情感认可

如今的市场营销，情感已经成为一个不可或缺的因素，很多企业都在树立口碑

时加入了情感成分，以获得消费者在情感上的共鸣。因此，企业需要从情感方面着手，利用消费体验中情感与口碑的密切关系，来打造口碑。那么，企业具体应该怎么获得消费者的情感认可呢？图 5-11 所示为获得消费者认可的技巧。

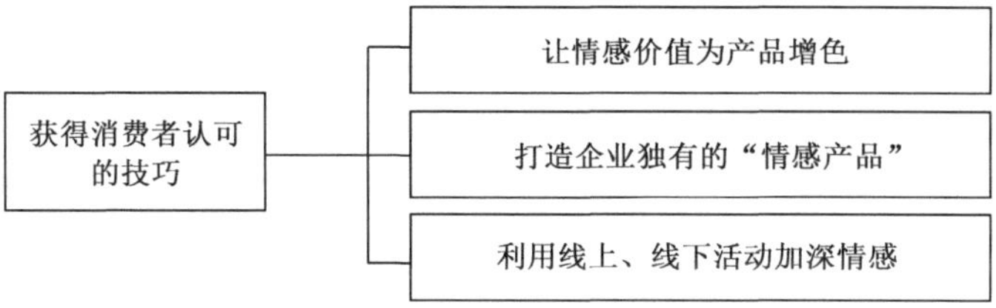

图 5-11 企业获得消费者认可的技巧

5. 口碑打造：体验+创意

除了产品自身要进行创新之外，用户体验同样也要有创意，人们总是喜欢尝试新鲜的事物，富有创意的购物同样令人期待。对于企业而言，成功的创新话题应该拥有三大特点，如图 5-12 所示。

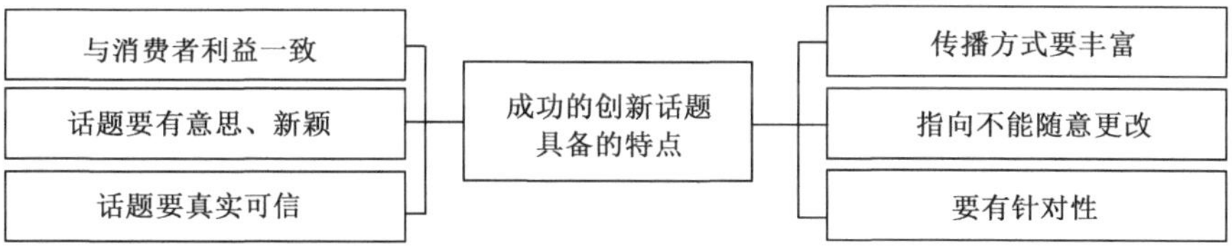

图 5-12 成功的创新话题应该具备的特点

6. 口碑打造：增值+体验

增值体验就是“物超所值”的体验，简单来说，就是消费者花 100 元享受价值 200 元的产品或者服务。打造增值体验的目的，就是提升消费者对企业和产品的忠诚度和认知度，鼓励他们向身边的人推荐企业品牌，从而逐渐树立口碑。那么，作为企业，应该怎样为消费者打造贴心的增值体验呢？图 5-13 所示为消费者打造增值服务体验的方法。

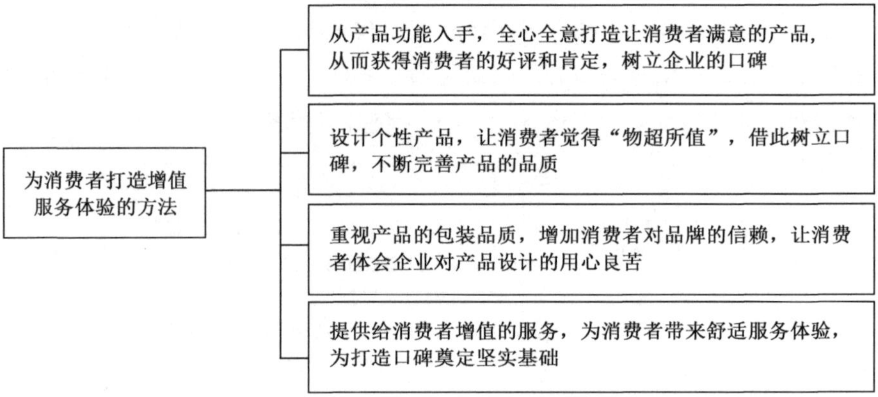

图 5-13　为消费者打造增值服务体验的方法

7. 口碑打造：个性+特色

企业和商家想要在体验中打造良好口碑，关键就是让产品散发个性。没有个性和特色的产品是不会受到消费者的关注的，没有关注就无法成为爆品，也难以树立企业的口碑。

那么，企业究竟要怎样做，才能利用特色打造口碑呢？笔者对其要点进行了总结，如图 5-14 所示。

图 5-14　企业利用特色打造口碑的要点

图 5-15 所示为一家名为“爆料现场”的烤箱餐厅。不难看出，无论是从整个店铺风格的打造、主推的菜品，还是特色的摆件“烤箱”，都是十分符合“年轻人的餐厅”这一定位，符合当代年轻人敢于表达、敢于创新、热情澎湃、活力四射的特点，再加上“烤箱餐厅”这一创意十足的卖点为消费者带来了新鲜的消费体验。

图 5-15　名为“爆料现场”的烤箱创意餐厅

5.1.4　服务主导，好服务可造就好口碑

服务对于餐饮企业而言，是打造口碑的关键所在。很多企业和商家认为，只要产品销售出去就万事大吉了，其实，一个完整而温馨的售后服务体系才是造就口碑的必备因素。因为，消费者想要在企业这里购买的不仅是产品，还有贴心、人性化的产品服务。一个企业的售后服务做得好，说明这个企业的管理层有远见，不是只看到眼前的微小利益。通过售后服务可以找到产品的不足，从而迅速对产品做出改进，然后吸引更多的消费者前来购买，同时，还可以为树立企业的口碑打下良好基础，让消费者看到企业的真诚态度。

下面介绍售后与口碑打造的关系，探讨售后服务的好坏究竟对产品和企业的口碑有何影响。

1. 售后是口碑营销的重要环节

很多企业对产品的售后并不在意，认为售后就是用来处理麻烦的，实际上，他们没有认识到售后的真实价值。一个企业想要拥有口碑，打造出受消费者追捧的爆款产品，就需要学会利用售后来成就口碑营销。那么，一个企业要怎样把售后服务越做越好呢？下面以图解的形式介绍企业做好售后服务的方法，如图 5-16 所示。

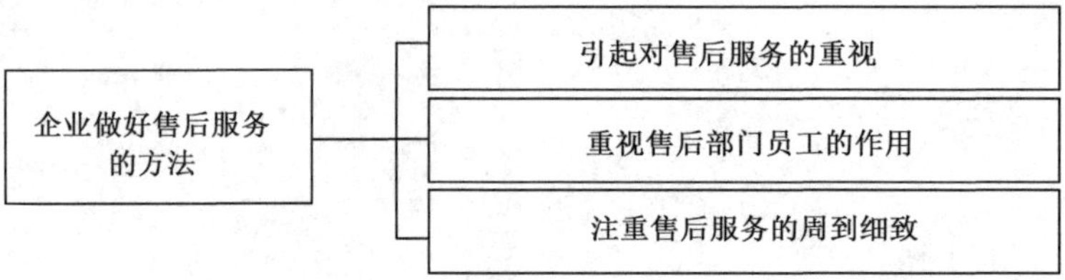

图 5-16　企业做好售后服务的方法

2. 打造完美售后获得顾客好感

企业想要提升顾客的忠诚度，除了培养“粉丝”之外，还可以通过做好售后来实现目的。谁能提供优质的售后服务，谁就能赢得顾客的青睐，从而提升顾客的忠诚度。图 5-17 所示为企业为顾客提供优质售后的做法。

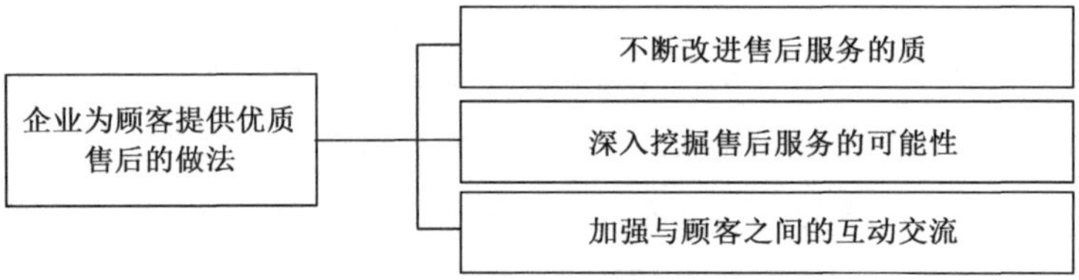

图 5-17　企业为顾客提供优质售后的做法

3. 从售后找出“粉丝”需求

从售后服务中找到“粉丝”的真正需求，是为企业打造口碑的正确方式，因为这证明企业从消费者的角度出发，做好了售后服务，让“粉丝”为其折服。那么，具体而言，企业应该怎么寻找“粉丝”的需求呢？将寻找“粉丝”需求的方法进行总结，如图 5-18 所示。

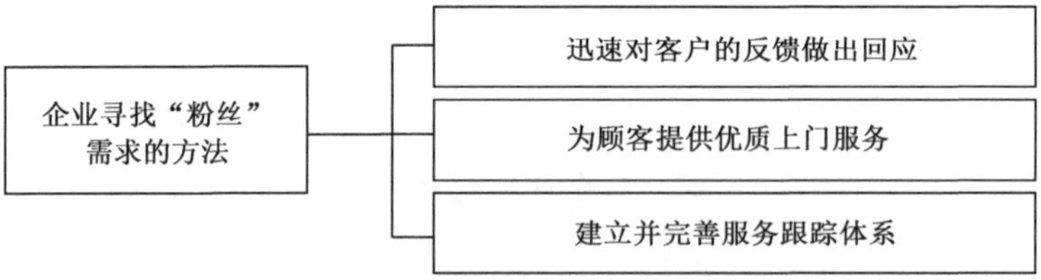

图 5-18　企业寻找“粉丝”需求的方法

4．将售后融入消费体验之中

售后服务是消费体验中不可或缺的一个环节，企业要想为消费者提供良好的消费体验，是万万不能忽视售后服务的完善的。为了树立企业的良好口碑，将售后服务融入购物体验之中是必要之选。那么，企业要怎样才能将售后与购物体验完美结合在一起，从而使得消费者主动为企业打造口碑呢？下面以图解的形式介绍将售后与购物体验结合的要点，如图 5-19 所示。

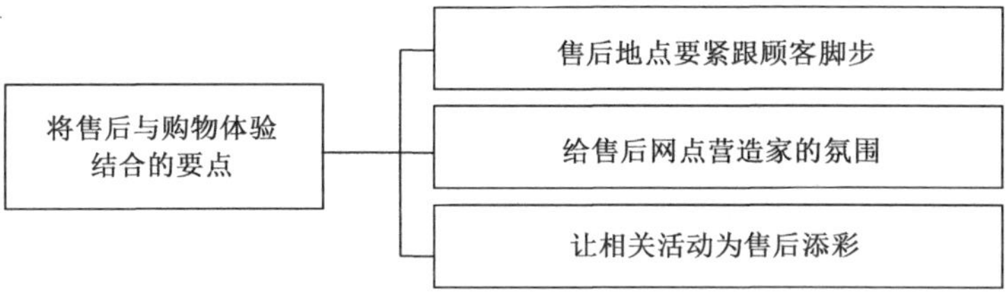

图 5-19　将售后与购物体验结合的要点

5．“快”是提供优质售后的关键

企业的售后服务要做到让客户满意，最重要的一点就是“快”。回复要快，处理问题要快，任何步骤都不能拖拖拉拉，这就是把售后服务做好的诀窍。下面以图解的形式介绍体现“快”的售后方法，如图 5-20 所示。

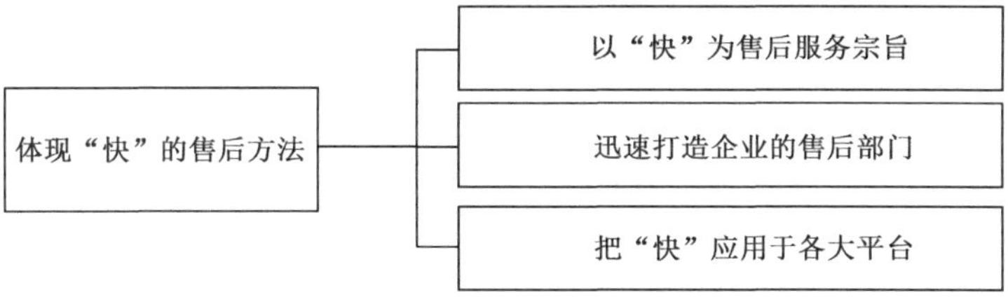

图 5-20　体现“快”的售后的方法

售后是体现一个企业口碑的重要因素，如果企业对售后不重视，那么口碑就很难树立起来。因此，打造优质的售后服务也是树立企业口碑不可或缺的一部分。

要想通过提高服务质量打造品牌口碑，需要餐饮企业或商家关注消费者的评价，了解消费者的消费体验的好坏，并及时回复消费者的评价。在售后服务中之所以要重视评论回复，一方面，餐饮商家可以从消费者的评价中了解服务的好与坏，判断是否为消费者带来好的消费体验；另一方面，回复评论体现了商家对消费者的尊重，有利于塑造良好的品牌形象。

著名的餐饮品牌“王品牛排”在回复消费者评论上做得比较好，回复很及时，让消费觉得受到了重视。图 5-21 所示为“王品牛排”对消费者评论回复。

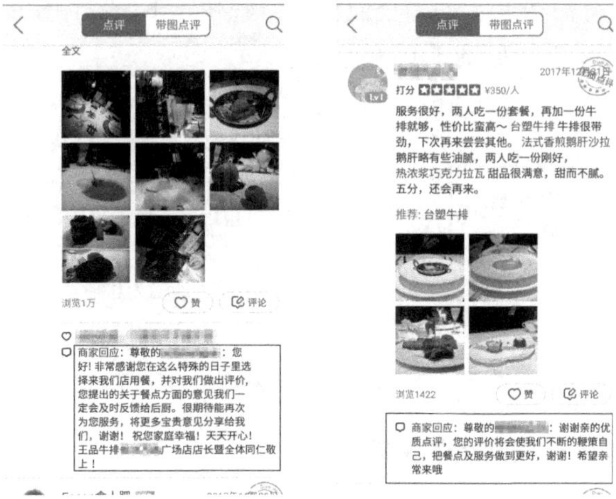

图 5-21 “王品牛排”对消费者评论回复

5.1.5 信任提升，用户信任是最佳口碑

获得消费者的信任是一个企业必须做到的，因为只有让消费者相信自己，才能打造企业的良好口碑。企业和商家最明智的做法就是把取得消费者的信任放在首位，通过各种高效的方法来赢得消费者的好感，从而推动企业口碑的树立，扩大市场。

下面对企业和商家如何利用信任感打造口碑进行介绍。

1. 尽量避免出现信任危机

那么，在哪些情况下消费者会对企业的产品或者服务产生质疑，并出现信任危机呢？企业需要全面了解这些不同情形，然后才能将信任危机化解或者熄灭危机的苗头。下面以图解的形式对消费者产生质疑的情形进行大致总结，如图 5-22 所示。

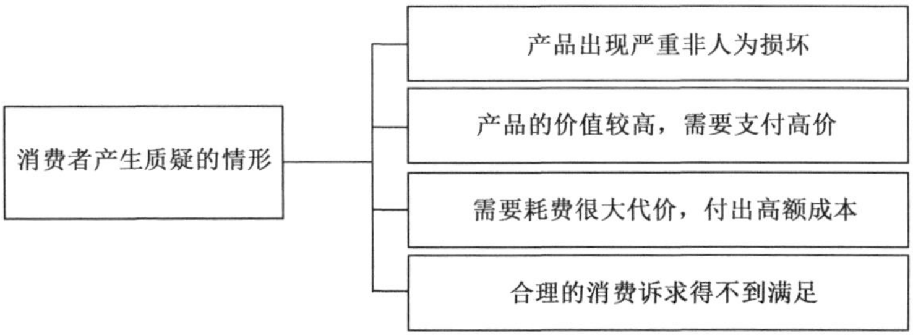

图 5-22　消费者产生质疑的情形

2．对消费者敞开心扉

企业和商家想要利用信任感打造口碑，就应该向消费者敞开心扉，凡事都做到公开、透明，与消费者共同分享。那么，企业应该如何做到公开、透明，对消费者敞开心扉呢？接下来以图解的形式进行总结，如图 5-23 所示。

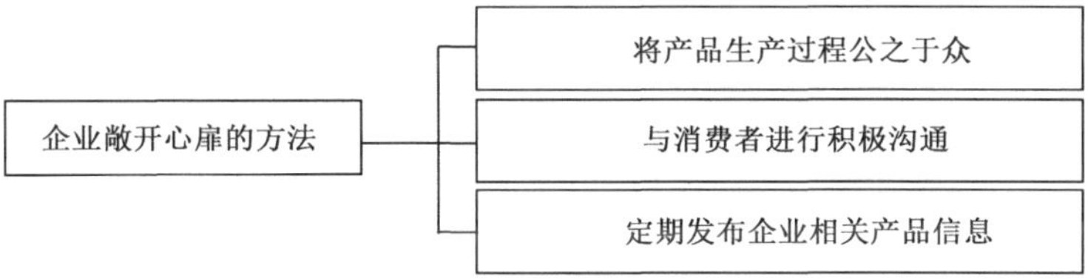

图 5-23　企业敞开心扉的方法

3．要信守承诺

承诺是一个比较严肃、沉重的字眼，信守承诺是一个人或一个企业获得他人信任的最有效方法，如果一个企业承诺消费者的都做到了，那么就很容易获得消费者的信任，并树立起自己的口碑。当然，企业在用承诺获得消费者信任的同时，也应该注意一些问题，如图 5-24 所示。

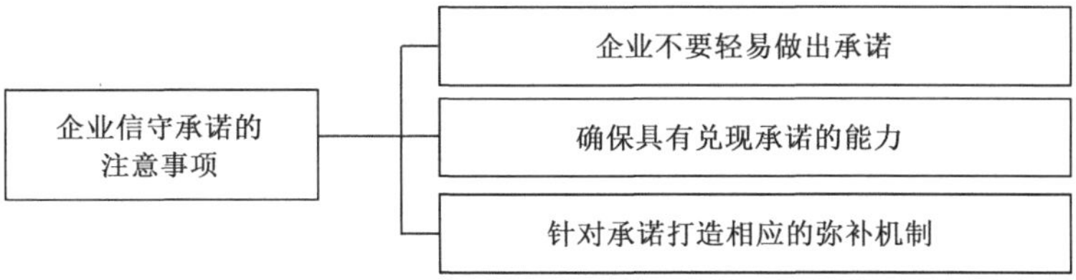

图 5-24　企业信守承诺的注意事项

为了获得消费者对自身品牌的信任，不少餐饮企业都开始建立透明式的厨房，通过公开餐饮产品的制作过程，敢于接受消费者的监督。图 5-25 所示为某餐厅建立透明式厨房的具体措施。

图 5-25　某餐厅建立透明式厨房的具体措施

5.2 提升口碑：餐饮口碑的运营技巧

餐饮企业或商家要想扩大自身品牌的影响力，在餐饮市场竞争中占据竞争优势，就需要努力提升自身品牌的口碑。那么，对于餐饮企业或商家而言，掌握一定的餐饮口碑运营技巧是十分有必要的。本节主要介绍餐饮口碑运营的技巧。

5.2.1 新品开发，让顾客感受持续的新鲜感

任何产品和服务，要想有好的口碑，保证自身品质是最基本的策略。而不断开发新品才能有源源不断的新客源，让顾客感受到持续性的新鲜感，引发消费者对品

牌的期待感。新品的开发除了要注重创意之外，还应注重产品的品质，只有高品质的餐饮产品加上新奇的创意，才能提升产品口碑，起到增强品牌影响力、提升品牌知名度的效果。

此外，开发新品还有三个方面是需要商家明确和注意的。

1．品质保障

任何产品和服务，要想有好的口碑，保证自身品质是最基本的策略，餐饮行业的营销也是如此。注重质量的餐饮品牌才能家喻户晓，如全聚德的烤鸭、禾绿的寿司、火宫殿的臭豆腐等。所以，在人们需求越来越高度化的时代，商家应该把目光聚焦在质量打造上。

2．推陈出新

开发新菜品在保证质量的前提下还需要有创新，创新又需要该产品满足消费者需求，如果一个新品既新颖又能满足需求，那就意味着该新品在推陈出新上做到了出类拔萃。

3．入乡随俗

一方水土一方人，所以，餐饮产品必须符合餐厅所在地的消费习惯。这是餐饮产品能够为当地消费者接受的前提。假如餐厅研发的菜系和菜品是与当地消费习惯相悖的，那必然是达不到口碑营销的目的。

4．特色创新

餐饮企业想要赢得消费者的口碑，首先需要满足消费者对餐饮产品的口感、口味等需求。只有这样才能为消费者提供满意的餐饮服务，带来美妙的消费体验，提升品牌口碑。

餐饮企业或商家在进行新品开发时，首先应该了解所在商圈的主要餐饮消费对象、消费者偏向的餐饮口味，从而结合不同消费者对象及其口味需求，推出特色菜系。下面以图解的形式介绍商圈的主要分类，如图 5-26 所示。

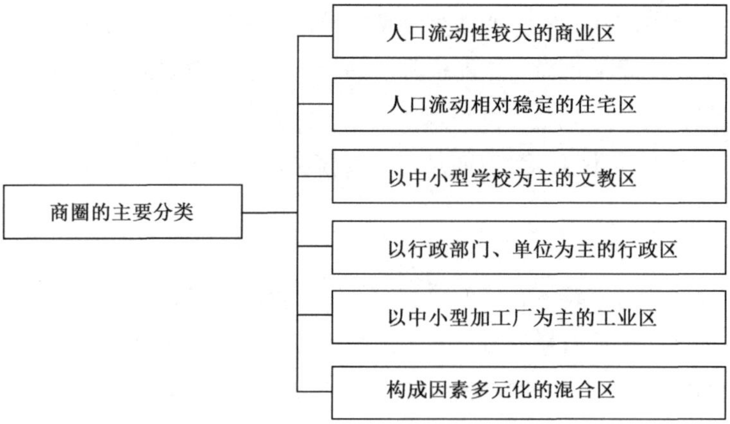

图 5-26 商圈的主要分类

由于不同商圈的消费群体及物价水平的差异，推出的特色菜系在口味和价格定位上也存在一定的差异。下面以图解的形式介绍不同商圈推送菜品的大致特点，如图 5-27 所示。

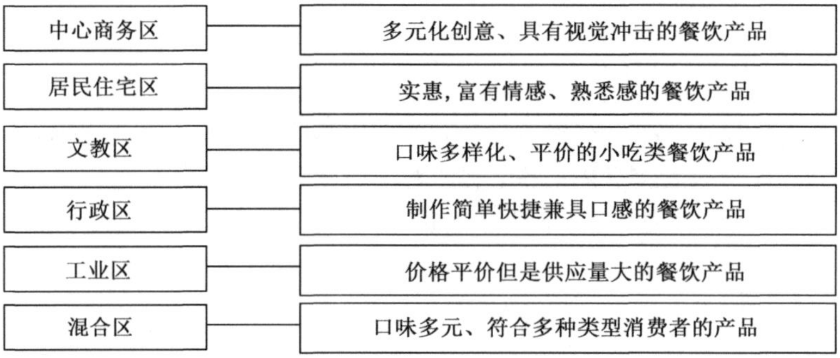

图 5-27 不同商圈推送菜品的大致特点

图 5-28 所示为 RIO 预调鸡尾酒，该酒就是洞察到了年轻市场的需求（口味好、度数低、包装时尚），所以曾一度销量暴涨。同样，肯德基为了更好地适应中国市场的需求，也推出了符合中国人口味的米饭套餐，如图 5-29 所示。

图 5-28　RIO 预调鸡尾酒广告海报

图 5-29　肯德基米饭套餐海报

5.2.2　味道助力，让顾客主动推销的动力源

要打造好品牌口碑，还应该在菜品的味道上下功夫，务必让消费者觉得菜品有特色且好吃。产品味道的好坏是顾客是否愿意主动推销的动力，因此，餐饮企业或商家要想提升口碑，就必须在餐饮产品的味道上下功夫。要保证菜系和菜品的品质，首先要注意的是"特色""美味"两大特点。只要做到了这两点，即使不打广告也终将借助消费者口碑推广和宣传开来，成为知名餐饮品牌，实现口碑营销的目的。

知名品牌"蛙来哒"在产品特色和美味上就树起了特色标杆。但"蛙来哒"生意火爆并非空穴来风，而是这个品牌本身注重的菜品口感极具特色化，由此在广大消费人群中传播开来。下面以图解的形式介绍"蛙来哒"所注重的产品特色，广大商家可以借鉴一下，如图 5-30 所示。

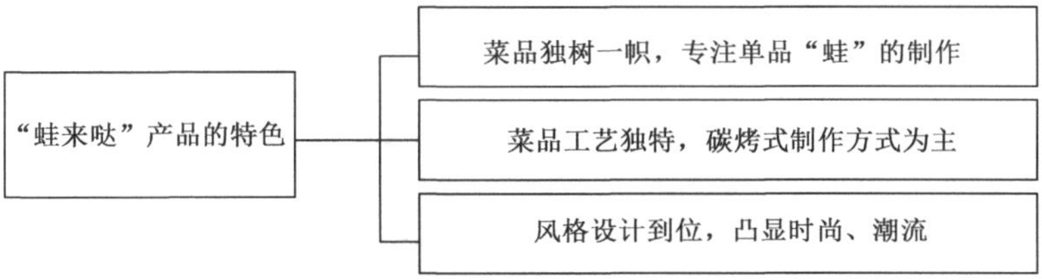

图 5-30　"蛙来哒"产品特色

1．菜品独树一帜

"蛙来哒"自品牌成立，菜品的主题始终是"牛蛙"，研发出了 12 种不同的牛蛙口味，可谓是将牛蛙做到了极致。所以，我们要明白，所谓菜品特色不一定是五

图 5-31 “蛙来哒”热门菜品之一

花八门的一整本菜单，也可以结合自身特色在某一道菜上做到产品纵深，从而达到大部分人称赞的口感和特色。图 5-31 所示为“蛙来哒”热门菜品之一。

2．菜品工艺独特

“蛙来哒”从第一家店铺开始，摒弃一贯的干锅式、火锅式等烹饪工艺，而是将碳烤式发挥到极致，而后又分出“泡锅”和“平锅”两种烹饪方式，从口感特色上受到广大消费者的一致好评。

3．风格设计到位

除了“蛙来哒”产品本身的特色外，更能有助于品牌传播的是“蛙来哒”的风格设计，整个店面风格远观既能抢眼，近瞧又很有年轻、时尚、喜感等元素，故而很多消费者借此在社交平台上传播开来。

由于“蛙来哒”具备上述 3 个特点，推送的餐饮产品深受消费者的喜爱，在餐饮市场的竞争中占据一定的竞争优势。图 5-32 所示为“蛙来哒”高峰时段的消费者用餐火爆场景。

图 5-32 “蛙来哒”高峰时段火爆场景

5.2.3　价格取胜，让顾客口口相传的推送力

在当下的互联网时代，价格亲民是口碑营销的关键，一份价格实惠的菜品显示在网络平台上，其点击率、销售率都是比较高的。餐饮企业或商家要想增强品牌的影响力，提升自身品牌的知名度，就需要制定合理的餐饮产品价格。

在肯德基早餐优惠的营销案例中，有两个方面最能体现出“亲民”。

1. 价格便宜

肯德基推出的 6 元早餐系列价格确实能吸引众多消费者，以 6 元的价格同时享受到肯德基舒适的环境、优质的服务及一份精致的早餐，消费者一定是欣喜的，一旦消费者欣喜，便会自发地为肯德基做宣传。

2. 选择多样化

肯德基的优惠早餐不但价格实惠，早餐品类也可供众多消费者选择。喜欢中餐的消费者可以选择米粥类套餐，喜欢西餐的消费者则可以选择汉堡类套餐。除此之外，部分套餐还包含咖啡、豆浆等极具个性化的早餐产品，肯德基以实惠的价格做到了人人都可以消费。

图 5-33 所示为美团外卖平台部分商家推出的限量超低价套餐，不管原价是多少，这里一律设置为特价，这样的亲民价格任谁看到都会心动。

图 5-33　美团外卖平台商家优惠套餐

5.2.4 食用健康，赢得顾客好口碑的驱动力

近年来，食品安全各方面的信息广受消费者关注，随着人们消费水平的不断提高，对食品的质量要求也越来越高，关于健康食品的词汇频繁出现在人们眼前，如“无矾油条”“一次性汤锅的火锅”“绿色无污染的蔬菜”“无添加剂零食”等，这就意味着餐饮业的商家要从观念和行动上对产品做出高质量的要求。

重视餐饮产品的质量能使餐饮企业或商家在市场的竞争中更具优势，从而提升餐饮品牌的影响力与知名度，赢得消费者的信任。如 TRIBE 是一家高度注重菜品质量的餐厅，以有机创新的食物为主题，制作有机无污染的菜品，备受注重食物质量的消费者所喜爱。那么餐饮企业应如何打造食用安全的产品呢？对产品的质量要求主要体现在 3 个方面，如图 5-34 所示。

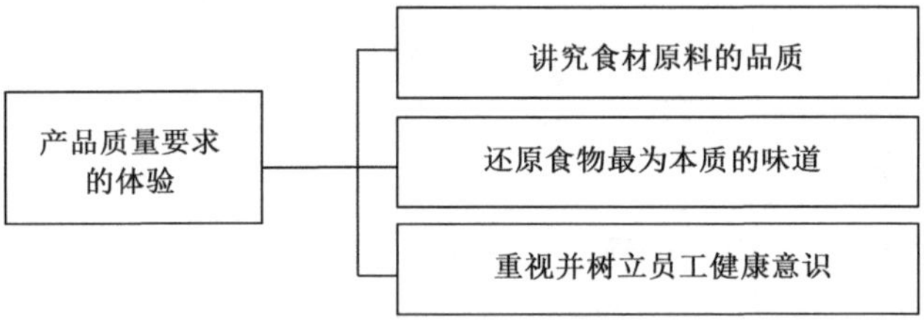

图 5-34　产品质量体现的 3 个方面

食用健康的餐饮品牌总是更容易受到消费者的欢迎，赢得消费者的信任，在餐饮市场的竞争中更具竞争优势。因此，餐饮企业或商家要想积累自身品牌口碑，推动自身的持续发展，就得注重为消费者提供高品质的健康产品。图 5-35 所示为某商家推出的“无矾油条”（放心油条）吸引众多消费者的关注和购买。

餐饮外卖在过去几年取得了飞速的发展，改变了人们的生活，也促进了餐饮行业的发展，但同时也面临着一些迫在眉睫的问题，比如外卖餐具的回收和环保问题。美团外卖愿意承担起自己的责任，努力去做改善，给消费者提供一个健康的用餐体验。下面介绍美团外卖为保障消费者的健康所作的改善工作。

图 5-35　某商家“无矾油条”吸引消费者关注和购买

1．与行业协会推进环保包材座谈会

2017 年 8 月 25 日，美团点评联合中国食品科学技术学会与餐饮品牌代表、环保餐盒企业代表开展了“食品、餐饮包装环保于创新应用”座谈会，就环保包装材料的生产、使用和推广听取了各方建议，将进一步推进环保餐具企业与餐饮企业的对接。

2．启动青山计划

2017 年 8 月 31 日，美团外卖为了更好解决环保问题，决定启动“青山计划”。主要内容包括：

- 设立“首席环保官”一职，成立专门团队负责推动“青山计划”的规划与落地，首席环保官向美团外卖总经理汇报；
- 在美团外卖 App 上增加“不需要一次性餐具”的选项，后续将鼓励用户参与“自备餐具”活动；

- 每月一天“美团外卖环保日”，向用户、商家宣传环保理念和公益行动；
- 继续和政府部门、科学机构、公益组织等一起策划推动“环保餐盒包装推广工程”，并承诺为使用“环保餐盒包装”的餐饮企业点亮环保标识，增加筛选项；
- 将定期邀请相关机构举办外卖环保研讨会，并将邀请环保专业人士、公益机构、媒体和用户代表等组成“环保顾问团”，贡献才智建议；
- 同时设置公共邮箱，接受大众建议、群众监督。

3. 设立“青山基金”

2017 年 9 月 25 日，中华环境保护基金会、绿色环保外卖联盟共同举办了“外卖环保：大家谈—互联网外卖行业绿色与可持续发展”研讨会，主要探讨如何提高外卖餐盒包装环保的问题。会上，美团外卖联手中华环境保护基金会宣布设立“青山基金”，用于外卖环保领域的路径研究，这是餐饮外卖行业首个绿色环保专项基金，由美团外卖设立。

4. 长宁试点“以纸代塑”

上海市长宁区市场监督管理局联合美团外卖在长宁区龙之梦试点“以纸代塑”，缓解垃圾降解造成的环境压力。

5. 用户活动鼓励少用一次性餐具

美团外卖平台上，向用户推出了“下环保订单领翻倍红包”活动，用户如果下的是环保订单，则可以收到美团外卖平台发出的随机红包奖励，而且环保订单下得越多，奖励的红包金额也越大。这项活动也是美团外卖启动的青山计划之一，希望通过红包奖励的方式引导消费者形成环保的理念。

5.2.5 广告推送，增强餐饮品牌的影响力

餐饮品牌还需要通过适当的、个性的广告宣传，打造良好的、持久的口碑效益。做好广告营销是餐饮企业或商家增强自身品牌影响力，推动口碑营销的重要途径。餐饮企业或商家在利用广告进行口碑营销时，要注重凸显餐饮产品的特点与卖点，引发消费者的兴趣，从而提升品牌的认知度。

如何打造自己的品牌广告才能获得广大消费者良好的口碑？接下来以图解的形式为大家展开介绍，如图 5-36 所示。

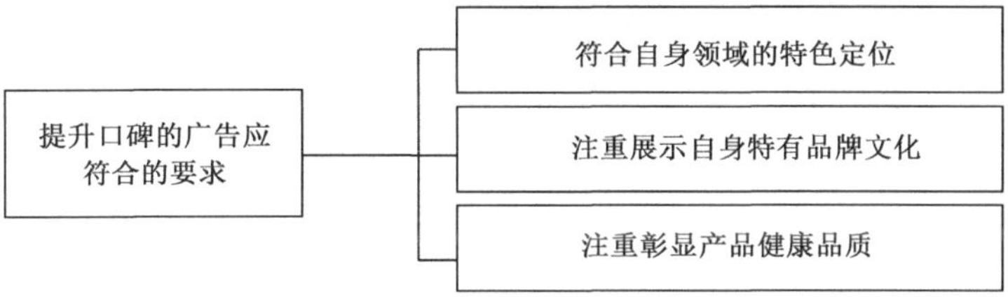

图 5-36 提升口碑的广告的 3 个方面

1. 符合自身领域

不管什么形式的广告，都必须以符合自身领域为出发点，否则会适得其反，从而不能达到口碑营销的效果。这一点“真功夫”做得就很好，自身是以蒸菜为主，再结合蒸菜的营养价值做出的广告，口碑一直非常好。

2. 注重品牌文化

如果想要餐饮广告备受消费者关注，就需要注重在广告宣传时植入品牌文化，因为消费者很关心自己选择的产品背后到底是一种怎样的文化理念。这一点“农夫山泉”几乎做到了极致，从工厂到员工再到水源，“农夫山泉”都做出了自己的文

化包装和企业态度，有想深度了解的读者可以在网上搜索“农夫山泉”视频广告，这里不再赘述。

3. **彰显健康品质**

餐饮行业产品的健康和质量尤为重要，所以，在广告宣传时也是一样，不断把产品健康、质量过硬的理念植入消费者内心，久而久之，就成就了良好的口碑。

关于广告营销，有一个共通点：越大的餐饮品牌其广告就越发简单明了。例如，“真功夫”始终结合坚定“营养还是蒸的好”的品牌定位和广告宣传，如今在中国餐饮市场名列前茅。图 5-37 所示为“真功夫”的宣传海报。

图 5-37　“真功夫”的宣传海报

5.2.6　故事推送，打造新餐饮品牌的高口碑

“故事”这一文学形式的内容是容易被大家所接受和喜欢的，既然这样，把它用在餐饮营销领域也就容易使得餐饮品牌更好地实现营销目标。要想以故事的方式

推送产品，打造自身品牌口碑，需要餐饮管理者在故事的选择上多下功夫。只有选择主题明确并且创意十足的故事，才能激发消费者的阅读兴趣，引起消费者的情感共鸣。

利用故事打造品牌口碑，需要掌握一定的技巧。一般来说，在餐饮微营销中，利用故事来传播品牌主要有 3 种形式，如图 5-38 所示。

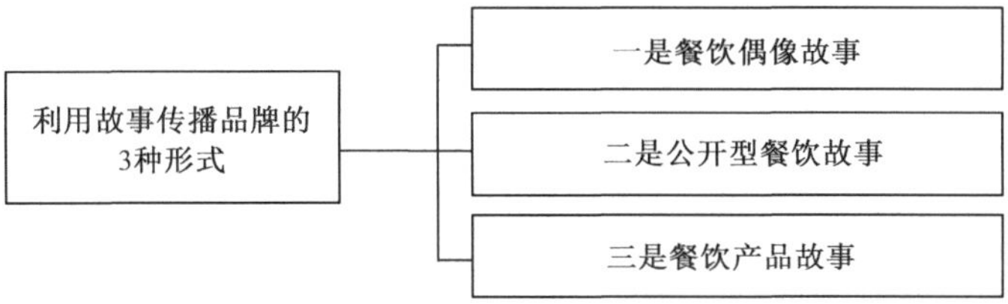

图 5-38　打造可以提升口碑的广告的 3 种形式

1. 餐饮偶像故事

餐饮企业可以通过塑造一个餐饮偶像故事来进行营销。一般来说，消费者总有一种好奇心理或追求偶像的心理，如果餐饮企业塑造出一个能引起他们的好奇心或接近心理的个人形象故事，那么这一形象本身就会形成一个广告和传播的话题，容易引起消费者的关注。

这一策略在移动互联网的营销环境中非常适用，能产生很大的反响，快速打造餐饮口碑。如人们熟悉的明星进军餐饮行业，就很容易形成口碑传播，方便快速实现餐饮偶像故事的营销方式。

2. 公开型餐饮故事

在众多的餐饮行业中，这一类故事使用最多的就是部分“涮羊肉”火锅店，弘扬的是历代君王文化故事，并且巧妙地将自身品牌和历史故事相结合，因为历史是公开的。所以，商家及企业通过追溯这些故事，再将其整合变成自己的故事也不失为一个极具传播价值的品牌宣传手段。

3. 餐饮产品故事

对于餐饮企业来说，给自己的餐饮产品或品牌编织一个值得一看的传奇故事，也不失为一种有效的传播和营销途径。利用产品故事的方式来传播餐饮品牌，打造口碑，其目的就是要在消费群体中形成影响并进行传播，如图 5-39 所示。

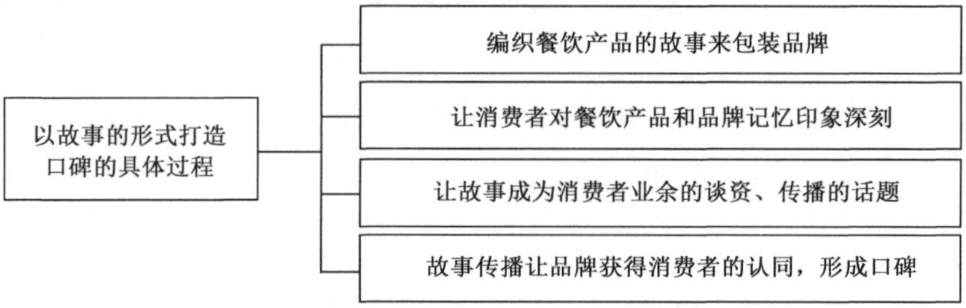

图 5-39 利用编织故事形成餐饮品牌口碑的过程

“开封第一楼”的历史可追溯到北宋年间。“开封第一楼”坐落在当时的都城东京（今天的开封市），据孟元老（北宋名人）的著作《东京梦花录》中有记载其灌汤包为“在京第一”，带着这样的光荣历史，经过千年的厨艺传承和发展，有了今天的“开封第一楼”，如图 5-40 所示。

图 5-40 开封第一楼及其菜品

5.2.7 网络口碑，提升餐饮品牌的线上销量

餐饮企业在进行口碑营销策略的改进和提升过程中，网络口碑也是其中一个非常重要的方面，在网络传播中，内容是口碑营销得以进行的载体。餐饮企业和商家应该注意自身品牌的内容设计。餐饮企业在打造网络口碑时要掌握一定的技巧，体

现口碑内容设计的“借势”“利益”“新颖”“争议”“私密”这 5 个要点。

在确定了内容的情况下，餐饮企业和商家就应该利用正确的方式激发和引导品牌口碑的传播，进行品牌口碑建设。从餐饮品牌领域来说，最重要的也是网络口碑建设。图 5-41 所示为网络口碑建设的具体措施。

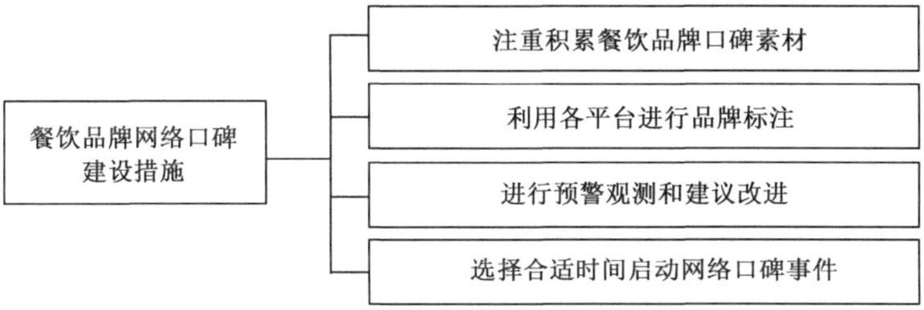

图 5-41　餐饮品牌网络口碑建设具体措施

网络餐饮平台（美团外卖等）越来越普及，很多人选择了这样的餐饮消费方式。随之，无论是商家还是消费者，都开始注重网络口碑，而网络口碑最好的体现就是买家的评论。图 5-42 所示为美团外卖好评榜菜品及评论信息。

图 5-42　美团外卖好评榜菜品及评论信息

图 5-43 “黄太吉”打造网络口碑的宣传海报

当然，网络口碑全凭消费者单方面的评论力量是远远不够的，商家需要把自身融入进去，与消费者在各大网络平台进行良好的互动，这一点著名餐饮品牌“黄太吉”就做得非常到位。“黄太吉”充分利用微博社交媒体的传播功能，在餐饮微营销的网络口碑营销应用中进行了一系列活动。图 5-43 所示为“黄太吉”为打造网络口碑设计的活动宣传海报。

在微博平台上，如果想要让用户为黄太吉说话，其前提是它的产品、服务本身真的有话题点，别人愿意来讲。从这方面而言，黄太吉积极制造服务特点，特别是在外卖服务方面，为用户制造了众多的话题点，这就为口碑营销提供了基本的传播信息和内容。在有了话题点的情况下，接下来，黄太吉老板亲力亲为查看用户“@”黄太吉的微博，并给予回复与评论，如图 5-44 所示。

图 5-44 黄太吉微博拉近与用户距离的营销策略

在微博互动方面，为了进一步提高品牌口碑，黄太吉力求做到与用户拉近距离，尤其是注意微博评论回复的及时性——在微博上与黄太吉互动的人通常在两三分钟内就会看到回复。就这样，黄太吉在微博上建立起了良好的口碑效应，人们在讨论黄太吉时，总是有正面的话题。

第 6 章

平台营销：外卖团购提升消费力度

各类外卖平台与团购平台的出现，使餐饮企业的营销方式发生了改变。如何借助各类平台展开产品营销活动，提高自身品牌的辨识度是餐饮管理者在经营过程中需要考虑的重要问题。本章主要对各类外卖平台和团购平台的特征及具体操作进行介绍。

- 平台入驻：外卖平台的注册与产品发布。
- 外卖平台：两种方式分别入驻美团外卖。
- 餐饮平台：常见的外卖团购定制平台。

6

6.1 平台入驻：外卖平台的注册与产品发布

在平台营销这一种营销方式中，企业或商家基于薄利多销的理念，在低于零售价格的营销环境中为消费者提供优质服务，从而使团购平台受到广大消费者的青睐。本节主要介绍各类团购平台的运营和营销相关知识。

6.1.1 平台入驻，介绍团购平台的入驻流程

介绍各大团购平台之前，商家首先需要了解如何入驻团购平台，熟悉团购平台的入驻流程。以美团网为例，餐饮商家要想免费入驻美团，需要登录“美团开店宝”填写相关资料。

下面以美团网为例，详细介绍美团网的入驻流程。

步骤 01 打开浏览器（建议使用谷歌或 360），❶在地址栏中输入并打开“开店宝”网页（http://e.meituan.com），❷单击“注册账号 免费入驻”按钮，如图 6-1 所示。

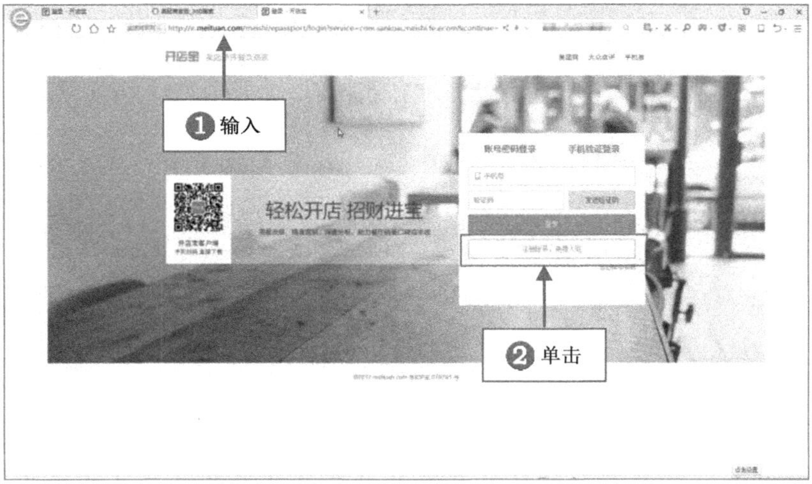

图 6-1　“开店宝”登录注册页面

步骤 02　执行操作后，❶进入“请选择您的合作银行”页面，商家可以针对自己经营的产品进行选择，❷这里选择“美食”板块，如图 6-2 所示。

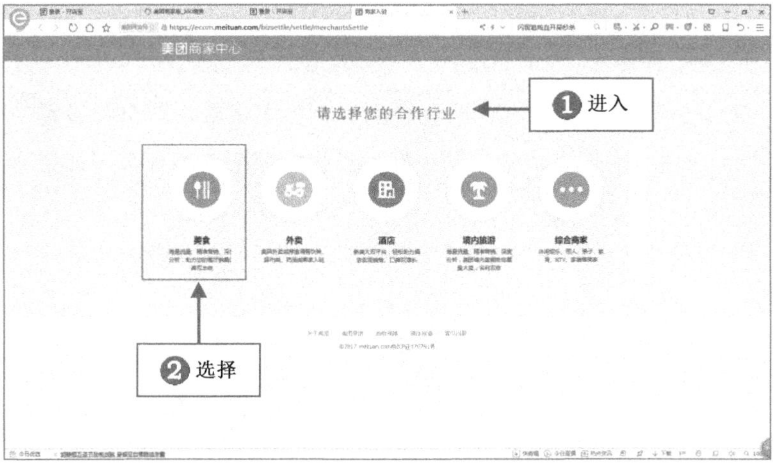

图 6-2　“开店宝”商家注册页面

步骤 03　❶进入相应页面，❷填写注册账户的相关信息，❸单击“注册”按钮，❹设置“认领门店”信息，❺提交相关的资质文件，如图 6-3 所示。

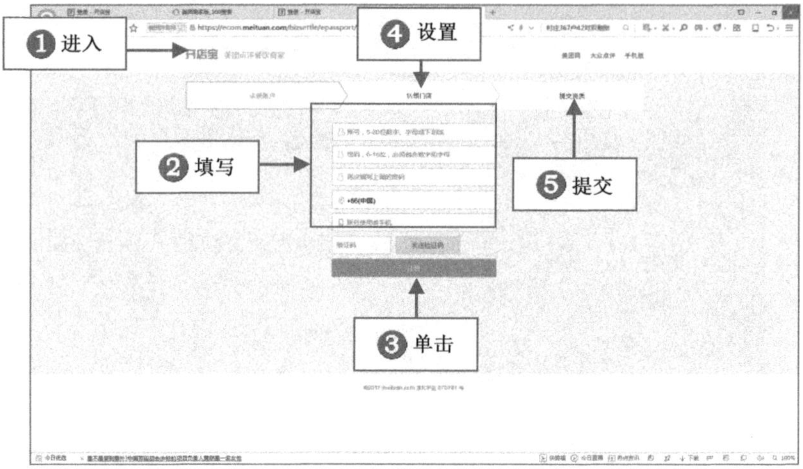

图 6-3 “开店宝”资料填写页面

资料填写完毕，根据页面提示完成操作。系统会自动提交给美团相关业务人员，业务人员会在规定时间内对餐饮门店注册的信息进行核实；核实无误之后，商家需要向美团业务人员支付相关平台入驻费用，随后就可以使用该平台进行线上运营了。

> **▶ 专 家 提 醒**
>
> 以上所有步骤完毕之后，商家会得到一个美团账号，可自行设置密码。其余各类 App 的后台操作事宜均大同小异，各位商家朋友均可按照此类方法进行注册和使用。

6.1.2 后台登录，明确美团后台的登录步骤

一般而言，美团用户可以通过两种方式登录“开店宝”后台：一是通过手机号码登录，即在注册的时候绑定手机账号；二是下载手机端“美团商家版”，随时随地查看商家后台信息及验证团购券。

下面以手机登录为例，对美团后台的登录步骤进行详细介绍。

步骤 01 在地址栏中输入并打开“开店宝”网页（http://e.meituan.com），进

入后台登录页面，❶选择手机验证登录，❷填写绑定的手机号码，❸单击“发送验证码”按钮，❹填写验证码信息，❺单击“登录”按钮，完成登录，如图 6-4 所示。

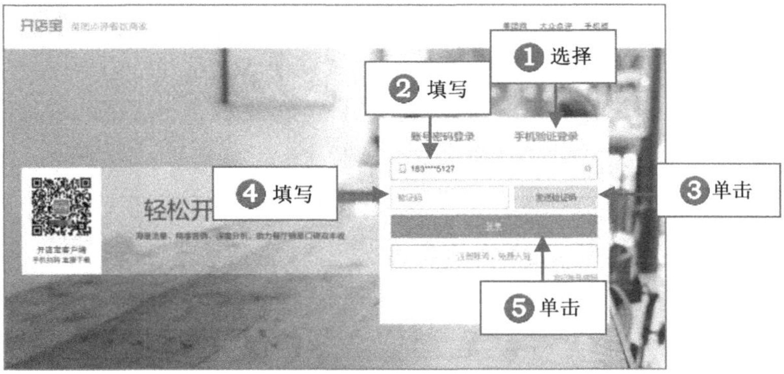

图 6-4　美团商家登录页面

步骤 02　完成登录后，❶进入美团商家后台页面，在美团后台功能栏❷查看相关信息，如图 6-5 所示。

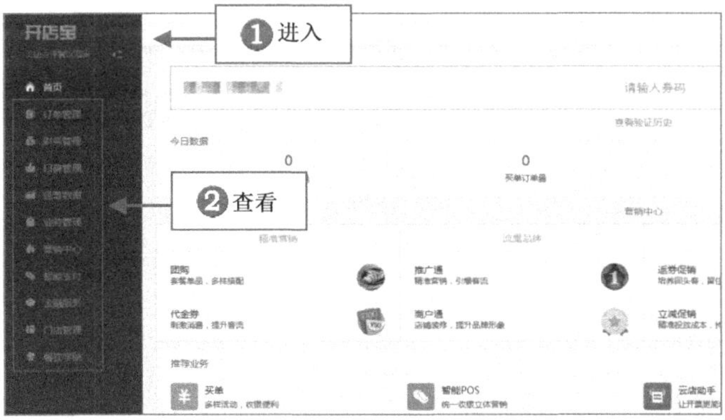

图 6-5　美团商家后台页面

6.1.3　后台管理，了解餐饮产品的上传操作

美团商家可以通过登录美团后台，在后台功能栏的“业务管理”板块下选择“团

购项目”，及时上传餐饮产品，并对产品进行详细描述，从而向消费者充分展示餐饮产品的特色。

下面向读者详细介绍在美团后台餐饮产品上传的步骤，以便帮助读者掌握美团后台的常用功能。

步骤 01 进入美团后台，❶单击“业务管理”下方的“团购项目”标签，进入相应页面后，❷查看上线的产品团购项目，❸单击“创建团购项目”按钮，如图 6-6 所示。

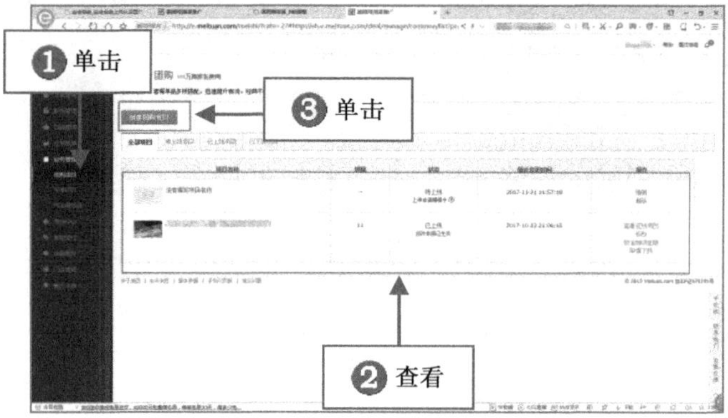

图 6-6 “业务管理”—“团购项目”页面

步骤 02 单击“创建团购项目”之后，进入“选择项目品类”页面，❶选择自己的产品品类，❷单击“确认”按钮，如图 6-7 所示。

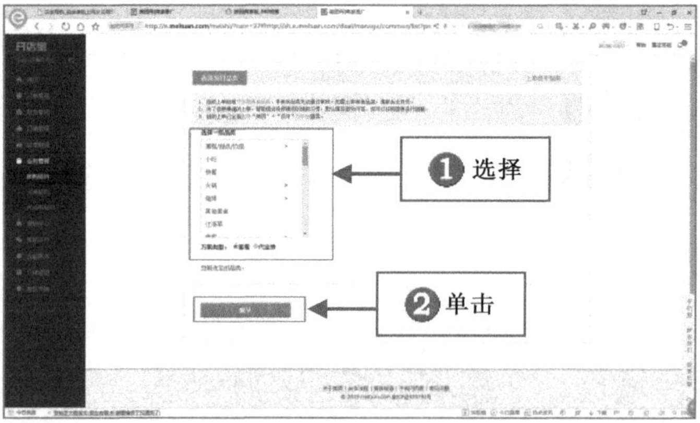

图 6-7 “团购项目”—“选择菜品”页面

步骤 03　单击“确认”按钮以后，就正式进入编辑页面，❶单击“添加门店”按钮，对要团购产品的店铺进行选择，选择好门店之后就开始❷编辑“菜品信息”“购买须知”“结算信息”，一步步按照美团提供的模板表格，结合自己要表达的信息进行填写即可，如图 6-8 所示。

图 6-8　菜品编辑页面

▶ 专 家 提 醒

如果商家经营的餐饮产品均不在列表中，可选择图 6-8 中的“其他美食”选项，即可顺利上传团购项目。有些商家的经营项目若涉及美团的“娱乐休闲”，商家需要注意，美团“娱乐产品”与餐饮团购的平台费用是不一样的，在费用昂贵的情况下，商家可根据实际情况进行经营项目的选择与安排。

6.1.4　平台运用，明确订单与财务的管理方法

在美团后台的功能栏中，“订单管理”之所以被置在顶层，是因为它是美团后台最常用的操作，是美团商家查看订餐情况的重要途径，同时美团商家可通过“财务管理”了解每日的收益情况。

美团商家登录美团后台后，在后台界面左侧功能栏中找到“订单管理”这一分类栏，在相应的“订单管理”页面❶可以查看团购券的各项信息、❷团购券验证

功能、❸消费成功记录、❹查看消费券历史等，如图 6-9 所示。消费者选择团购时通常在没到店之前就已经购买好了团购券，到店消费完成之后，商家要对团购券进行验证，验证完成后，商家才算完成了收款。

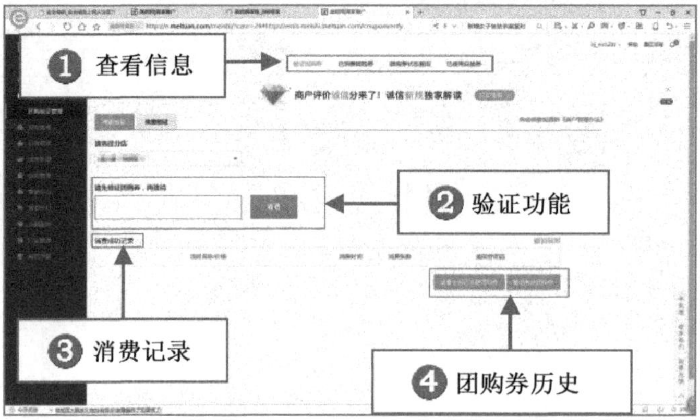

图 6-9　商家后台“订单管理”页面

同样，美团商家可以通过“财务管理”这一分类栏查看商家的财务资金流动，“财务管理”包括 4 个选项标签，下面进行简单介绍。

在“每日收益”标签页面中可以❶查看每日营业情况、❷了解每天每笔资金的费用详情，如图 6-10 所示。

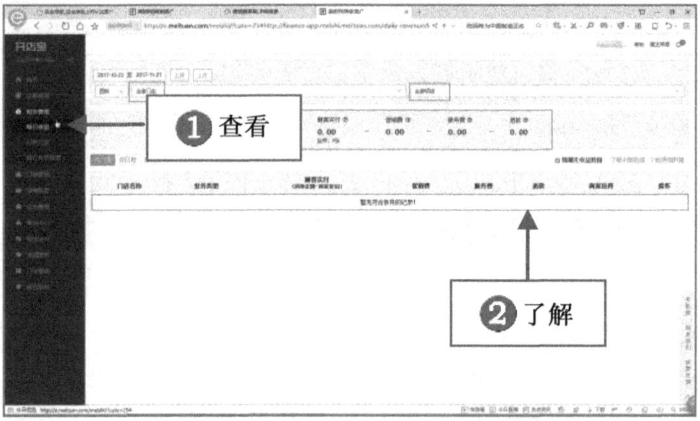

图 6-10　“财务管理”—“每日收益”页面

在左侧❶单击“付款记录”标签，进入“付款记录”页面，其中❷显示了账户余额、❸显示每笔账单的走向，如图 6-11 所示。

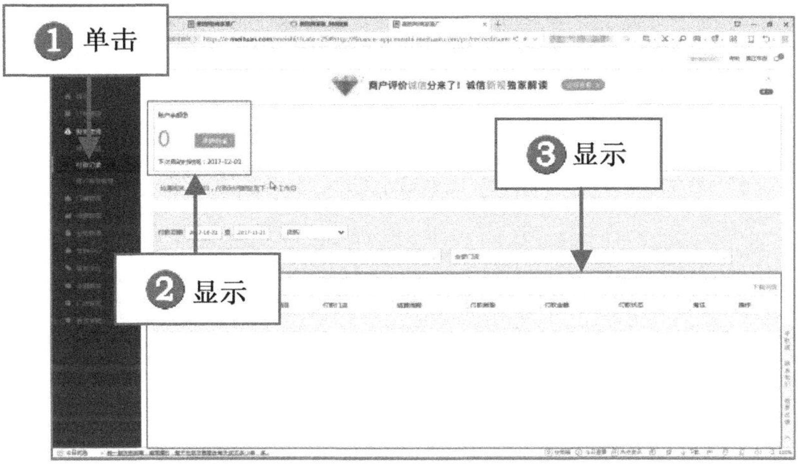

图 6-11　“财务管理”—“收款记录”页面

在左侧❶单击“银行账号管理”标签，进入“银行账号管理”页面，其中❷显示账户方面的信息，❸显示美团和商家协定的合同信息，如图 6-12 所示。

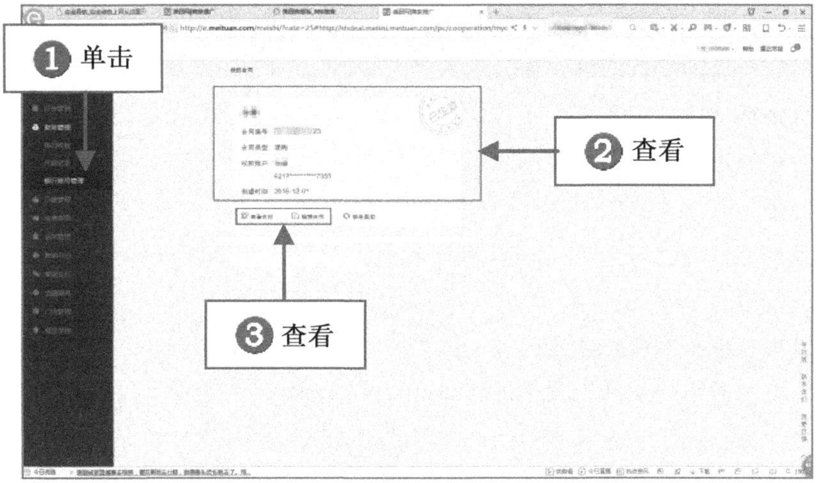

图 6-12　“财务管理”—“银行账号管理”页面

6.2 外卖平台：两种方式分别入驻美团外卖

上一节向读者详细介绍了团购类平台的入驻流程与操作方法，本节主要向读者介绍外卖平台的入驻流程与功能服务，以美团外卖为例进行介绍。

6.2.1 PC 端注册，线下商户入驻美团外卖

如果线下的餐饮商家有自己的计算机，那么可以通过 PC 端入驻美团外卖。在美团外卖平台上开店之前，商家首先需要准备好以下设备和资料：

- 准备好一台能用的计算机。
- 有自己的餐饮店铺，而且正常经营中。
- 拍摄店铺的招牌照片（含门头招牌）。
- 拍摄店内大范围的环境照片。
- 准备好营业执照、特许证件。
- 准备好食品经营许可证、餐饮服务许可证、食品流通许可证或其他有效证件。
- 准备好营业执照法人代表、经营者手持身份证的照片。
- 准备好银行卡（推荐使用工商银行、农业银行、建设银行、中国银行）。

当商家准备好如上设备或资料后，就可以通过以下方法入驻美团外卖、开通美团外卖商家版的相关功能了。

下面介绍入驻美团外卖的具体操作流程。

步骤 01 打开浏览器，在搜索框中输入“美团外卖”，单击“百度一下”按钮，单击下方第一条“美团外卖”官网链接，如图 6-13 所示。

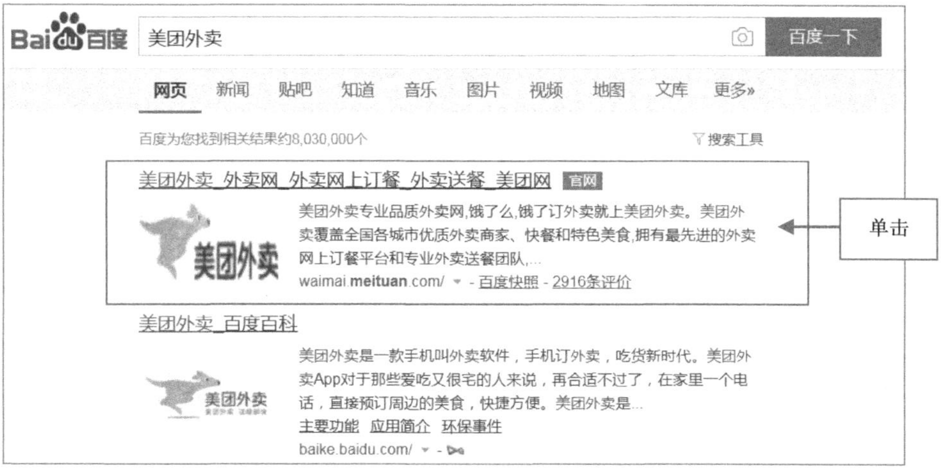

图 6-13　单击下方第一条“美团外卖”官网链接

步骤 02　打开“美团外卖”官网后，单击下方的“商家入驻”文字链接，如图 6-14 所示。

图 6-14　单击下方的“商家入驻”文字链接

步骤 03　进入“我要开店”页面，单击下方的“申请开店”按钮。

步骤 04 新用户需要按照申请页面提示，填写相关注册信息，完成账号的基本注册，单击“注册”按钮，如图 6-15 所示。

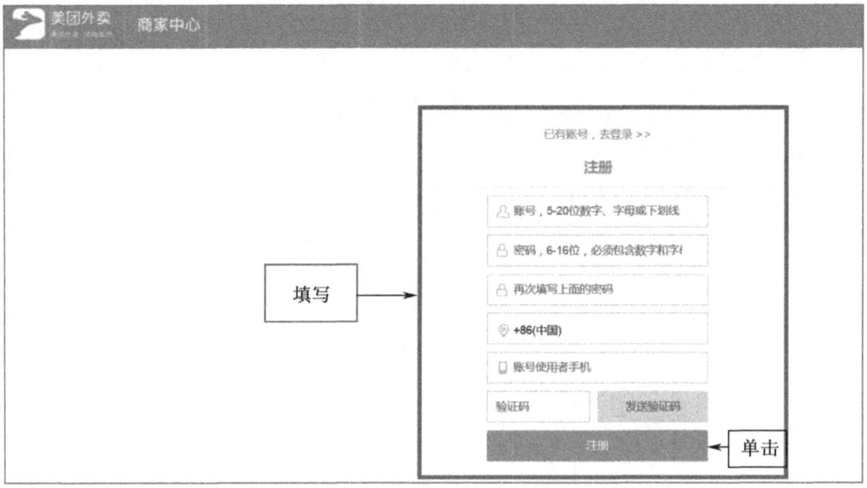

图 6-15 填写相关注册信息

步骤 05 完成基本的注册后，进入必传资料提醒页面，确认资料准备齐全后，单击“资料已准备好，马上申请开店”按钮，如图 6-16 所示。

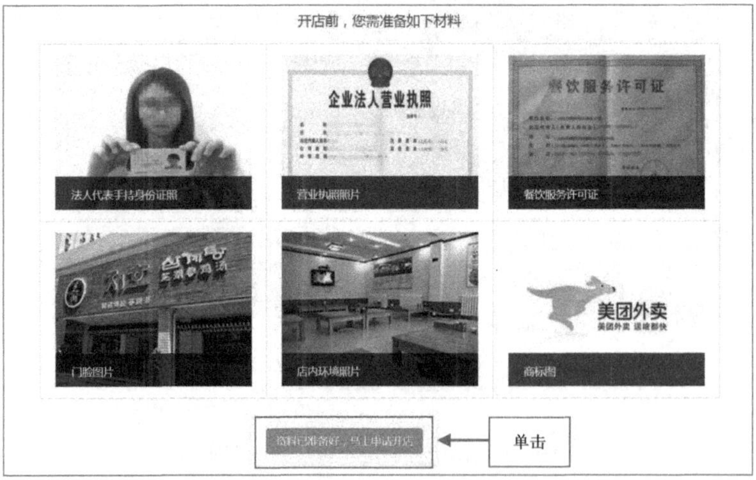

图 6-16 单击“资料已准备好，马上申请开店”按钮

步骤 06　执行操作后，进入美团外卖商家店铺后台管理页面，单击右上角的“新建店铺”按钮，如图 6-17 所示。

图 6-17　单击右上角的“新建店铺”按钮

步骤 07　申请注册新的美团外卖店铺，只需 4 步，商户就能在线入驻美团外卖平台，如图 6-18 所示。

图 6-18　只需 4 步商户就能在线入驻美团外卖平台

步骤 08 根据页面提示，填写相关的开店信息，进入“认证签约人”页面时，签约人需要进行实名认证操作，填写相关信息后，单击“前往实名认证”按钮，如图 6-19 所示，美团已全面实行电子合同，签约人实名认证通过可提高审核通过概率，为电子合同签约提供基础；商户开通店铺入驻前，建议务必完成实名认证，若遇到操作问题，也可先提交后期再由业务员补录，但会影响入驻时效。

图 6-19　单击“前往实名认证”按钮

步骤 09 商家经过实名认证后，页面会提示商户提交成功等待审核；工作人员将在 1～3 个工作日内进行审核，结果将会以短信形式发送到注册人手机上，注意查收，如图 6-20 所示，即可完成美团外卖的入驻操作。

图 6-20　提示商户提交成功等待审核

▶ 专 家 提 醒

商家在上传相关照片与证件资料时，需要注意以下问题。

- 上传图片资料一定要清晰，文字肉眼可辨，毕竟被驳回重新修改再次提交会耽误商家自己的时间。
- 营业执照真实有效，特殊情况可提供特许证件，具体参考当地标准许可，需要提前准备好对应的食品经营许可证、餐饮服务许可证、食品流通许可证。

6.2.2　移动端注册，一部手机即可入驻美团

现在是移动互联网时代，一部手机可以解决很多线上餐饮的经营问题，有些商户家里不一定有计算机，但肯定会有一部手机，手机已经逐渐成为了我们生活中的必须品。下面介绍通过手机移动端入驻美团外卖的操作流程。

步骤 01　在各大手机 App 应用商店中，搜索并下载“美团外卖商家版”App，如图 6-21 所示，下载并进行安装。

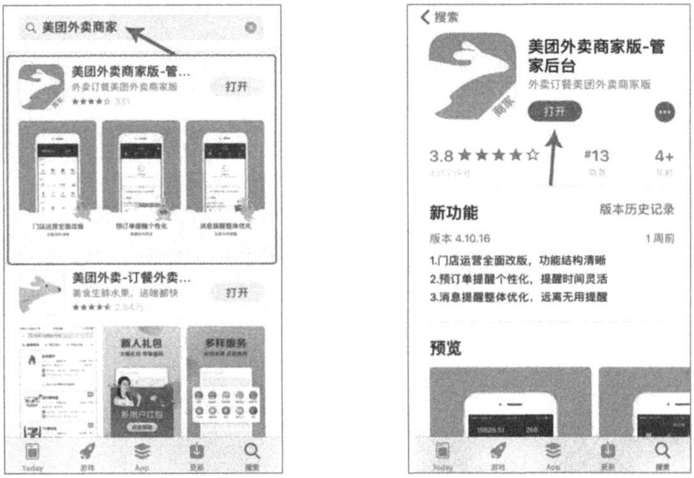

图 6-21　搜索并下载“美团外卖商家版”App

步骤 02 启动“美团外卖商家版”App，进入“登录”界面，单击右上角的“开店”按钮，如图 6-22 所示。

步骤 03 进入“注册”界面，验证手机号码后，设置美团外卖的账号登录信息，单击“注册”按钮，如图 6-23 所示。

图 6-22 单击“开店”按钮

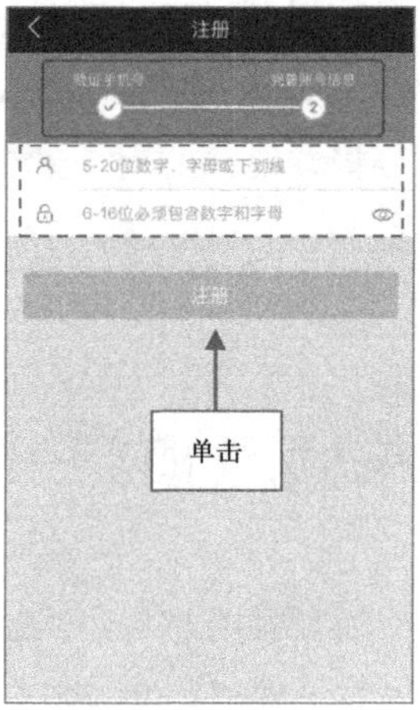

图 6-23 单击“注册”按钮

步骤 04 完成基本注册后，自动跳转至美团外卖“我要开店”页面，往上滑动页面，在页面底端单击“我准备好了”按钮，如图 6-24 所示。

步骤 05 如果用户已经完成基本注册，此时可以直接登录美团外卖账号，并在登录后单击底部的“新建店铺”按钮，如图 6-25 所示。

图 6-24 单击“我准备好了”按钮

图 6-25 单击“新建店铺”按钮

步骤 06　进入“店铺介绍”页面，输入店铺名称，单击“请选择经营品类”选项，如图 6-26 所示。

步骤 07　进入“选择经营品类”页面，选择相应的餐饮类别，如图 6-27 所示。

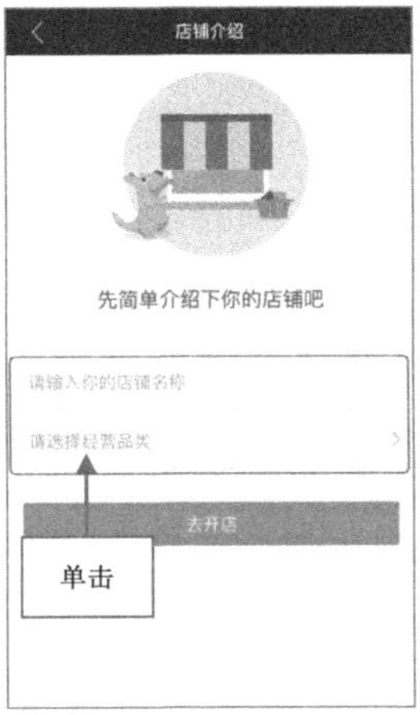

图 6-26　单击相应的选项

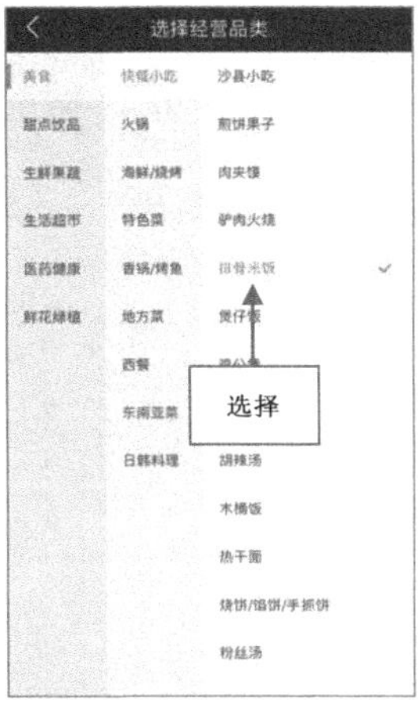

图 6-27　选择相应餐饮类别

步骤 08　设置好经营品类信息后，单击“去开店”按钮，此时根据页面提示，完成第 1 步、第 2 步、第 3 步所需的设置，上传美团外卖开店所需的照片凭证，输入相关的信息，并在最后 1 步页面中，单击“下一步”按钮，如图 6-28 所示。

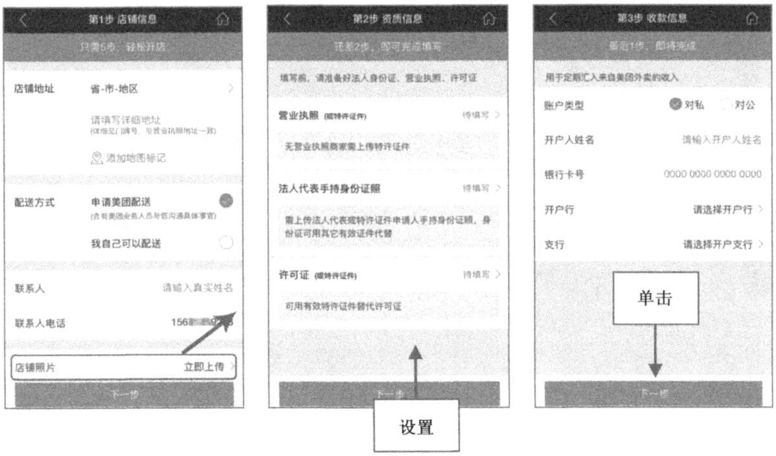

图 6-28　完成第 1 步、第 2 步、第 3 步所需的设置

步骤 09 进入“认证签约人”页面，设置相应的签约人信息，单击“前往实名认证”按钮，如图 6-29 所示。

步骤 10 进入“实名认证”页面，输入身份证、银行卡、手机号等信息，单击“实名认证”按钮，如图 6-30 所示。

步骤 11 稍后进入“申请完成”页面，提示用户签约人已实名认证通过，单击“完成”按钮，如图 6-31 所示。

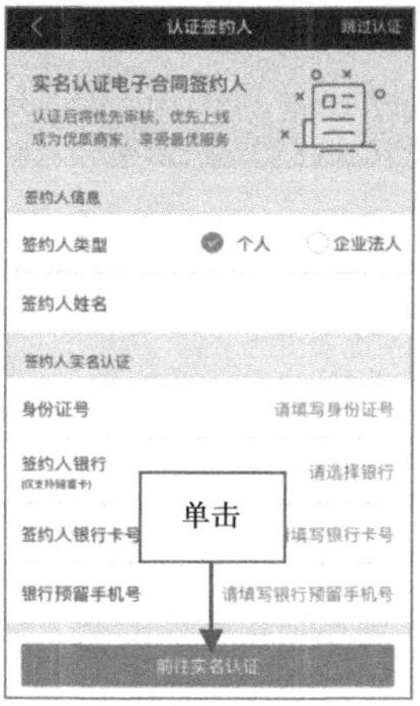

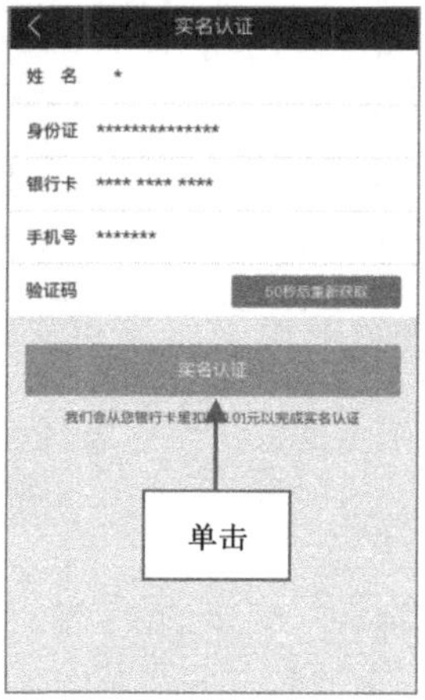

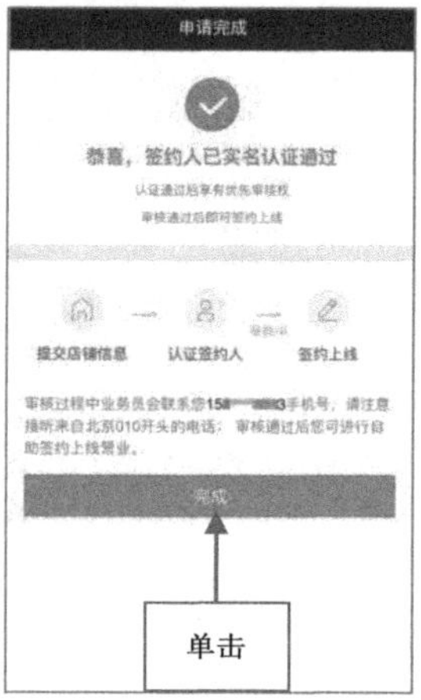

图 6-29 “认证签约人”页面 图 6-30 “实名认证”页面 图 6-31 “申请完成”页面

步骤 12 完成资料提交及实名认证后，美团工作人员将在 1～3 个工作日内进行审核，结果将会以短信形式发送到联系人手机上，商家注意查收。当商家的店铺通过审核后，会收到一条签约短信，根据短信提示完成线上签约，如图 6-32 所示，即可登录开店营业。

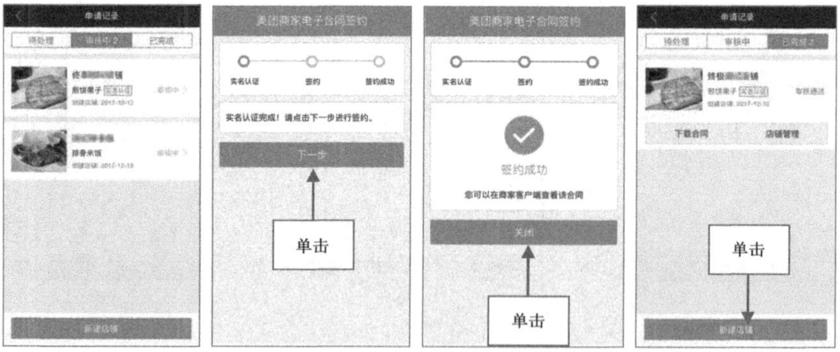

图 6-32 根据短信提示完成线上签约

6.3
餐饮平台：常见的外卖团购定制平台

餐饮企业或商家要想利用第三方平台进行营销，首先需要了解不同的外卖团购平台的优势与特点，然后才能结合自身的实际情况，选择合适的外卖团购平台展开合作，达到预期的营销目标。本节主要介绍不同类型的外卖团购平台的特点与优势。

6.3.1　美团团购：背靠流量大树好乘凉

在美团团购 App 平台上，美食团购是一个非常重要的领域，为人们提供了餐饮消费的诸多便利和优惠。随着美团团购 App 的发展，它逐渐形成了一个包括“购买—消费—评价—影响其他人”等在内的网络平台。

美团网是团购网站中的典型代表，为众多商家和消费者所关注和利用。美团致力于从商家和消费者两个方面来进行营销思考，整合平台资源，具体内容如图 6-33 所示。

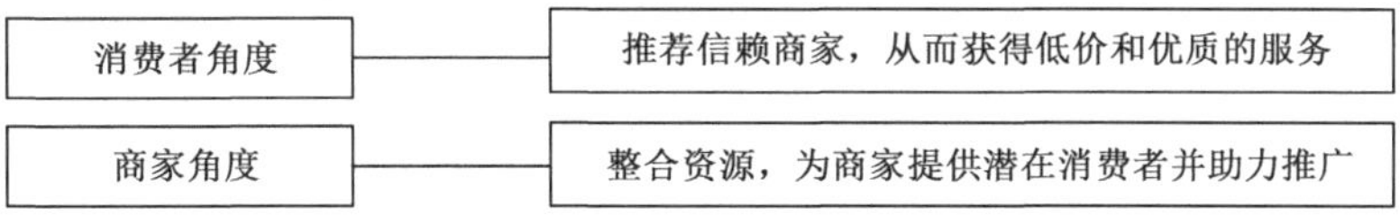

图 6-33　美团的营销角度

美团针对餐饮行业设置了专门的板块——美食板块。该板块罗列了八大餐饮内容，这八大内容基本上都发挥着同样的功能，那就是将更多的平台消费者引到相关商家的界面中，所以，商家一定要找准定位，进行相关的自我归类，从而更好地进行消费者引流工作。图 6-34 所示为美团平台上的“美食”板块内容。

图 6-34　美团平台上的“美食”板块内容

美团网凭借团购带来的价格优势来获取用户流量，从而运用流量优势来吸引大量的商家入驻美团，与此同时，通过不断完善平台管理，为平台用户提供高水准的服务，从而吸引更多的流量。

接下来对美食板块下的优惠团购、附近好券、预约订座这 3 种功能进行介绍。

1．优惠团购

既然是团购网站就肯定少不了团购产品。图 6-35 所示为各大餐饮商家进行的团购活动，团购菜品的最大特点就是一定要实惠，这也是所有团购消费的意义。

2. 附近好券

“附近好券”功能是指，美团平台将商家的一些代金券公布在这里，消费者怀着一种抢优惠的刺激心理参与领取，继而被引导进行线下到店消费，这一板块商家往往会策划好最佳的代金券规则。图 6-36 所示为美团的“抢代金券”界面。

图 6-35　美团优惠团购菜品信息

图 6-36　美团“抢代金券”界面

3. 预约订座

消费者可以通过预约订座板块直接输入人数及时间等要求，也可以致电商家直接预订，这一功能解决了线上商家和线下顾客“沟通难”的问题。

6.3.2　百度糯米：提供“智能”餐饮服务

百度糯米是优秀的团购网站，其推出的百度糯米 App 是一个向消费者提供本地精品生活服务的团购应用。百度糯米主要推行“会员＋”的营销战略。在互联网时代，百度糯米将借助 O2O 的平台力量，让用户体验更便捷的服务，让商户获得更强大的平台力量。图 6-37 所示为百度糯米 App 及其主页。

图 6-37　百度糯米 App 及其主页

百度糯米除了具备与大众点评相似的个性化展示之外，还推出了“智能餐厅”运营模式。下面以图解的形式介绍“智能餐厅”运营模式的特点，如图 6-38 所示。

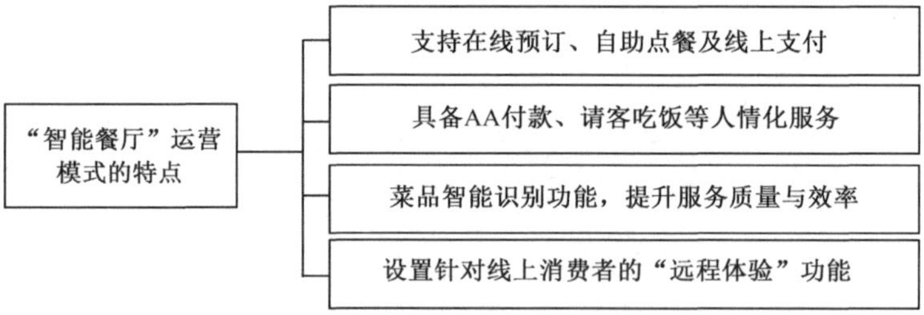

图 6-38　“智能餐厅”运营模式的特点

“菜品识别”这项震惊 O2O 界的“新科技”，依托百度强大的细粒度图片识别技术，能在 100 毫秒内解析消费者上传的菜品图片，不仅能辨别“烤鸭”和“卤鸭”的菜品不同、显示食物的卡路里，还能将消费者口头表达的对这道菜品的感受进行语音智能转换评价，并根据语境情感生成评分。

6.3.3 美团外卖：致力提供高质量安全食品

美团外卖 App 于 2013 年 11 月正式上线。美团外卖的配送服务范围众多，不仅有餐饮产品，还包括商超、水果、鲜花、蛋糕、甜点等，该平台坚持以消费者的需求为中心，不断扩展配送产品。图 6-39 所示为美团外卖所涉及的配送业务。

图 6-39 美团外卖所涉及的配送业务

美团外卖一直致力于为消费者提供更多高品质的安全食品，目前，美团外卖已与全国数万家高品质连锁餐厅达成战略合作，如肯德基、必胜客、大鸭梨、西贝莜面村等，通过与众多大型商户合作，提升食品的安全保障，引导消费者选择品质餐厅。近期，美团外卖更与朝阳大悦城、大润发、华润等多家大品牌达成战略合作，进一步实现服务体验的全新升级。

美团外卖的 3 大安全保障让用户放心下单，下面进行简单介绍。

- 食品安全：在美团外卖上注册的餐饮商家，美团外卖仍将按照严格的审核制度进行审核，落实相关法律法规所规定的第三方平台主体责任，配合相关政府监管部门，做好商户入网经营及食品安全工作。
- 配送安全：美团外卖对合作方提供配送服务标准有着较高的要求，要求其招聘骑手时，对其招聘骑手进行背景调查，确保骑手上岗前拥有健康证，无法律规定的不能从事配送服务的重大疾病等，确保配送安全。
- 餐箱安全：美团外卖正在和世界 500 强企业艺康集团联合研发餐箱、餐品的清洁方案，并试点运营，保证配送过程中餐箱的清洁、配送员的清洁、餐品的封装等，建立基础规范。

美团商家想要借助美团这一平台进行营销，就需要考虑如何提高自身品牌的好评率，从而获取更多消费者的关注。下面以图解的形式介绍在美团提高好评率的方法，如图 6-40 所示。

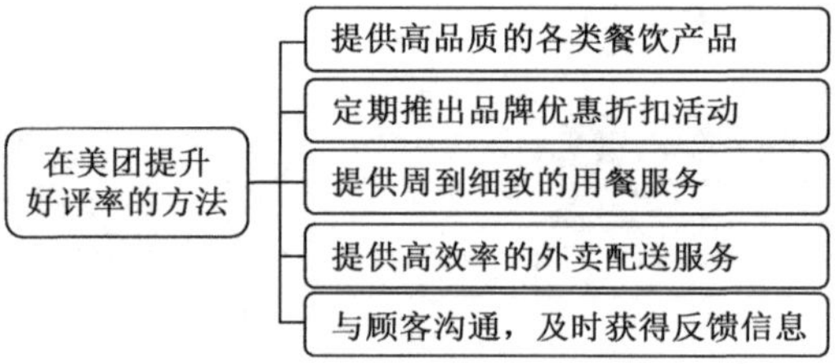

图 6-40　在美团提高好评率的方法

6.3.4　其他外卖：主打订餐的其他外卖平台

上一节向读者介绍了比较优质的美团外卖平台，本节介绍一些其他的外卖平台，供大家参考和学习。

1. 饿了么：主打订餐与快速配送服务

饿了么 App 主要是通过外卖服务来突出企业品牌的功能性，从根本上解决用户的饥饿问题，快速满足用户最基本的生理需求——吃。其核心功能就是通过位置定位为用户提供订餐服务。

2. 口碑外卖：借助口碑营销的外卖平台

口碑外卖是餐饮 O2O 界的“新宠儿”，继美团外卖、饿了么、百度外卖后，阿里系外卖 O2O 平台淘点于 2016 年 7 月 29 日正式更名为口碑外卖。从此，口碑外卖借助淘宝和支付宝的巨大流量，也进入一线外卖平台之列。

用户在登录口碑外卖时，可以使用淘宝或者支付宝账户完成登录，从这一点可以看出口碑外卖与淘宝、支付宝的密切黏性。

当然，口碑外卖作为一款独立的外卖 App，并不仅仅依靠支付宝、淘宝的线上资源完成运营，其自身也有不少特色功能，如它的“生活圈”功能就不错。口碑商家可以像发布朋友圈、微博一样，利用“生活圈”的功能及时发布产品信息，对自身品牌进行宣传。图 6-41 所示为口碑外卖“生活圈”功能下的“推荐”和“商家说”板块。

图 6-41　口碑外卖的“推荐”和“商家说”板块

另外，口碑外卖也运用了强大的 LBS 营销功能，在 App 界面中设置了“附近”页面，让消费者以最便捷的方式找到最近的门店。不同的是，正如该 App 的名字，针对商家的评价系统，App 给消费者展示了真实全面的口碑，以及如淘宝功能一般的消费者提问。图 6-42 所示为该 App 中的口碑评价系统及提问系统。

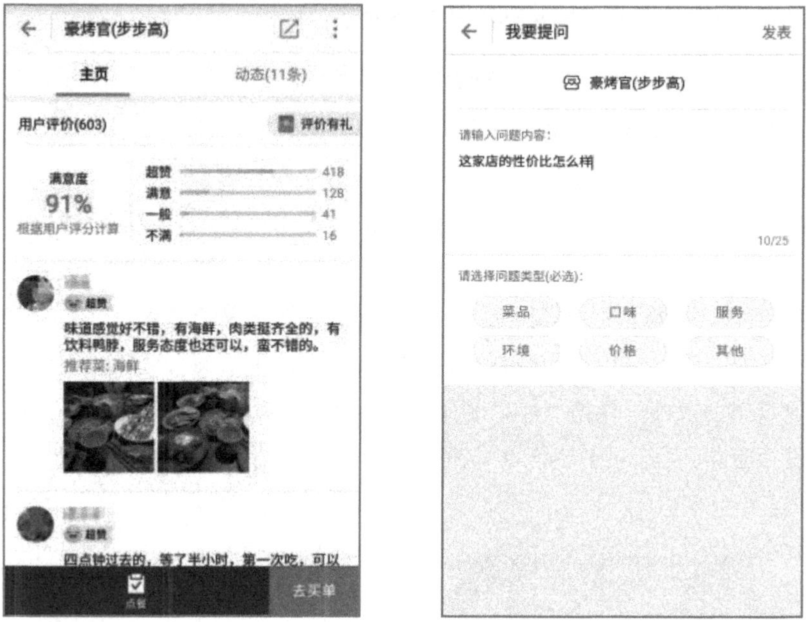

图 6-42　口碑外卖评价系统及提问系统

6.3.5　大众点评：借用评论发力营销

2003 年，大众点评在 PC 端正式上线，经过十余年的发展，大众点评在内容打造上更是出类拔萃。在大众点评 App 上，用户可以使用的功能十分全面，几乎包括所有的本地生活服务行业，美食团购也是大众点评 App 界面上的重要功能应用。图 6-43 所示为大众点评 App 及其主页。

图 6-43　大众点评 App 及其主页

大众点评是团购形式的生活平台，在营销上采用的是其他众多平台所没有的点评式口碑营销，消费者可以通过拍视频、传图片、写点评等一系列评论手法来产生营销和互动效果，将平台全部交给用户和商家，由用户点评出最喜欢的商家或产品。图 6-44 所示为大众点评 App 的美食点评界面。

除了点评产生的口碑营销效果之外，大众点评 App 还为用户提供真正感兴趣的系列视频。图 6-45 所示为“精选”和“躺着学”的相关界面，能够让消费者了解到一些风味美食及其烹饪方法。

图 6-44 大众点评 App 用户的美食点评界面

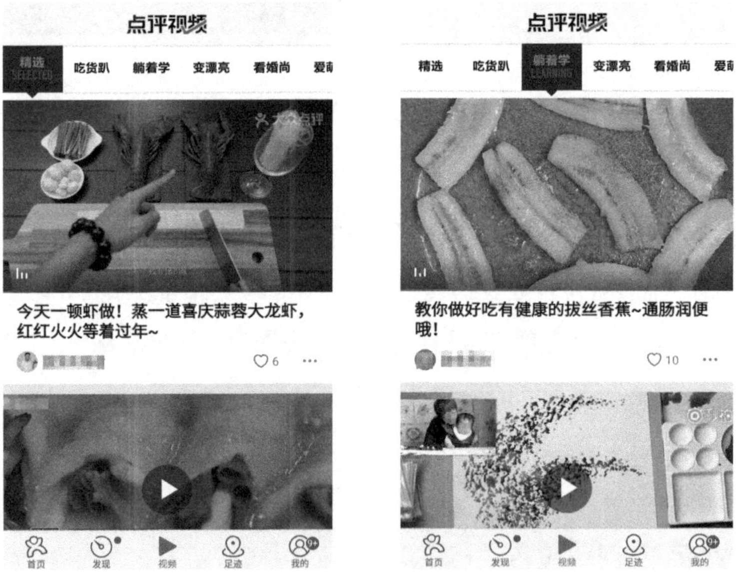

图 6-45 “精选”和“躺着学”相关界面

大众点评与其他平台相比，消费者的点评对平台商家的营销活动影响更大。因此，大众点评的餐饮商家必须重视消费者的评论，学会利用消费者的评论来推动自身产品的营销活动。下面以图解的形式介绍大众点评的商家如何借助评论提高品牌影响力，如图 6-46 所示。

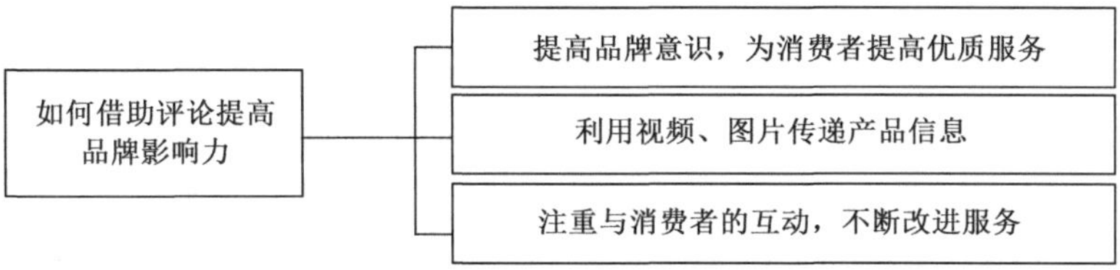

图 6-46　如何借助评论提高品牌影响力

6.3.6　爱鲜蜂：专注于社区最后一公里配送

“爱鲜蜂”于 2014 年 5 月上线，是一家专注于社区最后一公里配送的 O2O 电商平台。确切地说，爱鲜蜂就是搭建了一个连接供应商、小卖部和用户的供应平台。在这个平台上，爱鲜蜂通过与供应商的连接，利用互联网+便利店，为用户提供需要的产品。

了解了爱鲜蜂的运营模式之后，下面从 3 个方面为大家介绍爱鲜蜂平台的特色。

1. 爱鲜蜂的运营操作

用户从网上下单后，爱鲜蜂安排最近的小卖部店主负责送货。在这一过程中，爱鲜蜂执行的是一种线上及后台的操作，这也是爱鲜蜂平台运营的重要表现。爱鲜蜂专注于社区最后一公里的配送服务，注重打造短距离内的配送服务，形成一个完整的配送链条。

2. 爱鲜蜂的支付

爱鲜蜂的营销运营模式还包括线上线下闭环实现的关键环节——支付，这一行为场景发生在小卖部和用户之间，从其本质来看，这一行为结果最终将汇聚到爱鲜蜂的运营平台上。

3. 爱鲜蜂的渠道整合

爱鲜蜂的运营模式是建立在最大程度满足供应商、用户、小卖部店主这 3 个群体的需求基础之上的。图 6-47 所示为爱鲜蜂 App 的登录界面。

图 6-47　爱鲜蜂 App 的登录界面

6.3.7　好厨师：多类别优质上门服务

好厨师作为提供私厨上门服务的最大互联网平台，在为消费者提供服务方面有着巨大的优势，可以轻松实现到家私人厨师服务。好厨师就是利用互联网和移动互联网的各种平台和资源，实现相较于传统餐饮来说的服务的差异化、优质化。

好厨师的工作重点是在服务和品质这两个方面。从服务和品质上来说，好厨师提供了针对不同客户和场景的各类优质服务，可分为 3 类，如图 6-48 所示。

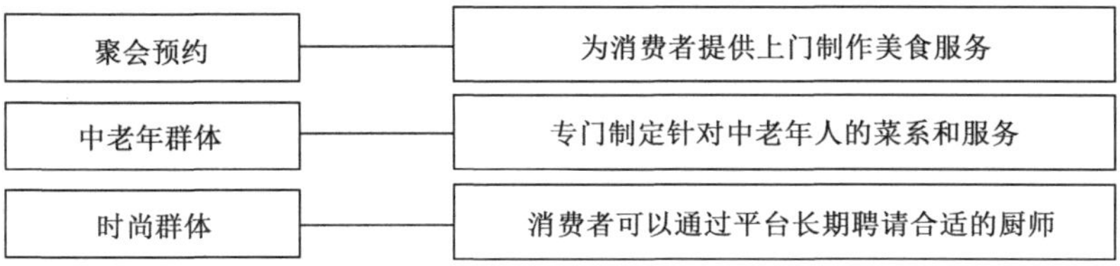

图 6-48　好厨师优质服务

好厨师在运营过程中，主要利用了 3 种模式，具体如下。

1. 厨师模式

好厨师为了提升厨师的服务水平，实现标准化服务，通过在线下设点的方式来进行培训，从而增加消费者的信任度。无论是上门时的着装，还是菜品准备的快捷与装盘的美观，或者就餐的增值服务，都有利于提升好厨师平台的服务形象。

2. 会员模式

在好厨师的付费方式方面，平台还为消费者提供会员充值服务，通过会员模式的运营，可以很好地将普通客户转化为长期客户。

3. 盈利模式

好厨师的收费形式关系着厨师的盈利，在平台服务提供体系中，好厨师为消费者提供了优惠套餐系列。另外，在厨师服务过程中，随餐附赠的商品或服务将随着客户消费的深入，为厨师和平台提供更多的盈利。图 6-49 所示为好厨师 App 服务界面。

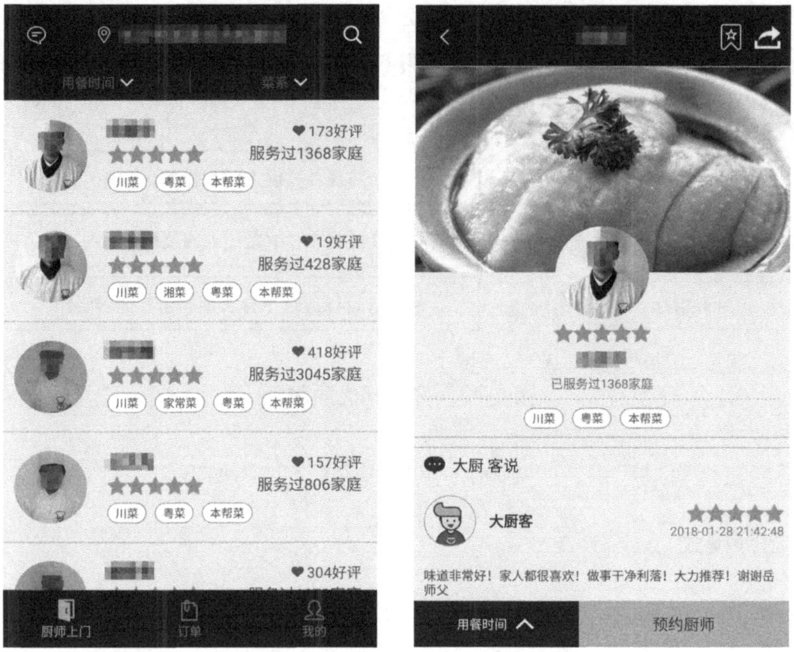

图 6-49　好厨师 App 服务界面

6.3.8　爱大厨：多渠道定制上门服务

爱大厨，全称为爱大厨（北京）信息技术有限公司，成立于 2013 年 12 月，是我国第一个提供私厨上门服务的平台。爱大厨的企业发展理念为，以“爱生活，爱美食”为宗旨，全力发展私厨上门服务业务。

爱大厨，从服务性质上看，是线上线下深度融合的私厨上门服务运营平台。具体来说，爱大厨的服务是完全由线上开始的，与其他餐饮服务不同，它并不设线下门店，以及接单、预订等，而是完全由线上平台进行处理，然后在线下提供上门服务。图 6-50 所示为爱大厨 App 登录界面。

在具体服务过程中，食材的准备并不由私厨提供，而由消费者自行选择，厨师所要做的只是根据消费者的需求和口味上门制作指定菜品，这是爱大厨的上门服务内容。从消费者的服务目的来说，除了普通的日常预订服务以外，它分别针对家宴场景、公司场景及电商食品售卖等需求提供特色服务。

图 6-50　爱大厨 App 登录界面

6.3.9　上你家：懒人餐饮的上门服务

上你家，全称为安徽上你家信息科技有限公司，这也是一家充分利用互联网和移动互联网资源优势的餐饮行业的上门服务企业。

在上你家服务的营销推广中，互联网和移动互联网的利用是一个非常关键的因素。利用网络平台优势，上你家的中央厨房凭借标准化的服务流程和原创菜系的创新研发，以及其服务平台的多种渠道打通，实现了懒人菜场和私厨上门服务的推广。图 6-51 所示为上你家服务营销推广的两大方面。

标准化流程	消费者通过平台对菜品和厨师做出选择，服务团队将食材送到指定地点，继而私厨就可上门烹饪
需求满足	针对消费者需求问题，上你家为消费者提供了不同的服务满足他们的需求

图 6-51　上你家服务营销推广两大方面

那么，上你家究竟是如何解决消费者的需求的呢？主要表现在 3 个方面，如图 6-52 所示。

用餐方式	用餐方式上增加了多种创新模式和享受
用餐场景	家庭聚餐、公司聚会、养生美食、节日庆祝
用餐群体	针对中高端消费群体提供了懒人菜场配送

图 6-52　上你家为消费者解决需求的 3 个方面

除了打造用户服务，上你家线上渠道的打通也是营销得以推广的关键因素。在这一方面，上你家提供了多渠道预订方式，既包括传统的电话预订，也包括互联网和移动互联网环境下的创新预订，如微信公众号预订和互联网官网平台预订。图 6-53 所示为上你家微信公众号服务平台界面。

图 6-53　上你家的微信公众号平台界面

第 7 章

活动营销：优惠造势增强餐厅人气

在餐饮行业的营销活动中，巧妙地借势将有利于商家进行有效的营销，把握热点、打造话题可以吸引更多的消费者关注餐饮品牌，可以促进餐饮商家与消费者的关系，提升商家门店的营业额与利润。本章主要介绍活动营销的相关知识。

- 节日活动：打造节日优惠福利活动。
- 促销活动：不同折扣提升餐厅人气。
- 创意活动：借助明星与公益提升品牌。

7

7.1

节日活动：打造节日优惠福利活动

利用各种节假日推出主题活动，一直是餐饮企业或商家的营销手段。如何利用特有的节日氛围，打造创意十足的营销活动，是餐饮企业在进行活动营销时必须考虑的问题。本节主要以妇女节、劳动节、儿童节、中秋节、国庆节及元旦为例，介绍节日活动打造的技巧。

7.1.1 三月活动，针对妇女节的特别活动

每年的 3 月 8 日是妇女节，这体现了对女性的尊重、爱护。作为一个影响深远、意义重大的节日，再加上针对“妇女”这一特点，使不少商家开始选择妇女节作为活动营销的突破口，设计针对妇女节的特别活动。

餐饮商家要想在妇女节打造营销活动，首先需要了解打造营销活动的要点。下面以图解的形式介绍活动营销的要点，如图 7-1 所示。

明确活动目的	根据活动目的找准目标人员，使整个活动具有针对性
突出活动主题	选择的活动主题应具备冲击力与吸引力，讲究活动创意
合理策划活动	做好充分的准备工作，选择合适的时间与地点
富有新意的设计	设计创意活动环节要抓住消费者需求、突出产品卖点

图 7-1　活动营销的要点

那么餐饮商家如何在妇女节打造特色营销活动、增加店铺人气呢？下面以图解的形式介绍打造妇女节营销活动的注意事项，如图 7-2 所示。

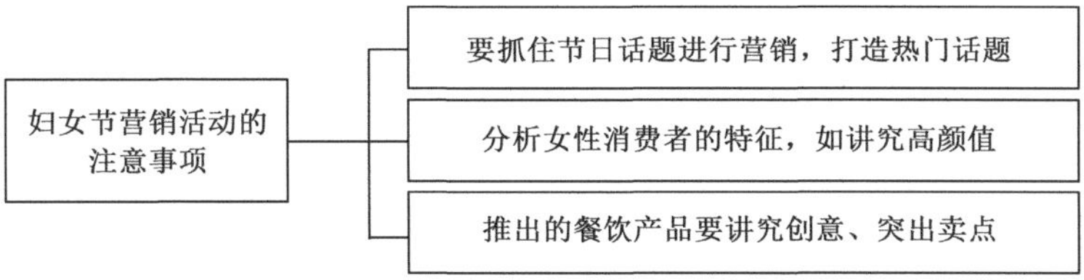

图 7-2　打造妇女节营销活动的注意事项

图 7-3 所示为餐饮品牌“榕港”在妇女节推出的营销活动。活动主题“最美女神节，榕港最宠你”让消费者感受到了温馨、喜悦的氛围，而推出的菜品无论是赠送的“养颜木瓜炖雪蛤”还是“绿色健康春季美食”，都符合女性消费者的消费需求。

图 7-3　“榕港”妇女节营销活动

7.1.2　五月活动，针对劳动节的主题活动

劳动节作为法定节假日，使消费者不仅迎来了小长假，也迎来了各种类型的营销活动。“五一”劳动节对于餐饮商家来说，蕴含着巨大的商机，于是餐饮经营者们纷纷使出看家本领，积极抢占节日市场。

那么，如何在劳动节这一营销大战中拔得头筹，抢占消费者的视线呢？下面以图解的形式介绍劳动节餐饮活动营销的要点，如图 7-4 所示。

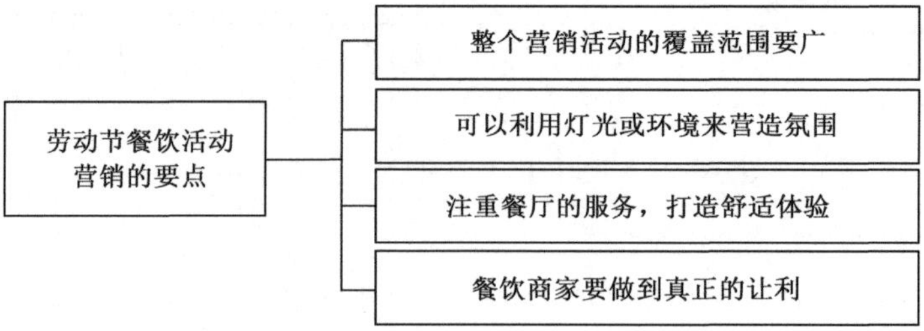

图 7-4　劳动节餐饮活动营销的要点

著名餐饮品牌“全聚德”在“五一”劳动节这一天推出了会员的专属福利，如图 7-5 所示。通过“半价活动”和“满减活动”让利给消费者，同时也能为新品的上市积累人气。

图 7-5　“全聚德”的劳动节营销活动

7.1.3　六月活动，针对儿童节的营销活动

餐饮商家要想做好儿童节营销活动，就需要了解儿童这一群体的需求爱好。知道什么样的菜品才能吸引他们的关注，哪些元素能引起他们的兴趣。儿童与成人不同，要想抓住他们的需求痛点，需要餐饮商家换位思考。

儿童节的餐饮营销活动，相比其他营销互动，更需要餐饮商家做好消费者的需求分析。一方面，在整个营销活动中儿童是主要目标群体，需要商家对这一群体的消费者行为进行分析；另一方面，由于儿童不具备经济能力，所以，需要餐饮商家结合孩子家长的消费需求推送产品。下面以图解的形式介绍打造儿童节创意营销活动的方法，如图 7-6 所示。

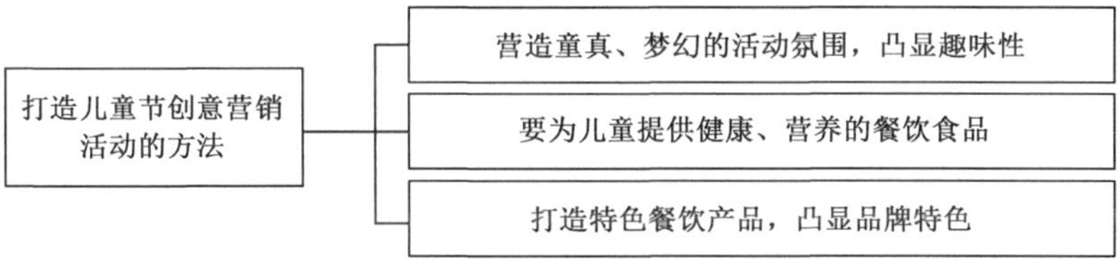

图 7-6　打造儿童节创意营销活动的方法

图 7-7 所示为麦当劳在儿童节推出的营销活动。可以看出，消费者在儿童节这一天到麦当劳消费，不仅可以获得“萌趣”的卡通玩偶——小黄人，还可以参与有趣的“亲子游戏”，增进孩子与父母之间的感情，再加上美味的亲子套餐，不得不说，麦当劳确实抓住了消费者的内在需求。

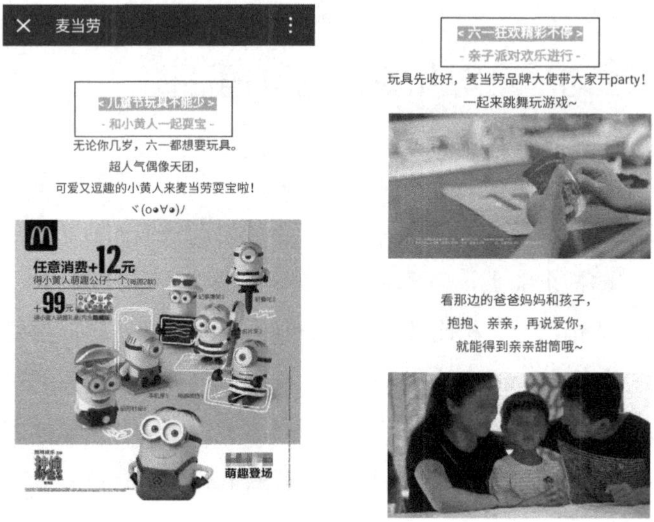

图 7-7　麦当劳在儿童节推出的营销活动

7.1.4　八月活动，针对中秋节的温馨活动

中秋节是具有悠久历史的传统文化节日，时间为每年农历八月十五。中秋节的意义主要在于以月的团圆来表示人的团圆，一般都有寄托思念的情结，所以，活动策划往往以亲人、团圆等为题材进行。

餐饮商家要想达到好的节日营销效果，需要提前做好活动营销策划工作，并且通过对整个营销活动内容进行全面分析，写好活动策划文案，为后续工作的开展提供依据。下面以图解的形式介绍中秋活动策划的要点，如图 7-8 所示。

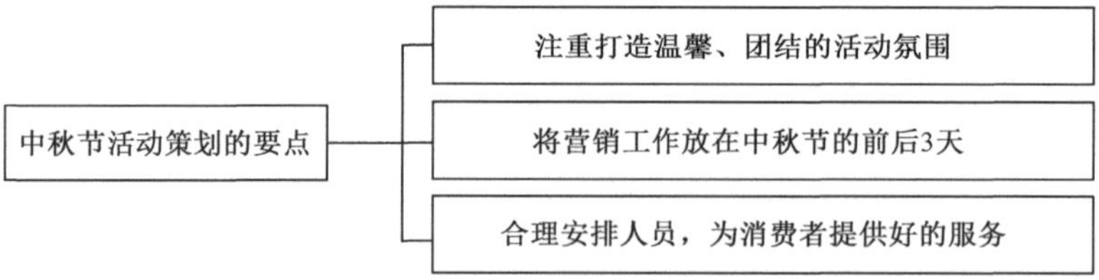

图 7-8　中秋节活动策划的要点

著名餐饮品牌“西贝莜面村”和“眉州东坡”在中秋节这一天就通过微信公众号推出新品，向消费者传递产品信息。虽然两个商家推出的都是月饼，但是在中秋节的营销策略上有所不同。一个主打“无香精”“无色素”的杂粮月饼，从健康安全的原材料上吸引消费者；另一个则以酥脆的口感、创意的外形为卖点，注重视觉营销。这两个商家的中秋节上新活动，可以说既符合“中秋主题”，又各具创新。图 7-9 所示为“西贝莜面村”和“眉州东坡”的中秋节营销活动。

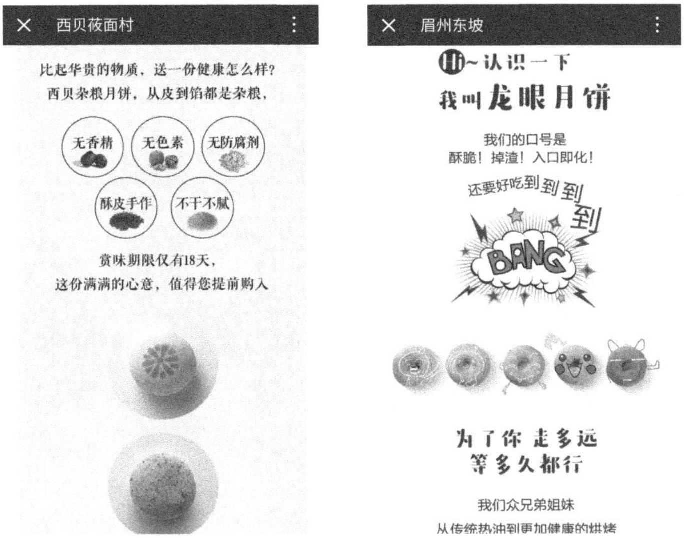

图 7-9　“西贝莜面村”和“眉州东坡”的中秋节营销活动

7.1.5　十月活动，针对国庆节的热门活动

国庆节作为一年一度的“黄金周”，历来都是餐饮商家的“必争之地”。在激烈的竞争中，只有节日营销活动足够独特、足够新鲜、足够抢占消费者视线，才能打赢这场“营销战”。因此，对于餐饮商家来说，如何使营销活动既符合主题，又富有创意，是需要思考的重要问题。

餐饮商家要想达到预期的营销效果，就需要准确抓住用户的需求痛点，推出独具特色的餐饮活动，吸引消费者的眼球，引起消费者的兴趣。随着“互联网＋”时代的到来，传统的活动营销方式已经无法适应发展的需要，因此，需要餐饮商家及时转换思维，改变活动营销方式。

那么，餐饮商家怎样才能做好活动营销，抢占国庆营销的先机呢？下面以图解的形式介绍国庆节营销的技巧，如图 7-10 所示。

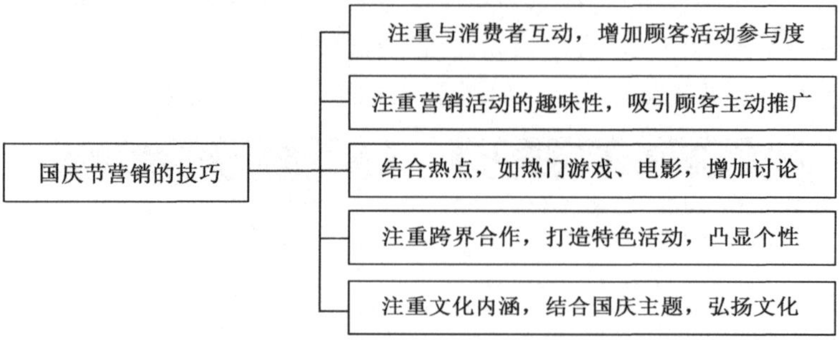

图 7-10　国庆节营销的技巧

图 7-11 所示为一家名为“羊城记忆”的餐厅在国庆节推出的营销活动。一个是富有文化内涵的“猜灯谜”活动；另一个是注重与消费者互动的“朋友圈分享赠送”活动。这样的营销活动，既能很好地契合“国庆节”这一节日氛围，又能吸引消费者的参与。

图 7-11　“羊城记忆”的国庆节营销活动

7.1.6　一月活动，针对元旦的新年活动

元旦，作为新一年的开始，对于中国人来说意义十分重大。不少餐饮商家也开始利用这一节日展开营销活动，推送餐饮产品。元旦的营销活动的主题，一般都会比较喜庆、吉祥，多有“辞旧迎新”的含义。

餐饮商家要做好元旦的营销活动，除了要注重热点话题的打造、增加活动讨论度之外，还要在营销活动中注重传递品牌文化。餐饮商家可以通过情感营销，引发消费者的情感共鸣，从而向消费者传递品牌文化。下面以图解的形式介绍在元旦进行情感营销的技巧，如图 7-12 所示。

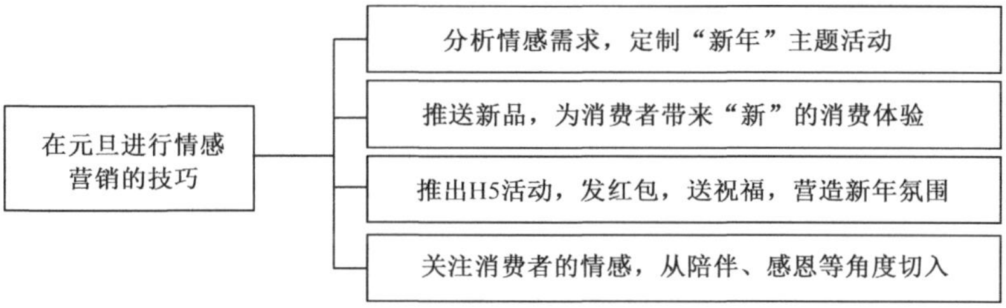

图 7-12　在元旦进行情感营销的技巧

图 7-13 所示为“鲜芋仙”的元旦营销活动。不仅特意拍摄了名为《陪伴》的微电影，从“亲情”“爱情”“友情”3 个角度突出了“陪伴，是最好的爱”这一主题，还注重表达对品牌“粉丝”的感激之情，很好地将情感营销的主体与品牌文化相结合。

图 7-13 “鲜芋仙”的元旦营销活动

7.2 促销活动：不同折扣提升餐厅人气

在餐饮业所有的营销案例中，通过促销活动进行营销是必不可少的方式，它能有效刺激消费者的消费行为，提高餐饮店铺的人气。本节主要通过一系列餐饮促销活动介绍餐饮营销的方法和技巧。

7.2.1 定时推送，引导顾客持续关注

“价格”一直都是消费者在消费时考虑的最基本因素。所以，任何时候“低价”对消费者们都有着致命的吸引力。餐饮商家通过定时推出折扣菜品的方式，在某一

段时间内低价售出相关菜品，能够起到拉动销量、刺激消费购买行为的作用。

餐饮商家在进行菜品推送时，应掌握一定的推送技巧，才能使定时推送的活动效果最大化。下面以图解的形式介绍定时推送菜品的技巧，如图 7-14 所示。

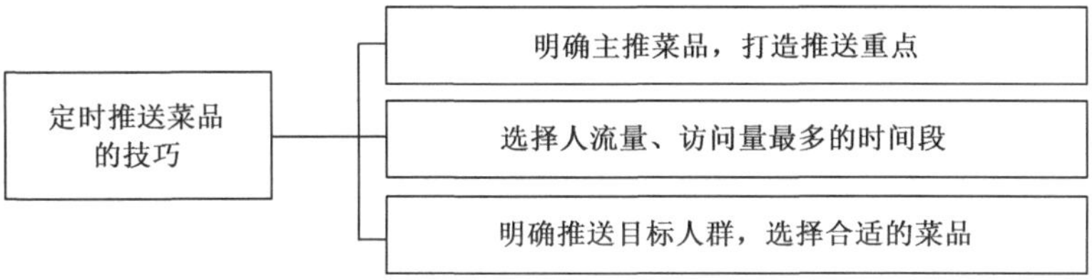

图 7-14 定时推送菜品的技巧

著名餐饮品牌“上海小南国”在公众号上定时推送菜品，通过向消费者传递活动信息，增加产品人气与销量。图 7-15 所示为“上海小南国”的推送菜品活动。前一天推出了“暖心暖胃的小火锅畅吃”的优惠活动；第二天紧接着就推出了“下单即送传统八宝饭一份”的赠送活动。

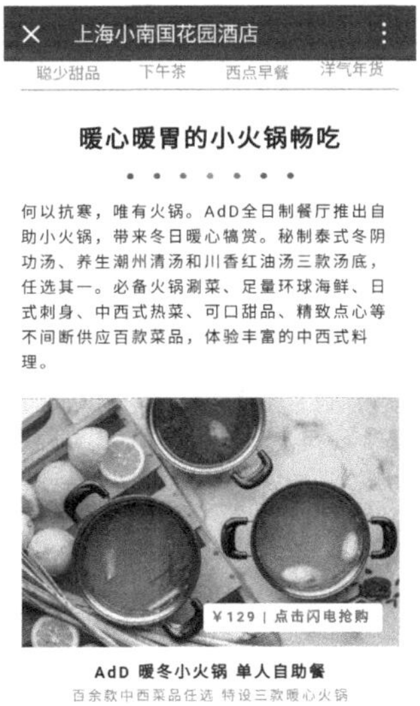

图 7-15 “上海小南国”的定时推送案例

7.2.2 折扣促销，稳定品牌顾客来源

现在的餐饮业竞争尤为激烈，在众多同行竞争中如何立于不败之地呢？当然要靠新老顾客的不断支持带动营业额，折扣促销活动则是稳定顾客来源的重要手段。

那么怎样才能通过折扣促销活动赢得新老顾客的支持，从而稳定顾客来源、增加店铺营业额呢？下面以奖励促销、满减促销、积赞促销为例介绍餐饮促销活动的营销技巧。

1. 奖励促销

奖励促销是指在进行一场促销活动时能够给促销受众一些好处，如二次消费回扣、满减、抽奖等，其意义就是让消费者觉得自己赚了。

2. 满减促销

餐饮商家可以借助外卖平台开展满减促销活动，如消费金额“满 20 减 10”等幅度较大的满减促销活动，虽然消费者到最后并没有真的省那么多钱，却总能让消费者动心，这就是促销活动最大的魅力所在。

3. 积赞促销

积赞促销方式主要体现在微信朋友圈里，消费者通过转发商家的餐饮促销活动信息，获得相应的朋友圈点赞数量，从而得到餐饮商家相应的优惠福利，商家通过这种方式也能获得不错的品牌宣传效果。

图 7-16 所示为餐饮商家借助外卖平台“美团外卖”进行的满减促销活动案例。当消费者看到“满减 5 折起”时，就会下意识地点击进入相应页面进行消费。

图 7-16　商家满减促销活动案例

7.2.3　限时优惠，打造人气餐饮菜品

限时优惠也是一种重要的促销活动形式。餐饮商家通过短暂的活动时间加上较大的优惠力度，能够打造出产品的稀缺感与抢购活动的紧迫感，因此，有利于激发消费者的购买欲望。

在餐饮行业的限时优惠活动中，还有一种限时优惠是指限制一天之内的某个时间段，这样能最有效地体现“限时优惠”的特点，因为时间的紧迫感，会加大消费者的购买速度和数量。下面以图解的形式介绍 3 种限时优惠的方式，如图 7-17 所示。

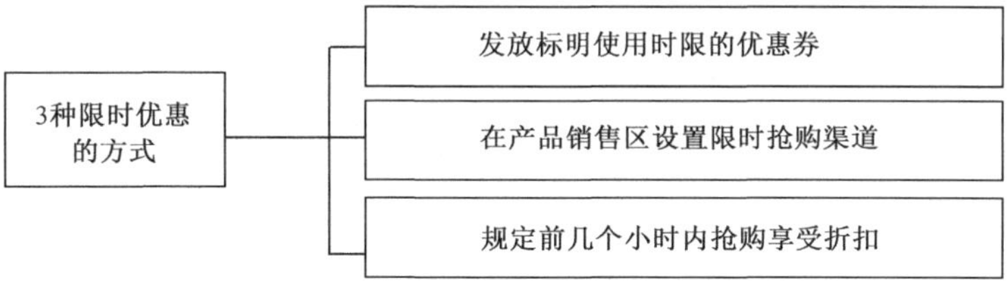

图 7-17　3 种限时优惠的方式

图 7-18 所示为京东限时优惠的餐饮案例。不难看出，限时优惠活动，无论是折扣力度的确定，还是抢购时间段的选择，确实能带给消费者强烈的吸引力。

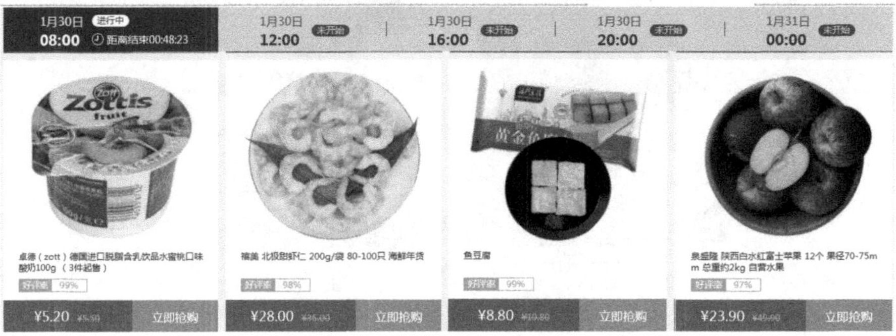

图 7-18 京东限时优惠案例截图

7.2.4 关联销售，提升菜品促销力度

对于关联销售其实我们并不陌生，相信很多商家都做过此类营销活动，只是这个词汇有一点书面化。什么是关联销售呢？打个比方，一份菜品的单价是 50 元，另一份菜品的单价是 30 元，两份菜品放到一起以一个更优惠的价格出售给消费者，这种做法就是关联销售。

关联销售是一种刺激消费者购买从而拉动商家整体营业额的销售行为，商家在进行关联销售时，首先要明确应该如何打造一组关联产品。下面以图解的形式介绍关联销售的 3 个要点，如图 7-19 所示。

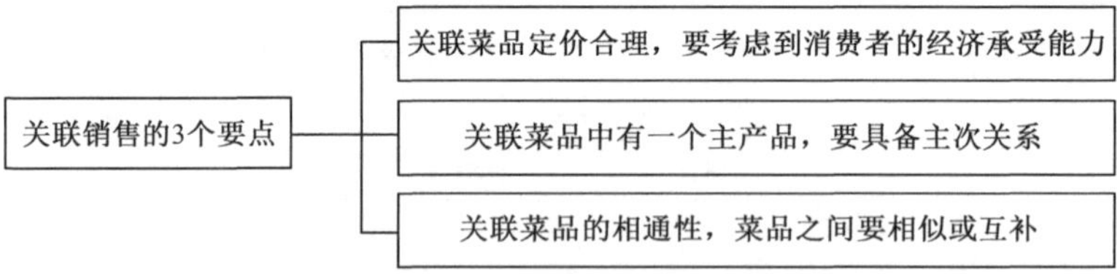

图 7-19 关联销售的 3 个要点

图 7-20 所示为著名餐饮品牌“肯德基”制定的关联销售的菜品案例，第一张图中的关联菜品的总价为 38 元，如果消费者对这组产品进行单点的话，则只需要 16 元，也就是说，消费者可以通过关联销售节约 22 元，然后得到其他关联的餐饮组合产品。

图 7-20　“肯德基”制定的关联销售的菜品案例

7.3 创意活动：借助明星与公益提升品牌

千篇一律的营销活动，容易带给消费者疲劳感，削弱消费者的兴趣，因而达不到预期的营销效果，因此，餐饮商家应树立创新意识，打造趣味性的营销活动，为消费者带来新鲜感，增加活动的关注度与讨论度。本节主要介绍如何借助明星与公益活动提升品牌影响力。

7.3.1 明星效应，带动“粉丝”消费力

中国当前已经进入“粉丝”经济时代，“粉丝”文化已经发展得十分完整了。由此，有些聪明的餐饮企业老板会选择邀请一些知名艺人、明星代言餐饮品牌，这种做法能够帮助他们收获很丰厚的利润。

餐饮商家要想利用明星效应增加自身品牌的影响力，首先要了解明星效应的具体作用。图 7-21 所示为明星效应的具体作用。

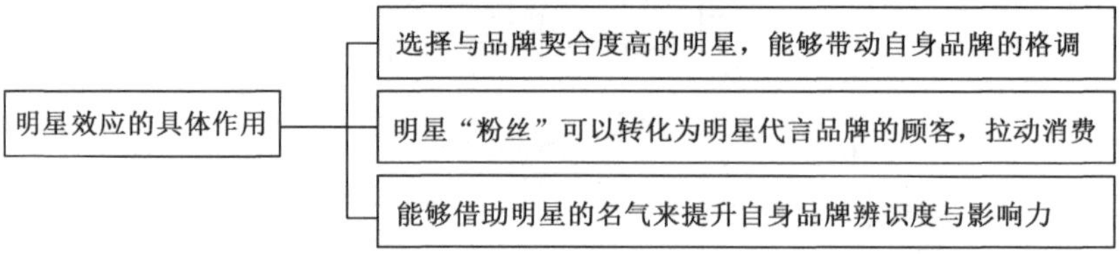

图 7-21　明星效应的具体作用

一般来说，投资与收获是成正比的，越肯出钱请当红的明星、艺人，获得的回报越是丰厚。例如，餐饮品牌“正新鸡排”邀请了当红演员为品牌代言，如图 7-22 所示，利用明星效应带动了“粉丝”经济，提高了餐厅的营业额与利润。

图 7-22　明星代言的餐饮品牌

7.3.2　热点推送，提升品牌话题度

热点是什么呢？就是在一段时间内很“火”的词汇或某些新闻，甚至地点、问题和人物。热点之所以“热”，正是由于它的普遍性和全民性。也就是说这些信息不管男女老少，几乎是人尽皆知的。所以，结合这些热点信息推出对应的美食菜品时，可能会带来更高的销量和利润。

餐饮商家之所以要结合热点推送菜品，就是为了热点本身的讨论度，扩大品牌影响力，从而吸引顾客到门店进行消费。可以说，社会从不缺乏热点，重要的是如何借助热点将吸引的新顾客转化为品牌“粉丝”。图 7-23 所示为利用热点将新顾客转化为“粉丝”的技巧。

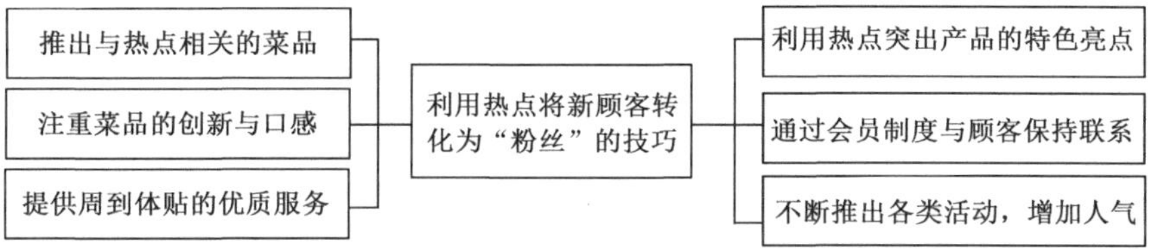

图 7-23　利用热点将新顾客转化为“粉丝”的技巧

前段时间，有一档“中餐厅”的真人秀节目热播，其中某明星做的一道“宫保鸡丁”广受好评，引起了比较大的关注度。

有的餐厅商家也在自己的店里推出这道“宫保鸡丁”，并且以赠送的方式推出，引发了消费热潮，从而提高了餐厅的营业额。这种“菜品＋热点”的形式，因为本身的有趣和热点对人们的吸引力，受到了网友们大量的关注。所以说，餐饮企业在经营餐厅时，可以尽量加入一些新鲜热点，这样不仅符合大众的需求，还有利于餐厅的长久经营。

7.3.3 公益活动，增强品牌认同感

对于餐饮行业而言，公益活动不仅是单纯的情怀问题，还更有利于打造品牌价值、品牌文化，增强品牌人气。注重公益活动推广品牌，能在消费者的心中树立起一个榜样，并由此转为商家的“粉丝”。

餐饮企业或商家要想借助公益活动塑造良好的品牌形象、提高自身品牌的辨识度，首先需要了解公益活动的模式有哪几种。下面以图解的形式介绍公益活动的3种模式，如图7-24所示。

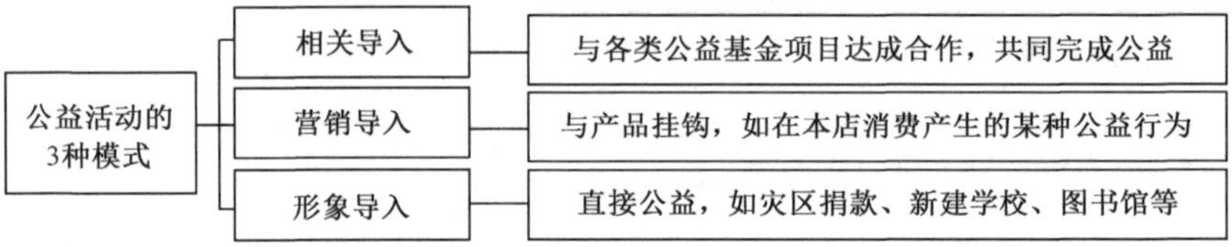

图7-24　公益活动的3种模式

在餐饮企业和商家进行口碑营销的过程中，公益活动也是很好的载体。图7-25所示为餐饮行业借助公益进行口碑营销的具体过程。

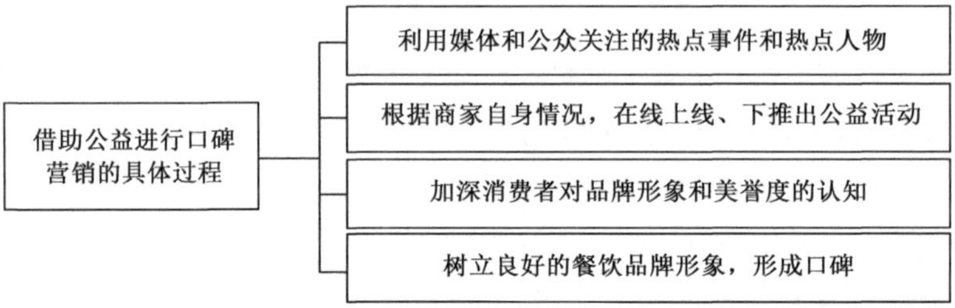

图7-25　餐饮行业借助公益进行口碑营销的具体过程

因为公益不分大小，我们也可以先从产品做起。产品附带公益在众多商业领域颇为常见，主要体现在消费者购物上，它的作用如图7-26所示。

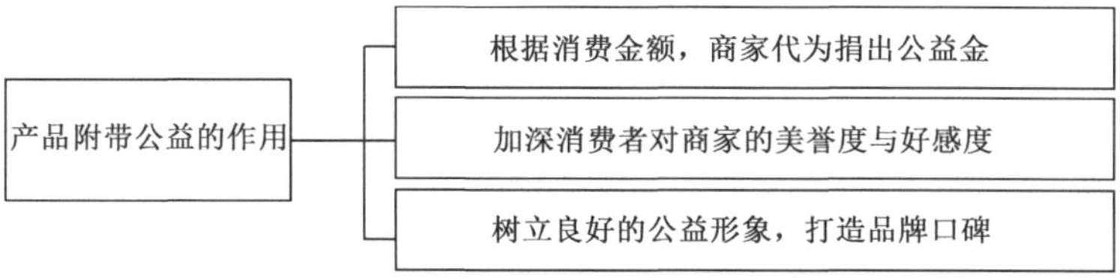

图 7-26　产品附带公益的作用

底层工作者较为容易引起人们的情感关注。向这类群体加以公益关怀，有利于树立商家的社会担当意识，对品牌形象及企业口碑会有极好的宣传效果。图 7-27 所示为某餐厅发起的“关爱环卫工人”活动。

图 7-27　某餐厅请当地环卫工人免费就餐的公益活动现场

第 8 章

社群营销：打造高黏性的餐饮消费

在互联网迅速发展的推动下，我国已进入社群经济时代。社群作为一种以共同兴趣或目标维系成员关系的传播媒体，在餐饮行业的营销活动中应用越来越广泛。本章主要介绍社群营销的相关知识。

- 熟悉概念：餐饮社群营销的作用。
- 四步营销：餐饮业如何“智造”顾客。
- 提升人气：餐饮社群的营销技巧。

8

8.1 熟悉概念：餐饮社群营销的作用

餐饮企业要想利用社群作为营销平台，需要了解什么是社群、社群营销的作用是什么、社群营销具备什么样的优势与特点等一系列问题。本节主要介绍社群营销的基本概念。

8.1.1 社群营销，企业产品营销新形式

一般来讲，可以从具体和抽象两个角度来理解社群。从具体层面来说，社群指的是某个实际的地理区域，以及人们在这个区域里发生的社会关系。从抽象层面来说，社群指的是思想层面上的人与人之间的相互关系。

社群营销指的是企业或商家为满足消费者需求，利用微博、微信各种社群、社区等推销自身产品或服务，从而产生的一种商业形态。餐饮企业或商家要想利用社群展开营销活动，首先需要了解社群营销活动的要点。下面以图解的形式介绍社群营销活动的要点，如图 8-1 所示。

社群营销活动的要点
- 明确建立社群的目的，确立具体目标
- 注重社群管理，设置专人管理相关事务
- 制定管理规则，维持社群的管理秩序
- 定期举行主题活动，活跃社群的氛围

图 8-1　社群营销活动的要点

餐饮品牌“伏牛堂”在社群营销方面就做得比较出色。“伏牛堂”是一家位于北京、主要经营湖南牛肉米粉的餐饮品牌。那么，“伏牛堂”是怎么进行社群营销的呢？首先，“伏牛堂”在成立之初，就通过微博搜索在北京的湖南人，建立了 7 个微信群，形成了大约 2000 个用户的社群。后来“伏牛堂”的创始人写了一篇名为《我硕士毕业为什么卖米粉》的文章，并且将这篇文章发到了这个 2000 人的微信群，引发了社群成员的疯狂讨论，并且使这篇文章的转发量在短时间内极速增长。

除此之外，“伏牛堂”的创始人还组织线下活动来增加社群用户之间的联系，注重社群管理与运营，提高了品牌的知名度。图 8-2 所示为“伏牛堂”的社群——霸蛮社。

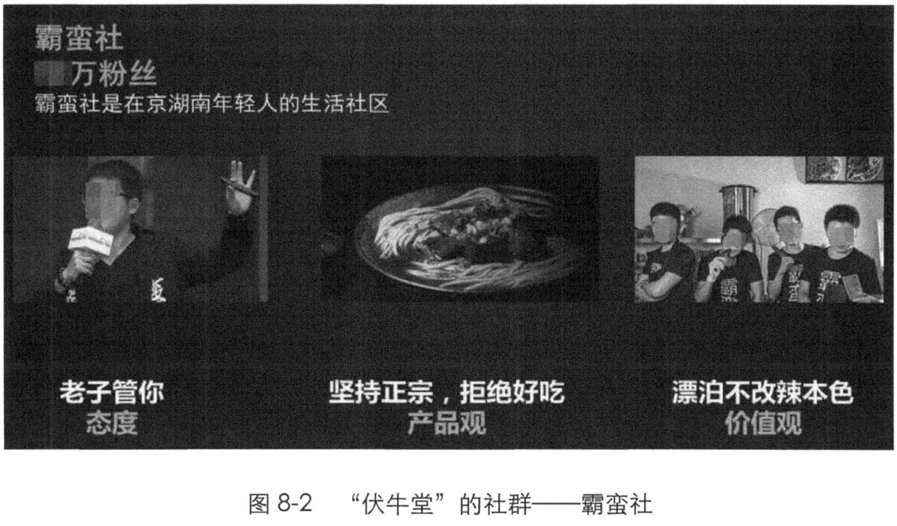

图 8-2　“伏牛堂”的社群——霸蛮社

8.1.2 营销优势，多元化的社群营销载体

随着互联网的崛起，社群营销在未来必然是各大企业的营销趋势。社群营销的载体是多种多样的。它可以是论坛、微博、QQ 群，也可以是线下的社区。它可以是 PC 端，也可以是移动端。总之，只要是能将人群聚集在一起的载体，皆可运行社群营销。

社群营销载体的多样性，是区分社群营销与传统营销的重要依据。下面以图解的形式介绍社群营销优势，如图 8-3 所示。

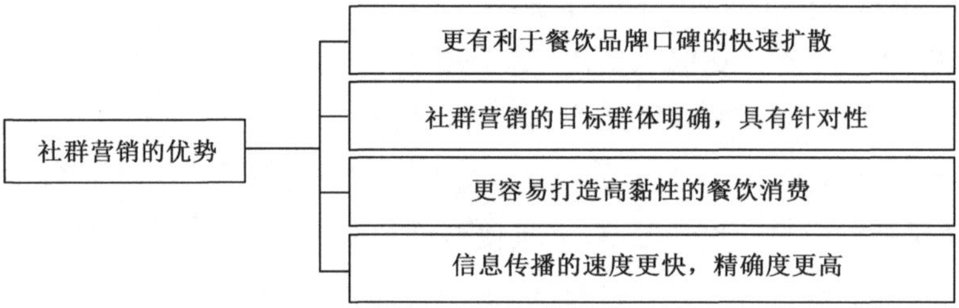

图 8-3　社群营销的优势

就拿罗辑思维来说，它起初以说书的形式，聚集一批爱学习的“粉丝”，随着“粉丝”的增多，慢慢成为如今影响力较大的互联网知识社群。它的目标受众主要集中在 80 后、90 后中的那些有强烈求知欲望的群体。它的主要互动形式有微信公众号、脱口秀视频、会员、贴吧、微信群等。图 8-4 所示为微信公众号罗辑思维推送的文章和商城营销产品。

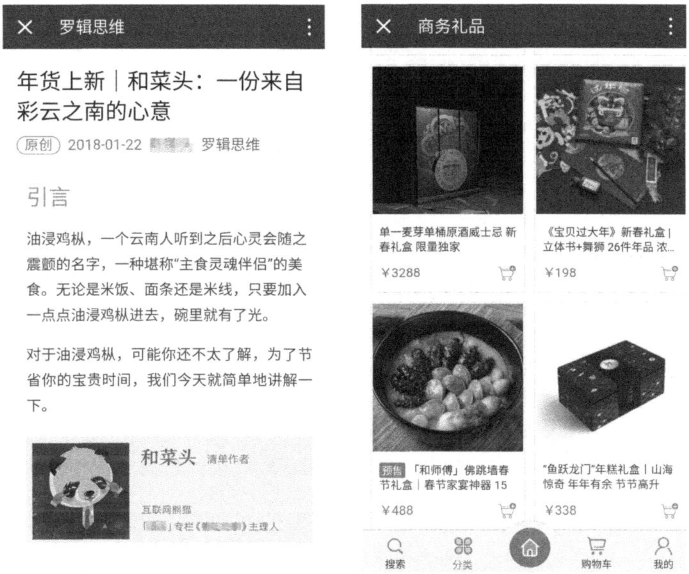

图 8-4 微信公众号罗辑思维推送的文章和商城营销产品

8.1.3 营销原理，买卖双方的价值反哺

企业和消费者之间早已不是卖方与买方的关系了。消费者对产品的要求不再局限于产品功能的本身，也开始注重产品所具有的口碑、形象甚至是文化魅力。企业只有在这些方面做得好，才能更好地赢得消费者的信任。社群营销利用了商家与消费者之间的价值反哺展开营销活动。

餐饮企业让更多的消费者对品牌产生信任之后，就可以让更多有着共同兴趣爱好、认知、价值观的用户组成相应的社群，从而使其发生群蜂效应。这样，消费者在相应的社群里都会营造出 4 种氛围，进而对企业的品牌产生价值反哺。下面以图解的形式介绍社群中常见的 4 种氛围，如图 8-5 所示。

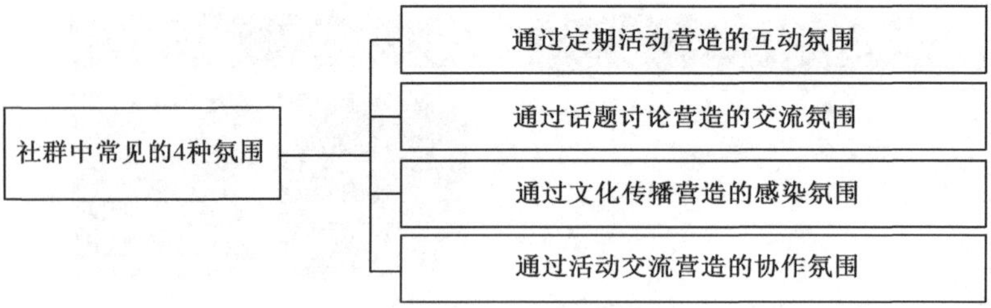

图 8-5 社群中常见的 4 种氛围

猫扑论坛就曾为七喜建立过一个品牌 Club。它给一些具有某些共同兴趣的七喜品牌的爱好者提供了一个交流的平台，也为 FIDO 这个七喜卡通人物形象做了很好的推广，七喜品牌也获得了良好的口碑，如图 8-6 所示。

图 8-6 七喜品牌设计的卡通人物

这种企业与消费者之间所建立的信任与价值反哺的关系，正是企业进行社群营销的体现。值得一提的是，企业品牌在未来的道路上，若没有社群的支持，是很难调动推广势能的。随着商业形态的不断发展，社群营销也是企业进行产品或服务推广的主要方式之一。

总之，社群经济正在开启一个全新的经济发展趋势。具体来说，以后做产品和品牌出身的传统行业的从业者，在拥有自己的“粉丝”的同时，还会有一个价值巨大的社群，他们会利用这个社群开展一系列的营销推广活动。

8.2 四步营销：餐饮业如何“智造”顾客

社群营销离不开用户，用户是社群营销的必备要素。社群营销需要依靠用户才能得以有序运营，才能创造一定的经济收益。餐饮企业要想“智造”顾客，需要掌握有效的方法。本节主要介绍餐饮企业“智造”顾客的技巧与方法。

8.2.1　第一步：主动与用户进行交流

社群电商初期以用户为主，通常用户与产品会进行信息的交流和沟通，但用户的自我表达往往更多，双方在这个时候进行对话和互动是为了进一步了解用户的信息。因此，学会与用户进行交流是用户“智造”的首要步骤，继而才能打造信息体系，进行社交营销和客户服务，实现个体的信息交互。

用户的信息交互过程是根据目标用户群体和行业业务特征来制定的。图 8-7 所示为用户交互的 3 个阶段。

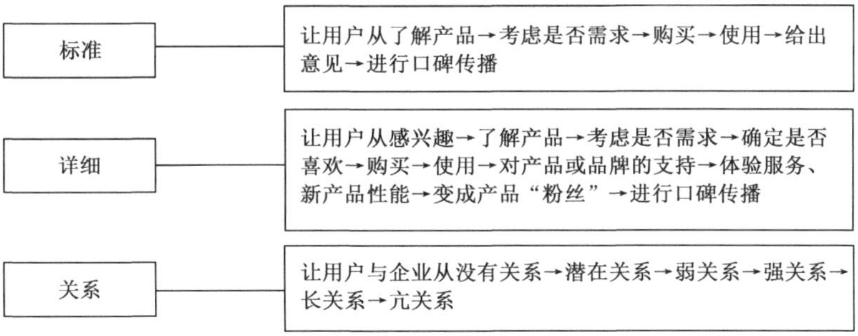

图 8-7　用户交互的 3 个阶段

在互联网大环境中，用户希望无论何时何地、有何需求，都可以直接接触企业。

因此，企业应该在社群电商中建立实时回复体系，这样才能满足用户需求。在社群电商中，用户的参与度是重要的带有指向性的部分。餐饮企业在进行社群运营时，要建立并不断完善信息体系，便于分析用户需求，为后期的社群营销提供信息依据。

用户个体主导的 4 种体验，构成了完整的信息体系。下面以图解的形式介绍用户个体主导的 4 种体验，如图 8-8 所示。

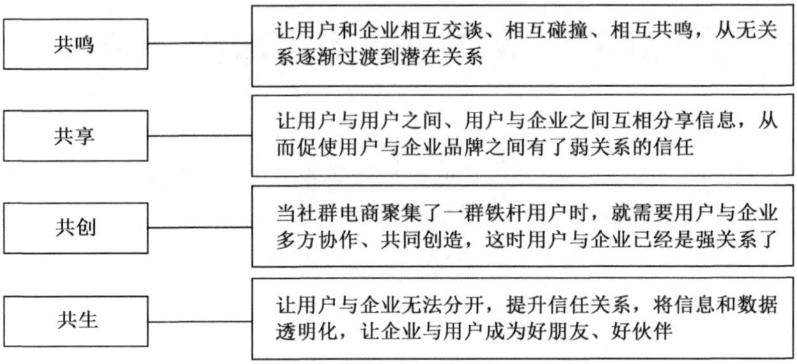

图 8-8　用户个体主导的 4 种体验

不少餐饮企业会主动加强与用户的沟通交流，了解用户的需求，并且会在社群中经常发送一些有关产品的调查问卷给社群成员。了解社群成员的购买习惯、喜欢的产品口感等问题，从而生产出满足消费者需求的产品。图 8-9 所示为某甜品店为了推出新品在社群进行的调查问卷。

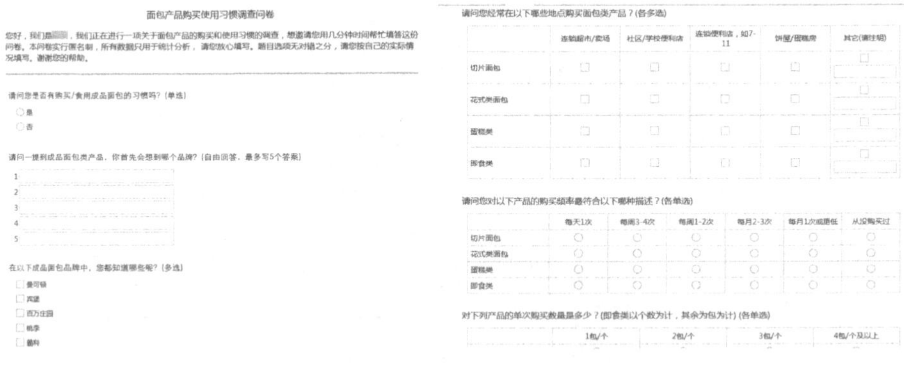

图 8-9　某甜品店在社群发放的调查问卷

8.2.2　第二步：制造用户喜欢的内容

实际上，在社群电商中，“智造”用户的前提条件是用户来创造和分享内容。因为只有这样的内容才能满足用户需求，并提升用户的活跃度，促使用户成为社群电商的目标用户。

餐饮企业在社群发布的内容要满足用户的需求，引发用户的阅读兴趣，如新推出的餐饮产品或者优惠活动信息等。除了制造用户喜欢的内容之外，企业在内容打造上还需要考虑 3 个问题，如图 8-10 所示。

内容度	内容中讨论和评价企业品牌的内容所占据的篇幅
影响度	内容所带来的营销效果、传播效果及转化的价值
相关度	内容中与企业品牌或业务情景相关性的比例

图 8-10　企业在内容打造上需要考虑 3 个问题

某小区的水果店就会经常在自己建立的微信群中发送一些团购、产品折扣信息等来吸引顾客的关注。这样，对于商家来说，一方面可以宣传自身的产品，另一方面也有利于活跃社群的气氛。图 8-11 所示为餐饮商家在微信群中发送的产品信息。

图 8-11　餐饮商家在微信群里发送的产品信息

8.2.3　第三步：培养餐厅的铁杆“粉丝”

“粉丝”是由英文“Fans”音译而来的，意思就是狂热者、爱好者的集合。在互联网时代，“粉丝”的力量更加不可忽视，企业要想打造爆品、树立口碑，就应该大力培养“粉丝”群体，让“粉丝”成为企业口碑的基石。

企业可以通过制订详细的“粉丝”计划来大力培养自己的铁杆“粉丝”，树立相同的观念，最终打造成拥有铁杆“粉丝”的社群电商平台。企业在培养铁杆“粉丝”的过程中，可以从 3 个方面出发，一步一步地进行铁杆“粉丝”的培养计划，如图 8-12 所示。

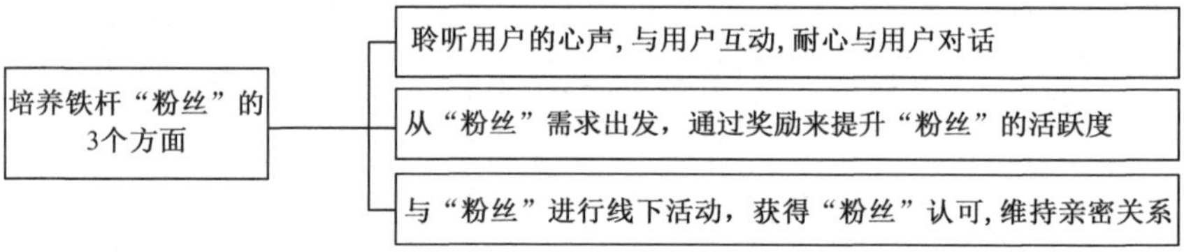

图 8-12　培养铁杆“粉丝”的 3 个方面

下面介绍“粉丝”与口碑打造的关系，看看如何利用“粉丝”来为企业树立口碑，实现“粉丝经济”。

1. 用“粉丝”的语言打响品牌

古语有云：“众口铄金”。如果一个东西被很多人谈到或夸奖，那么这个东西即便本身没有很大的优点，也会被人们熟知。因此，利用“粉丝”群体让企业的品牌和口碑传播出去，才是打造口碑的正确方法。

2. 提升“粉丝”忠诚度

铁杆“粉丝”是“粉丝”的升级版，“关系很铁”意思就是两个人之间的关系忠诚度很高。对于企业而言，铁杆“粉丝”就是对企业品牌忠诚度很高的消费群体。一个企业想要在市场上长久立于不败之地，就必须花心血为自己的品牌培养一定数量的铁杆“粉丝”，让他们成为品牌和口碑的基石。图 8-13 所示为餐饮企业培养铁杆“粉丝”的技巧。

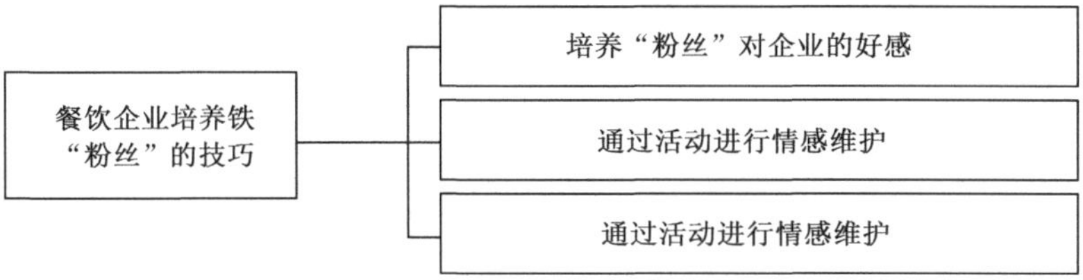

图 8-13　企业培养铁杆“粉丝”的技巧

3. 让“消费带头人”为口碑造势

“粉丝”中的“消费带头人”带有明星和名人的性质，能够带动其他消费者进行企业口碑的宣传。

如自媒体平台和社交平台上的一些拥有众多“粉丝”的大 V 和名人，只要他们稍作推荐，就会使得一大批“粉丝”争相购买，这就是“粉丝”中的“消费带头人”的影响力所在。图 8-14 所示为发挥“消费带头人”作用的方法。

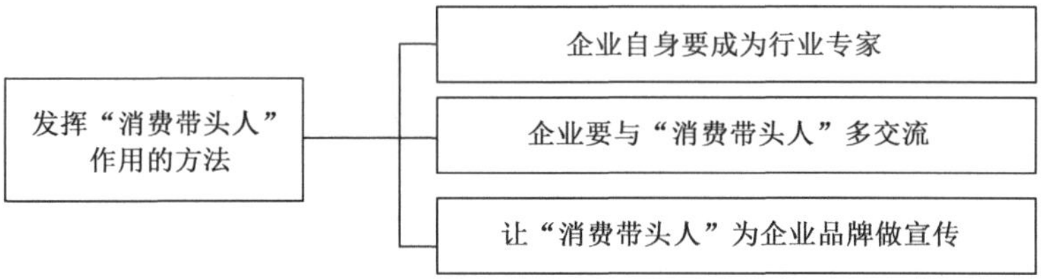

图 8-14　企业发挥“消费带头人”作用的方法

4. 重视“发烧友”群体

“发烧友”也是“粉丝”中的一种，其与前两种“粉丝”不同的地方就在于他们更注重产品的技术含量和品质，是专注于产品本身的一类消费群体。企业如果能够获得一定数量的“发烧友”，那么就不愁自己的产品卖不出去或者无法打造口碑了，因为“发烧友”往往都拥有自身的影响力，可以引起不少消费者的兴趣，并快速为产品和企业树立口碑。图 8-15 所示为获得“发烧友”支持的要点。

图 8-15　企业获得“发烧友”支持的要点

5. 重视“粉丝”的诉求

在如今的市场中，新产品层出不穷，但为大众所熟知的产品却寥寥无几。这种状况产生的原因是虽然设计产品的专家拥有专业的知识和强大的实力，但产品的好坏最终是由消费者说了算的。因此，企业一定要从消费者的角度出发，重视“粉丝”的诉求。

那么，企业应该从哪些方面关注消费者的诉求，使得产品一直受到他们的喜爱呢？图 8-16 所示为企业关注消费者诉求的要点。

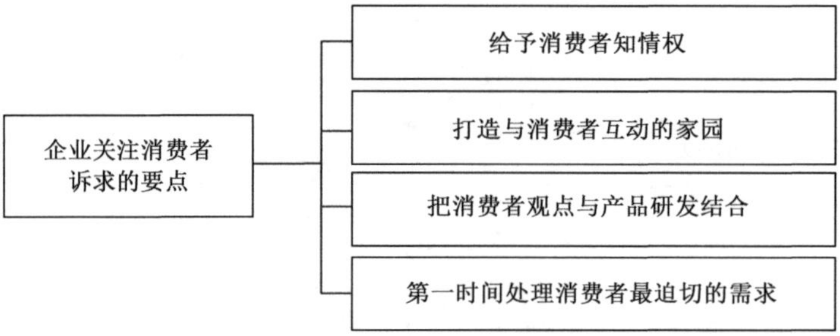

图 8-16　企业关注消费者看法的要点

6. 留住“粉丝”的心

“粉丝”效应的力量不容小觑，这对于企业而言同样如此。一般的顾客不像“粉丝”的黏性那么强，通常是很不稳定的，而“粉丝”不仅稳定性强，而且还会主动为企业口碑和品牌做宣传，有利于企业打造优质口碑。图 8-17 所示为企业如何留住“粉丝”的心。

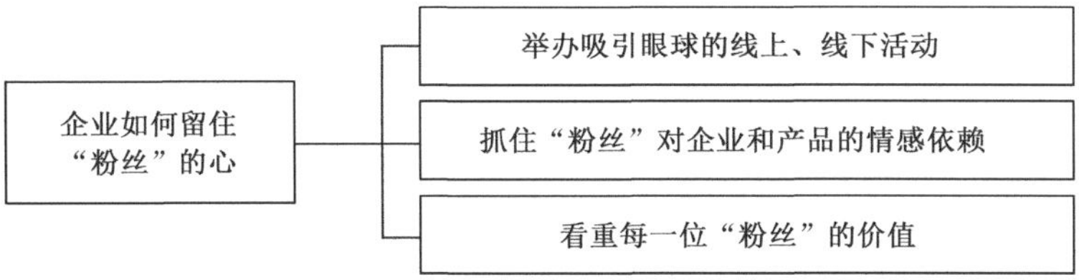

图 8-17　企业如何留住“粉丝”的心

餐饮企业要想培养自己的品牌“粉丝”，就需要加强与消费者的联系。一方面，借助社群发布产品信息，进行餐饮产品的宣传；另一方面，通过定期组织线下活动，加强与用户的接触，宣传品牌文化，增加用户对品牌的认可度。图 8-18 所示为一家名为“千味涮火锅”餐厅组织的线下试吃活动。

图 8-18　“千味涮火锅”餐厅组织的线下试吃活动

8.2.4　第四步：注重质量产生好口碑

在社群电商中，想要顺利实现用户的“智造”，就需要使用一些小窍门，如赠送优惠的礼品、用户之间的口碑推荐等来打响企业品牌，树立良好的形象。口碑的打造离不开“粉丝”，只有“粉丝”认可产品，才会推荐给自己身边的人，从而形成口碑。

为消费者提供高品质的餐饮产品是打造消费者口碑的重要环节，也是打造高人气“网红”食品的重要途径。从某种程度上说，“网红”食品的高人气依赖于消费者的口碑传播。下面以图解的形式介绍形成口碑的主要途径，如图 8-19 所示。

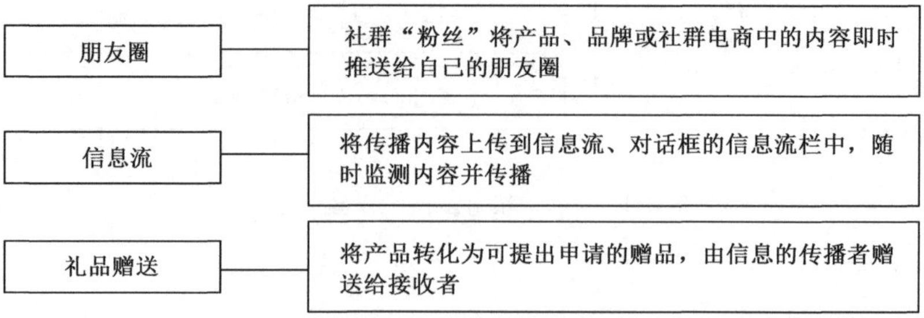

图 8-19　形成口碑的途径

“粉丝”口碑推荐主要分为两个部分：口碑推荐的出口部分和口碑推荐的入口部分，如图 8-20 所示。

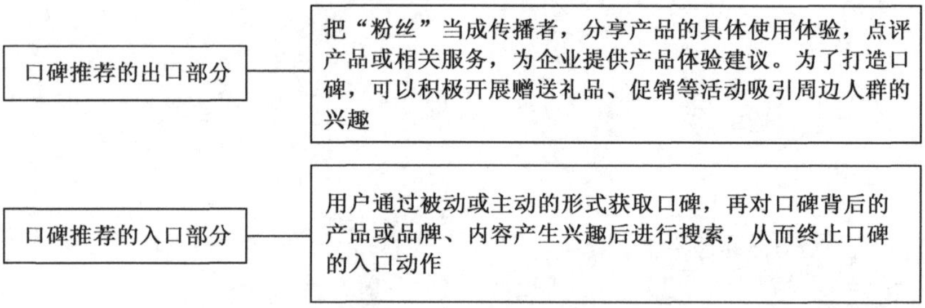

图 8-20　“粉丝”口碑推荐的两个部分

在打造“网红”食品的过程中，除了选择合适的口碑传播途径之外，还需要掌握一定的营销技巧。图 8-21 所示为“网红”食品的营销技巧。

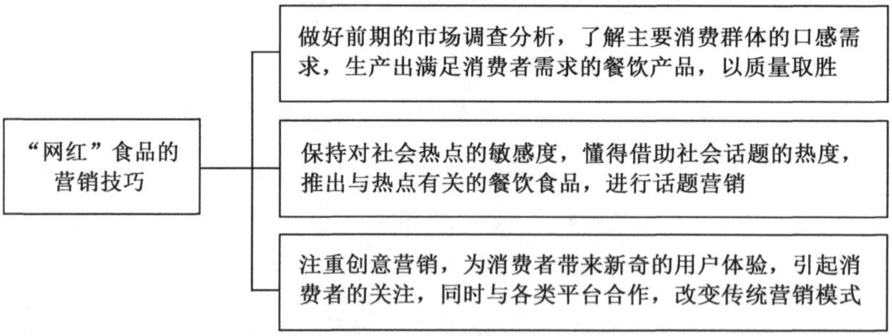

图 8-21　“网红”食品的营销技巧

“西少爷肉夹馍”作为一个互联网餐饮品牌，在产品的营销过程中不仅注重与互联网的深入合作，也十分注重产品的质量，致力于为消费者提供优质的餐饮产品，打造品牌口碑，从而实现“粉丝”经济。

图 8-22　“西少爷肉夹馍”的主打产品

西少爷肉夹馍的主打产品是陕西关中肉夹馍，在产品的原料选择上使用上好的肉类，精心熬制陈年老汤；从制作工艺上，坚持“古法烤制”，保留食物的原汁原味；从口感上，肉质软糯，糜而不烂。

正因为“西少爷肉夹馍”注重产品的质量，才能在短时间内获得超高人气。图 8-22 所示为“西少爷肉夹馍”的主打产品。

8.3 提升人气：餐饮社群的营销技巧

对于社群营销来说，微信就是一个社群载体，但并不是每一个微信群都是社群，也并不是每个公众号都在运用社群营销。要想在微信这个社交平台玩转社群营销，需要掌握一定的社群营销技巧。本节以微信为例，介绍社群创建、管理、运营、品牌塑造及活跃氛围的相关技巧。

8.3.1 社群创建，积极维护社群秩序

微信群是比较私密的，群的概念比较内敛，更多是一些好朋友、小圈子，人数不多。人人都有理由建立一个微信群，然后在微信群中不断交流，个人可以拉近与朋友之间的感情，企业可以拉近与“粉丝”之间的距离。

微信群有一个非常大的特点：“免费”，且不说运营群的方面，单单建群，就无须花费费用，只要有微信里有朋友，就能免费建群。微信中的成员都可以直接把自己的微信好友拉入群，通常并不需要对方同意就可加入，当然对方一般也会同意。

建立微信群比 QQ 群更加简单，其具体操作步骤如下：

步骤 01 进入微信“通讯录”界面，❶单击“群聊”图标，即可进入微信群聊界面，❷单击群聊界面右上角的“＋”号按钮＋，接着进入“发起群聊”界面，如图 8-23 所示

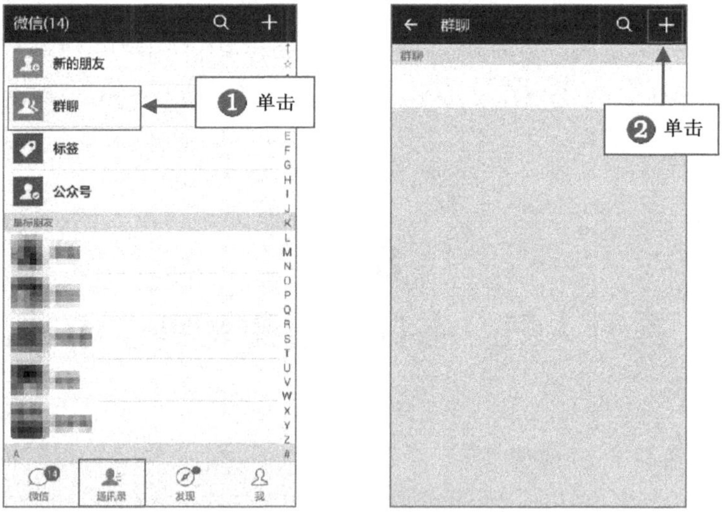

图 8-23 进入群聊界面

步骤 02　先在群聊界面❶选择相应的好友，❷单击“确定”按钮，如图 8-24 所示。

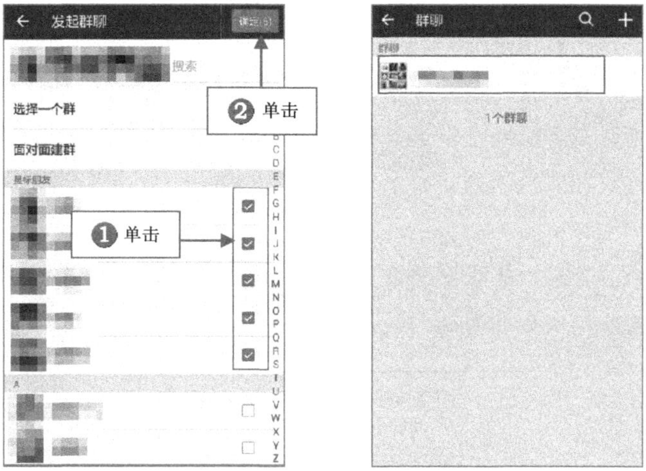

图 8-24　选择相应的好友建立新群

步骤 03　成功新建一个微信群，微信群成员就可以在群里互相交流，可以通过语音文字、表情包等传递情感。❶单击右上角的“聊天信息”按钮，❷即可修改群用户、群聊名称、群二维码等，如图 8-25 所示。

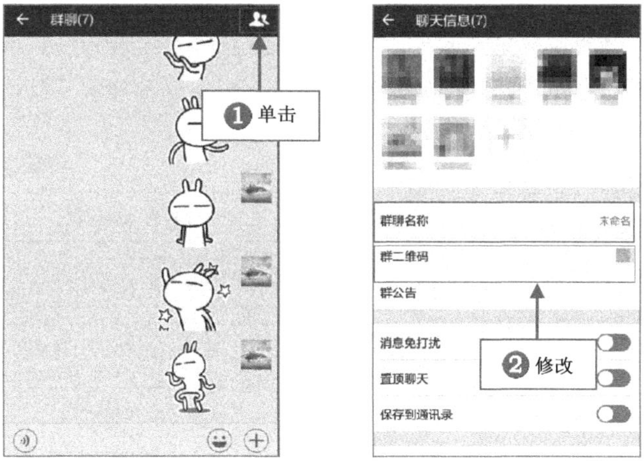

图 8-25　创建与设置微信群

8.3.2 社群管理，主动提升社群热度

社群管理是社群运营的重要环节。只有做好社群管理，保证社群内部的活跃度，才能便于餐饮企业充分借助社群展开营销活动。目前，用户只能通过群中的人邀请和扫二维码的方式加入微信群。如果是群中的人添加用户，则不需要验证，可直接进入微信群。

要想做好社群管理，社群管理者需要掌握一定的管理技巧。下面以图解的形式介绍社群管理的技巧，如图 8-26 所示。

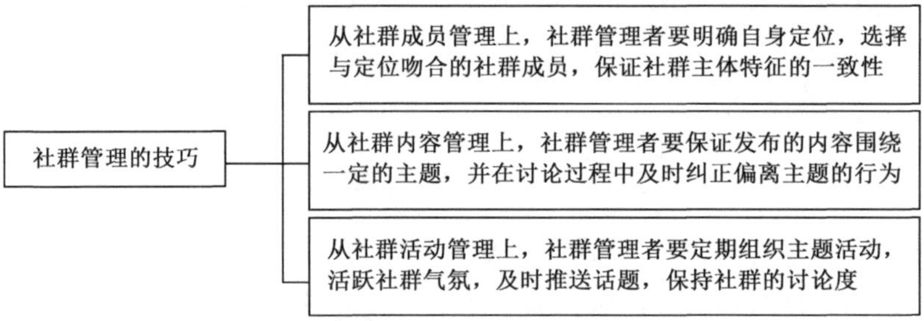

图 8-26　社群管理的技巧

社群管理者在实际管理过程中，要想管理好社群，实现有序运营，需要采取必要的措施来维护社群秩序。下面以图解的形式介绍社群管理的具体措施，如图 8-27 所示。

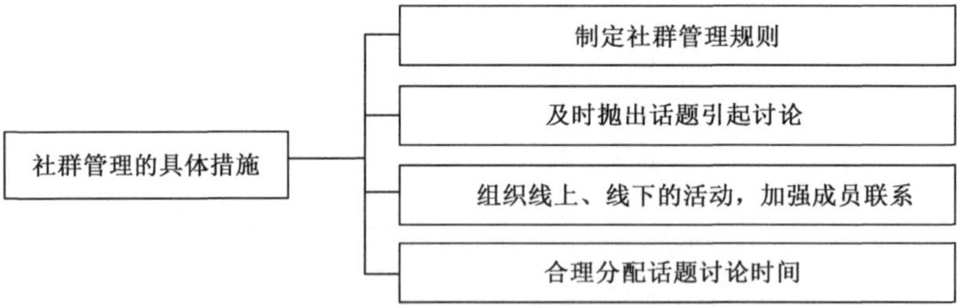

图 8-27　社群管理的具体措施

社群管理的重点和难点在于两方面：一是社群成员的选择，二是提升社群热度。餐饮企业在选择社群成员时，需要结合自身的产品定位，确定目标人群。例如，推出的是新品火锅，那么社群成员的共同特征之一就是爱吃火锅，喜欢烫食的消费者。社群管理的另一难点在于通过提升社群热度。进行社群管理时除了可以提出话题展开讨论，还可以通过组织线下活动增加社群活跃度。图 8-28 所示为一个名为“吃货俱乐部”的微信群话题讨论。

图 8-28　微信群的话题讨论

8.3.3　社群运营，定制社群运营模式

如今不少的微信群已经成为消费者搜索产品、品牌，进行互动交流的重要场所。微信群组可以实现一对多的沟通，为企业提供接近消费者的互联网平台。在运营社群时要明确社群运营的常见方式，从而根据实际情况，选择合适的社群运营方式。

社群营销在微信群中的 4 种运营方式如图 8-29 所示。

内容运营	针对群的定位每天发布1～5条固定内容，以微信优惠群为例，每天发布3条，内容以特价商品为主
活动运营	有共同爱好的成员可以根据热点话题展开讨论；定期开展猜谜语、讲笑话等小游戏；配合官方活动同步开展微信活动
会员运营	积极与群内活跃成员沟通，确立社群核心成员，带动其他成员参与度；设立类似群主的职位，帮助维持群内秩序
微信群矩阵	建立多个微信群和公共号，互相推广，使“粉丝”利用最大化，要努力让社群成员主动变成企业的推广专员

图 8-29　微信群中的 4 种常见运营方式

如何根据移动互联网时代的特点打造满足不同顾客群体的需求呢？海底捞是较早试水 O2O 营销的餐饮连锁服务企业之一，凭借在微博、点评网站等互联网平台的口碑，海底捞迅速聚焦起了大量忠实“粉丝”。随着社群时代的来临，海底捞看中了微信的市场，于是借助微信这一平台进行营销活动。

在做微信社群营销之后，海底捞更是把极致的服务从线下提升到了线上平台。海底捞微信公众号不单单是一对多的社群平台，它还是多对多的社群平台。海底捞微信公众号中有一个“Hi 游戏”的功能，很多用户会因为感到新奇而尝试去玩，从而加深用户与企业之间的联系，这样的互动体验显得更富有创意，如图 8-30 所示。

图 8-30　“Hi 游戏”

8.3.4　品牌塑造，增加餐饮产品人气

餐饮企业要想塑造独特的品牌形象，增加品牌的知名度，就需要增加产品的人气。随着社群时代到来，餐饮企业可以借助多种社交平台，如微信朋友圈、公众号及微信群等开展社群营销活动，提升产品关注度，从而增加自身品牌的影响力。

餐饮企业在借助朋友群、微信群等社交平台进行社群营销时，为了达到社群营销的最佳效果，需要掌握一定的营销技巧。以朋友圈为例，介绍社交平台进行社群营销的技巧，如图 8-31 所示。

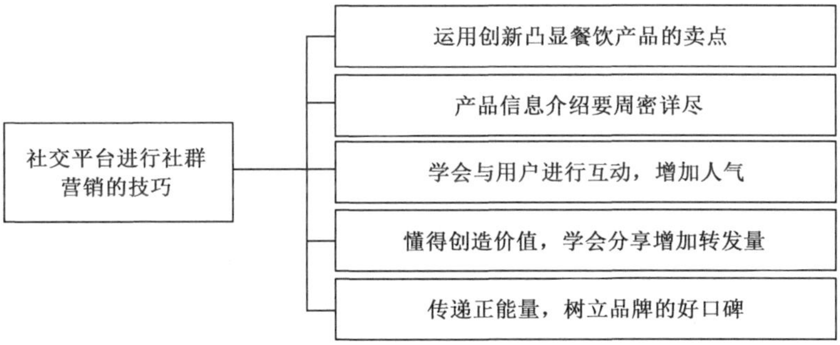

图 8-31　社交平台进行社群营销的技巧

致力于打造美食的企业可以通过微信朋友圈发布一些关于美食的广告或配上富有创意的文案，就能有效吸引用户的注意力，从而增加用户黏度。图 8-32 所示为在朋友圈分享美食的麦当劳，利用“视频＋热点”的模式推广新产品。

图 8-32 朋友圈美食分享

8.3.5 红包发放，活跃餐饮社群气氛

“红包”代表着喜庆、祝福，例如，某些节日长辈会给小辈发红包、老板发红包给员工表示鼓励等，随着社会发展，发红包的方式也发生了变化。“发红包”已经变成了“抢红包”，而微信群也成为“抢红包”的好场所，也因为微信的便捷性，更多的社群成员希望参加进来，从而能在自己所在的社群中享受“抢红包”的乐趣。如今，红包已经成为企业活跃社群氛围的重要手段。

如果想要在社群运营中更加充分地利用“抢红包”这一活跃气氛的手段，还要注意几方面的问题。下面以图解的形式介绍利用“抢红包”活跃气氛的注意事项，如图 8-33 所示。

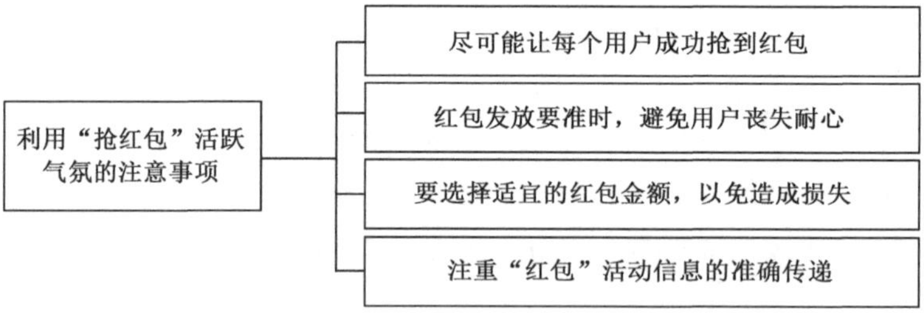

图 8-33 利用“抢红包”活跃气氛的注意事项

图 8-34 所示为某商家打造的红包福利群，商家每天中午 12:00 与下午 5:00 准时在群内发送红包，看得出群里的消费者已经与商家产生了一种潜移默化的黏性，并且商家能得到很好的响应。

图 8-34　某商家红包福利群

第 9 章

微信营销：餐饮推广从朋友圈开始

随着微信这一社交平台的迅速崛起，微信聚集了大量的用户。因此，不少餐饮企业或商家越来越注重通过微信营销这一方式来推广自己的餐饮产品，扩大自身品牌的影响力。本章主要介绍借助微信平台进行餐饮营销的技巧与方法。

- 朋友圈营销：主动分享式的餐饮营销。
- 公众号营销：餐饮业营销的新标配。
- 小程序营销：借助 LBS 获得最佳的营销效果。

9

9.1 朋友圈营销：主动分享式的餐饮营销

朋友圈是一个以熟人关系为基础建立的圈子，为每个微信用户分享生活的点滴提供了一个平台。正因为朋友圈聚集了大量的用户，不少餐饮商家开始利用朋友圈进行产品营销。本节主要介绍朋友圈营销的技巧与方法。

9.1.1 巧妙晒单，引发顾客心动的手段

餐饮商家在微信朋友圈进行餐饮营销活动推广的过程中，除了需要发美食菜品的图片和基本信息以外，为了让顾客信任，也可以晒一些成功的交易单或者好的用餐评论，以此来引起顾客的兴趣，激发消费者的购买欲。

从营销角度来说，适度晒一些交易单之类的营销信息，可以大大刺激消费。那么晒交易单究竟有什么好处呢？餐饮商家将产品的销售情况晒到朋友圈，能够极大地增加其他消费者对销售产品的信任，同时激发消费者的好奇心，起到刺激消费的作用。餐饮商家在朋友圈晒单需要遵循如下两个原则：

1. 适度

在晒单的过程中必须适度。因为微信好友们对刷屏是十分反感的，毕竟微信朋友圈是私人社交场所，所以，万万不能犯了这一营销大忌。对于餐饮商家来说，晒单是十分有必要的，任谁看到大量的成交量都会对商品本身产生心动和好奇，所以，这一点上我们需要把握好尺度。

2. 真实

必须在单据上显示真实的信息。我们必须将所有真实信息给微信好友们看，以诚信为本，否则会让消费者觉得我们不真实，从而产生排斥的情绪。朋友圈的走单广告最好以图文并茂的方式展示，这样才能吸引一部分消费者前来光顾。

餐饮商家在晒单的过程中，要突出产品的重要信息，最好采用图文并茂的形式对产品进行说明。图 9-1 所示为某餐饮商家在朋友圈晒的走单广告和下单信息。餐饮商家利用图片对产品进行宣传，激发消费者的购买欲，然后通过视频拍摄具体的发货情况，从而增加消费者对产品的信任。

图 9-1 走单广告和下单信息

9.1.2 多晒好评，巧让事实说话的方法

我们在餐饮营销活动推广的过程中，除了需要发美食菜品的图片以外，为了获得顾客的信任，还需要把我们的好评拿出来“晒一晒”。多晒好评，让事实说话，

用消费者的口碑说话，对其他消费者而言更具有说服力。

餐饮商家要想多晒好评，首先需要了解有哪些晒好评的渠道。餐饮行业晒好评的渠道主要有两种，一种是通过微信朋友圈；另一种是通过线上餐饮的 O2O 平台。

这里主要介绍如何在微信朋友圈晒好评。餐饮商家之所以选择微信朋友圈晒好评，主要是由于微信朋友圈具备 O2O 平台不具备的优势。下面以图解的形式介绍微信朋友圈晒好评的优势，如图 9-2 所示。

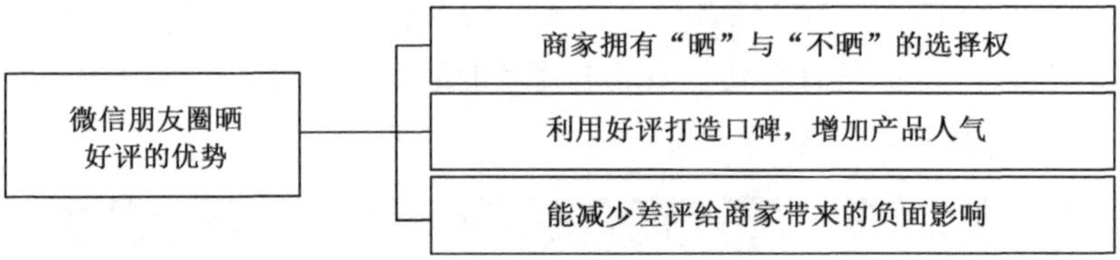

图 9-2　微信朋友圈晒好评的优势

餐饮商家要想通过晒好评达到预期的营销效果，需要打造一个良好的评价环境。下面以图解的形式介绍打造良好评论环境的方法，如图 9-3 所示。

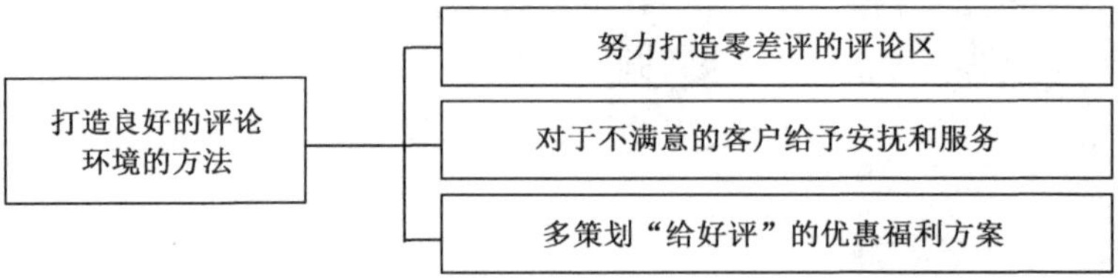

图 9-3　打造良好评论环境的方法

如今微信已成为国内最大的社交软件，消费者会通过微信平台向商家咨询菜品信息。有时买单也会通过微信支付，有些消费者也会在微信中对餐饮菜品进行认可、表扬，商家可以将这些信息进行截屏，然后将评价晒到各大网络社交平台。图 9-4 所示为两组微信对话形式的好评。

图 9-4　微信对话好评截图

9.1.3　视觉图片，凸显菜品外形的载体

目前，微信成了我们生活中不可缺少的一部分，同样，作为微信附属工具的朋友圈也日益重要。随着朋友圈的不断普及，各种广告纷至沓来，广大的餐饮商家也要把握好这一绝佳的宣传“要地”。

微信朋友圈的广告品类繁多，风格也不尽相同，但归结到餐饮行业，我们发布的朋友圈营销广告离不开图片。如何利用视觉图片突出餐饮产品特色，为消费者带来强烈的视觉冲击，从而达到预期的营销效果，是餐饮商家应思考的问题。下面以图解的形式介绍视觉图片的设计内容，如图 9-5 所示。

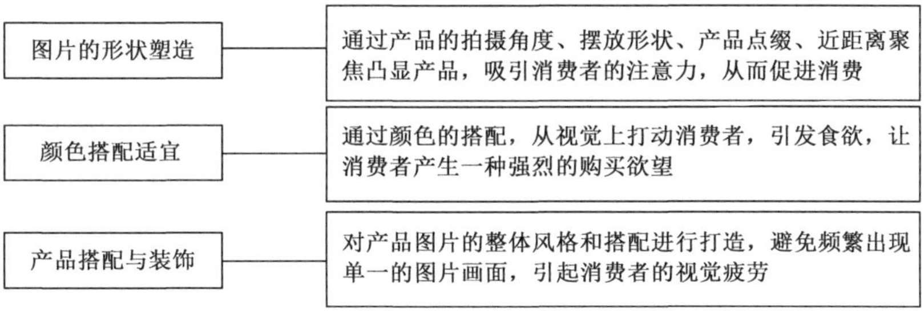

图 9-5　视觉图片的设计内容

图 9-6 所示为某烘焙店在朋友圈发布的产品图片。不难看出，商家在图片的设计上花费了很多心思。首先从产品本身的形状上看，类型多样，多种元素综合运用，借助卡通人物形象凸显蛋糕真实、可爱的特点；从产品的颜色搭配上看，以白色和粉色为主，打造产品梦幻、奇妙的氛围，而运用黄色、蓝色等色调则是为了与产品主题契合。

图 9-6 某烘焙食品商家朋友圈案例

9.1.4 推送广告，抢占用户的第一视线

从营销角度来说，商户最好都能选择“文字＋图片”模式来发朋友圈广告。因为太过冗长的广告文字一般都不被用户所认同，大家都不愿意在休息娱乐时间看广告文案。当然，也不能全是图片，因为营销所需要的关键信息量必须放上去，才能够称为一个完整的广告。

餐饮商家在朋友圈发布广告时，注重文字说明的同时，还需要搭配相关图片来对广告进行润色。图文并茂是推送广告的重要原则。基于这一原则，餐饮商家在写朋友圈广告软文时，需要掌握一定的技巧。下面以图解的形式介绍朋友圈广告软文的撰写技巧，如图 9-7 所示。

突出重点	采取“开门见山”的方法将重点内容归纳在主旨句的位置，避免读者错失重点信息
结合热点	利用热门话题热度，增加推送产品的关注度，从而起到推广作用
设置悬念	在广告文案中设置悬念，为产品增加神秘感，从而引发消费者的好奇心

图 9-7　朋友圈广告软文的撰写技巧

图 9-8 所示为两位商家在朋友圈发送的产品广告。不难看出，第一位商家能准确地把握消费者的需求痛点，在广告中一句“刚下飞机”突出了产品的新鲜可口；第二位商家能够结合热点，推出“网红食品”——脏脏包，利用其本身的关注度，增加店铺的访客量与销售量。

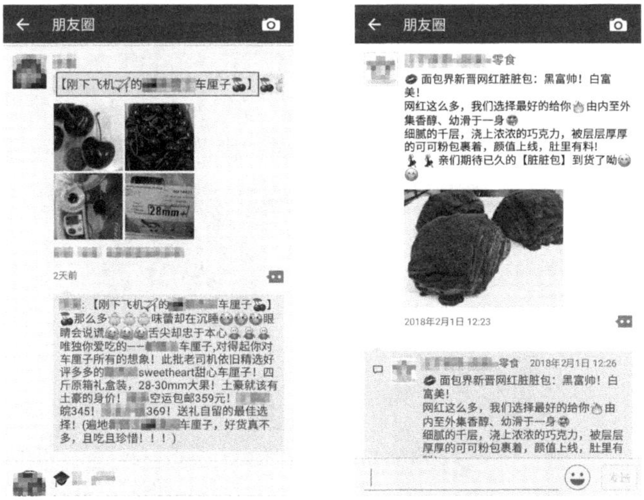

图 9-8　两位商家在朋友圈发送的产品广告

9.1.5 信息评论，传递餐饮内容的渠道

在微信朋友圈中进行餐饮营销，商家首先应把自己当作顾客的朋友，以一个好友的身份切入，为广大消费者提供优质的餐饮产品和贴心周到的服务，从而获得消费者对品牌的信任与认可。

商家在发朋友圈进行营销时，如果广告文本超过 140 字，则文字可能会被折叠起来。这时，消费者很少会点进全文仔细阅读。所以，商家应该想一个办法让自己所写的内容能够完整地被大家看到。在评论区发布产品信息就是一个很好的解决方法。图 9-9 所示为信息评论展示产品信息的技巧。

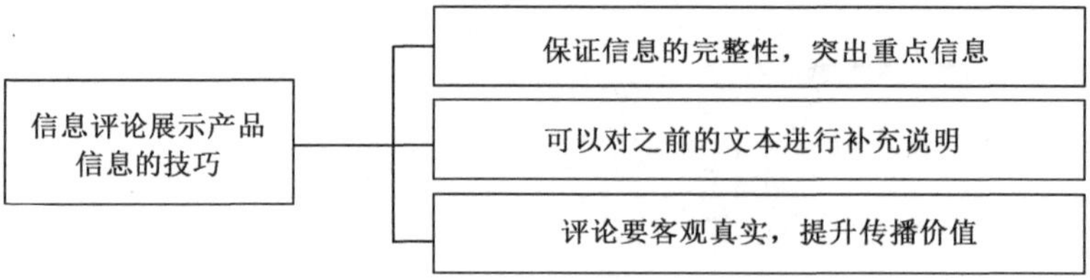

图 9-9　信息评论展示产品信息的技巧

在图 9-10 所示的两张图中，这位商家都发了一条关于产品的朋友圈。为了便于朋友圈的用户了解产品信息，将一开始写好的文本重新复制并粘贴到评论区中。这样做，一方面有利于消费者阅读，另一方面对商品信息起到突出强调的作用。

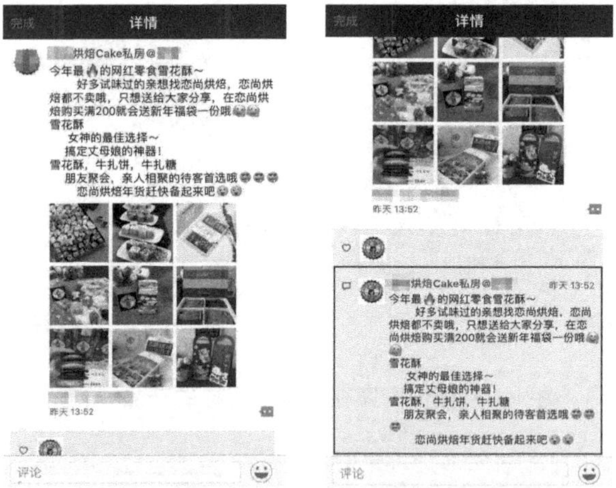

图 9-10　评论处复制营销信息效果图

9.1.6　好友分享，受到利益驱使的行为

利益刺激是驱使微信好友主动分享的主要因素。在微信朋友圈的信息中，假如信息中设置的利益是微信好友所需要的，那么，餐饮产品和服务信息获得主动分享的可能性就非常大，其信息传播的广泛性和快速性也就会提升。

接下来从两个方面为大家介绍如何用利益驱使好友转发分享商品信息。

1．分享、转发朋友圈送好礼

分享、转发朋友圈送好礼是最常见也是最通用的方式。商家通过制定的某种优惠方案（如代金券、免费餐、折扣优惠等），促使消费者自发地为商家传播该条朋友圈。下面以图解的形式为大家详细介绍该方式的逻辑，如图 9-11 所示。

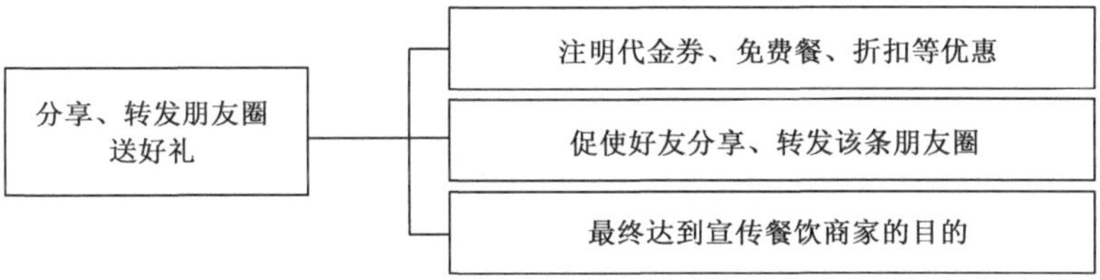

图 9-11　分享、转发朋友圈送好礼的逻辑关系

2．与微信好友产生共鸣

要想使消费者产生共鸣，首先要对消费者的需求做一个充分调研，了解之后，再有针对性地发朋友圈信息，让消费者进行分享和转发。图 9-12 所示为微信好友分类及转发喜好。

职场人士	职场知识、处世之道、释压鸡汤及经验分享
在校学生	文学艺术、学业知识、故事杂文及时尚热点
老年人	健康养生、文化故事、儿女情长及情感视频
企业老板	为人处世、经济学说、管理知识及社会万象
农业人士	农业知识、乡村文学、易懂故事及趣味视频
学校教师	社会新闻、师生情况、校园讯息及诗词歌赋

图 9-12　微信好友分类及转发喜好

图 9-13 所示为餐饮商家通过点赞赢取优惠的活动让好友转发到朋友圈的案例。第一条是通过点赞转发赢取“赠送礼品”，第二条是集赞获得礼品券的活动。这两个活动的共同点在于都给予消费者一定的利益促使好友转发分享。

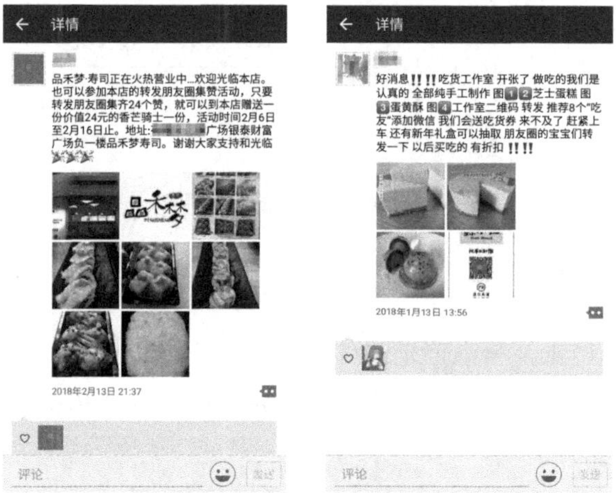

图 9-13　分享、转发朋友圈送好礼的案例

9.2 公众号营销：餐饮业营销的新标配

微信公众号是微信的一个重要功能，也是移动互联网环境下进行餐饮营销的重要平台和主要途径。那么，商家如何通过微信公众号进行餐饮产品的营销呢？本节就进行详细讲解。

9.2.1　菜单设计，为消费者提供便利

从餐饮微信公众号的总体分布上来看，超过七成餐饮企业和商家开通了订阅号或服务号。在这些已经应用了微信公众号的餐饮企业和商家中，有超过六成的公众号进行了认证，目的在于突出自身的品牌，能让消费者更容易辨识。公众号菜单设计是否合理，会对公众号的运营产生一定的影响。

在微信公众号界面中，菜单的设计更容易让消费者找到自己需要的信息。设置了页面菜单的微信公众号可以通过相应菜单与用户进行交互，真正做到把微信公众号、餐饮服务和用户连接起来。

如何才能通过菜单与用户进行沟通？或者说菜单怎么设计才能更好地为用户提供服务呢？下面以图解的形式介绍公众号菜单设计的原则，如图 9-14 所示。

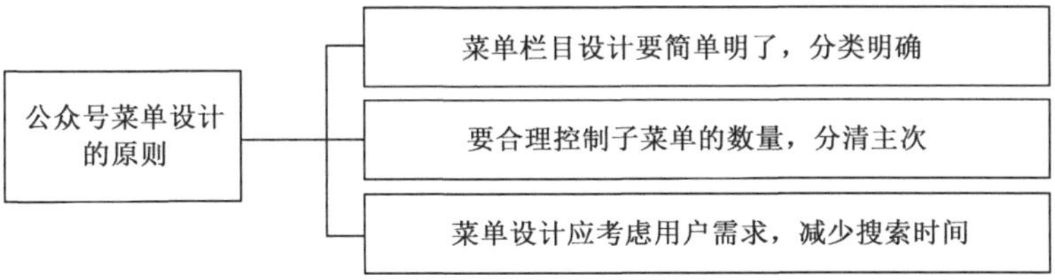

图 9-14　公众号菜单设计的原则

图 9-15 所示为“海底捞外送”公众号设菜单页面。“海底捞外送”在公众号的菜单设计上遵循极简原则，一级菜单主要分为“我要订餐”“服务&产品”“会员卡”3 个栏目，在各一级菜单下又分设了多个子菜单来保证信息的完整性。

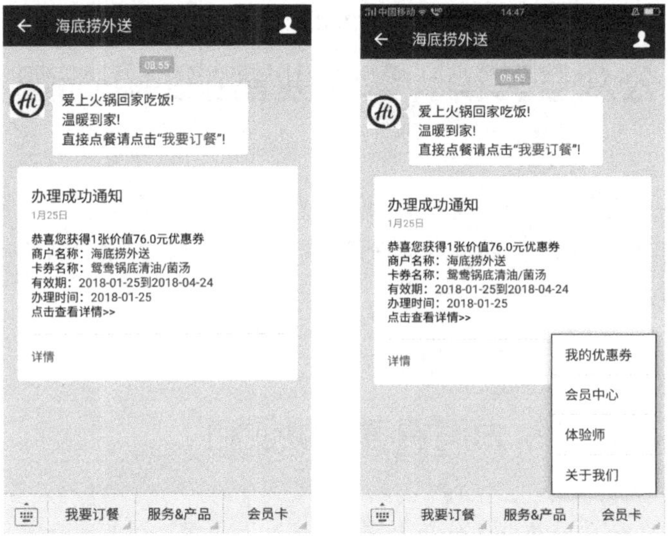

图 9-15 “海底捞外送”公众号设计界面

为了便于用户操作，子菜单的数量应控制在 2~4 个。除此之外，公众号“海底捞外送”在菜单设计上也十分注重主次关系，主要体现在将“我要订餐”放在菜单的第一栏目的位置上，体现了“订餐服务”的重要性。可见，“海底捞外送”的菜单设计确实符合用户的使用习惯，能更好地为用户提供便利。

9.2.2 信息推送，凸显信息的诱惑力

餐饮企业合理、有效地应用各种途径推广公众号和公众号内的信息，可以实现餐饮与微信公众号的跨界融合和发展。餐饮商家在推送信息时要注重凸显信息的诱惑力，从而吸引消费者的关注。

下面将具体介绍餐饮微信公众号的推广信息需要注意的方面。

1. 标题

标题是衡量一篇文章好坏的重要依据，因为无论文章的主题内容是什么，首先吸引用户单击阅读的都是强大的标题，所以，撰写一个有吸引力的标题是很有必要的。下面以图解的形式为大家分析写标题应该遵循的原则，如图 9-16 所示。

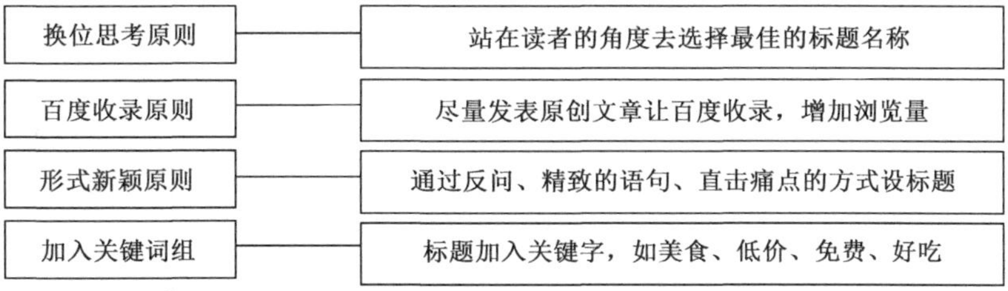

图 9-16　写标题应遵循的原则

2. 图片

图片是商家进行微信公众号运营时的有力武器，一张好的图片能给微信公众平台的读者带来比较好的视觉感受，也能为平台上的文章锦上添花。微信公众号文章的图片由 3 个方面组成：一是公众号的头像；二是文章的主图；三是文章的封面图。公众号头像是读者最先看到的图片内容，为了充分彰显自身的品牌，一般餐饮企业会将其设置成企业的 Logo。

3. 正文

虽然说标题和图片是读者对公众平台推文的第一印象，但一条公众号的文章推送，最重要的还是其内容本质。因此，文章的正文撰写是非常重要的，它决定着微信公众平台运营的好坏。

基于此，我们要不断去尝试，通过文章的阅读量去筛选和总结自己的思路，这样，公众号文章就会有越来越多的人看。

著名的餐饮品牌“温鼎精致火锅”在信息推送上做得比较好。图 9-17 所示为温鼎火锅的公众号。不难看出，为了充分彰显自身的品牌，温鼎火锅直接把品牌 Logo 设置为公众号的头像，从而起到了突出强调信息的效果。除此之外，温鼎火锅推送的文章，从标题到正文图片的选择都可以用“精准”来形容。文章的标题抓住用户的需求痛点，用“福利”“免费”等富有诱惑的字眼来吸引读者关注，文章中选择的主图也是紧扣主题，运用火锅的代表元素来贴合整篇文章的风格。

图 9-17　温鼎火锅的公众号页面展示

9.2.3　活动引流，通过线上为线下引流

对于微信公众平台运营者来说，前期的平台“粉丝”量是有限的，因此，应运用一些引流技巧进行推文导粉。通过线上活动将“粉丝”引到线下门店，有利于增加门店的人气，提高品牌的影响力。

餐饮商家想要借助微信公众号的线上活动来为线下实体门店引流，需要掌握一定的引流技巧。下面以图解的形式介绍微信公众号引流的技巧，如图 9-18 所示。

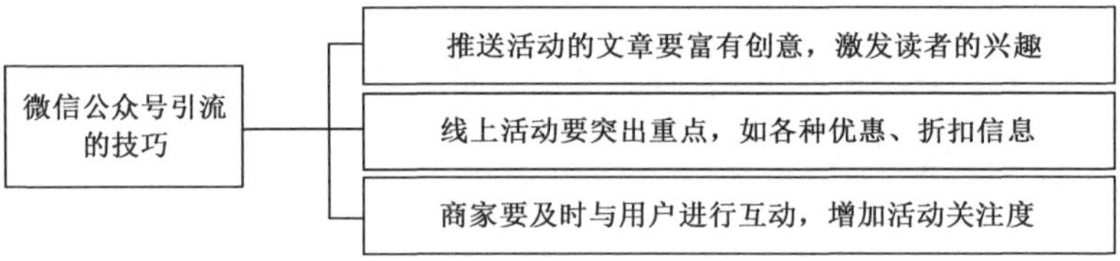

图 9-18　微信公众号引流的技巧

著名的餐饮品牌“小肥羊”就积极利用线上活动为线下门店引流。图 9-19 所示为“小肥羊”公众号发布的线上活动信息。“小肥羊”推送的文章都极具创意，无论是文章中极具感染力的产品图片，还是文章的排版、字体颜色大小的选择都突出了活动信息的重点，再加上限量供应、赠送围裙等重点信息都用了红色字体进行强调。

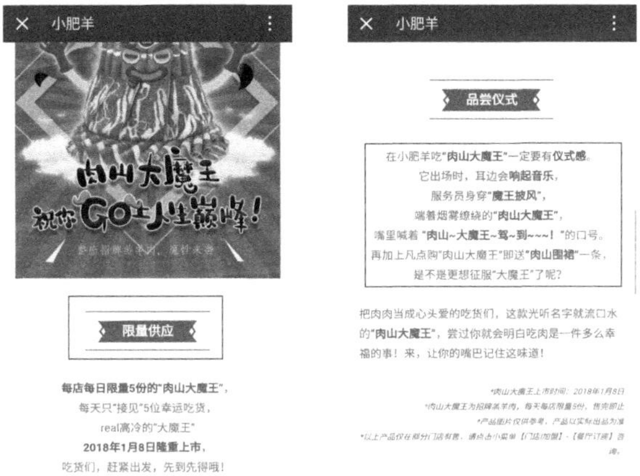

图 9-19　“小肥羊”公众号发布的线上活动信息

9.3 小程序营销：借助 LBS 获得最佳的营销效果

微信小程序具有“即用即走，随手可得”的特点，引起了社会的广泛关注。利用微信小程序进行产品营销，也成为不少餐饮企业进行营销活动的重要选择。可以说小程序的出现开启了一个全新的移动智能时代。本节主要介绍小程序营销的相关知识。

9.3.1 定义说明，用完即走的应用程序

“小程序”是微信的一种新应用形态，重在给优质服务提供一个开放的平台，将用户手机上的各种 App 集成到微信中，不用下载，不用安装，直接点开即可使用，是一种全新的互联网产物。图 9-20 所示为微信小程序的使用特点。

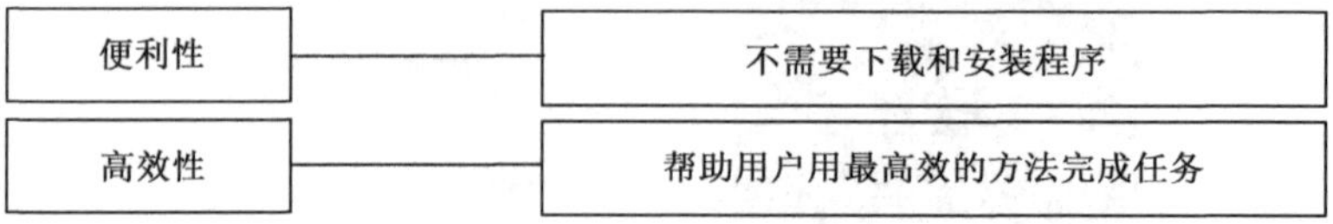

图 9-20 微信小程序的特点

在实际的操作过程中我们会发现如果微信版本过旧，微信小程序是不会出现入口的。下面介绍微信版本更新的步骤。

登录微信，❶单击下方的“我”按钮，❷单击“设置”按钮，进入“设置”页面，如图 9-21 所示；❸单击页面中的“关于微信”按钮，进入“关于微信”界面，如图 9-22 所示；❹单击“版本更新”按钮，即可完成更新，如图 9-23 所示。

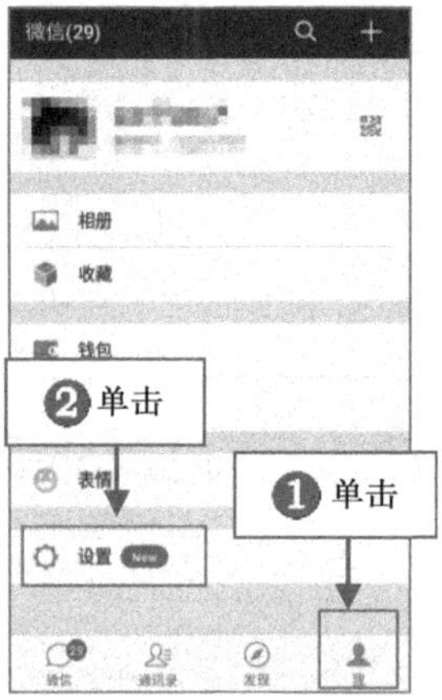

图 9-21 单击“设置”按钮

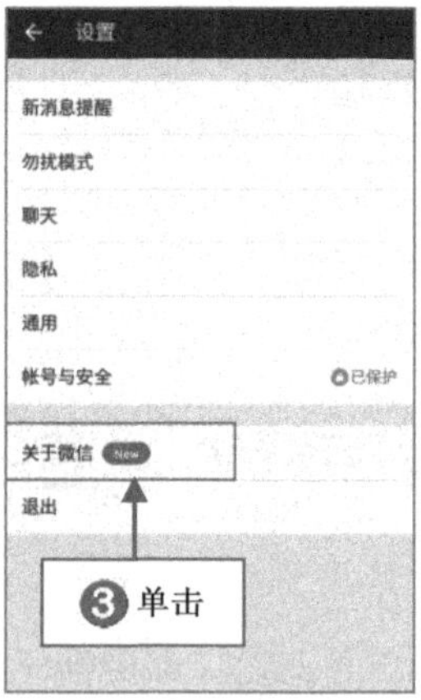

图 9-22 单击“关于微信”按钮

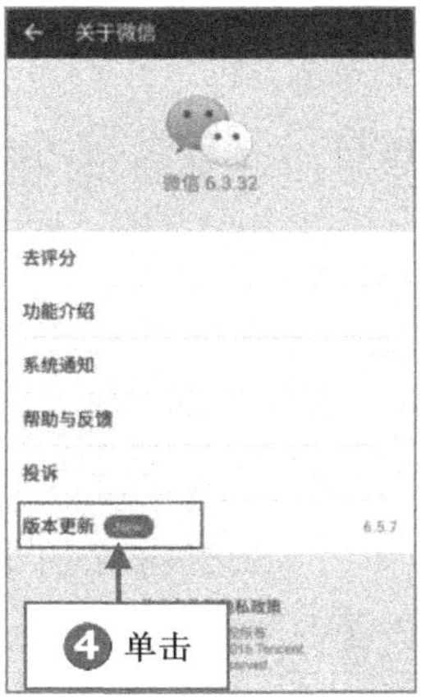

图 9-23　单击“版本更新”按钮

微信 App 更新完成后，接下来介绍如何在微信中找到“小程序”功能，具体操作步骤如下。

打开微信，❶单击“发现”按钮，进入“发现”界面，❷单击“小程序”按钮，如图 9-24 所示，❸进入“小程序”界面，即可查看相关信息，如图 9-25 所示。

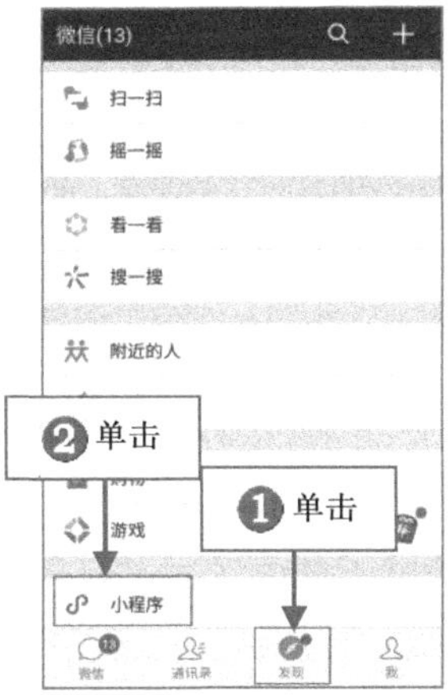

图 9-24　单击“小程序”按钮

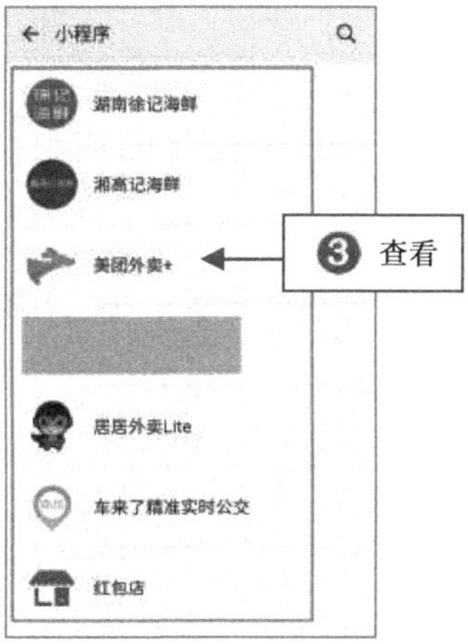

图 9-25　进入“小程序”界面

9.3.2 营销优势，快速切入线下消费场景

“小程序”之所以能在互联网界掀起一片热潮，是因为其具备较广的功能。小小的一个微信应用涵括了多方面软件应用的功能，能带给消费者极致的体验。就以餐饮业相关方面来说，“小程序”包含了大部分外卖平台，这使得消费者完全可以摒弃各类烦琐复杂的 App，一个“小程序”就全搞定。

小程序营销之所以受到餐饮企业的重视，归根结底在于小程序具备其他营销方式不具备的优势——能够快速切入线下消费的场景。下面以图解的形式介绍微信小程序营销的优势，如图 9-26 所示。

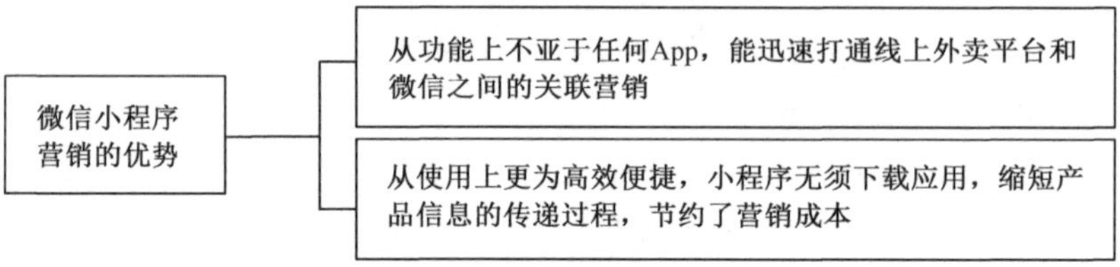

图 9-26 微信小程序营销的优势

就目前的发展而言，小程序要切入线下场景只能通过线下扫码这一微信传统的接入方式来实现，而当“支付后进入小程序”开放后，微信小程序想要直接切入线下消费场景，只要使用微信支付消费后就可完成。

这一接入方式更能有效促进餐饮行业营销的发展，特别是对餐饮商家而言，小程序可以进一步提升服务和营销能力，如大多数餐饮商家较关注的会员系统，就可以在小程序中与支付系统进行整合。下面以图解的形式介绍会员与支付系统融合的具体内容，如图 9-27 所示。

更重要的是，小程序与微信支付结合的过程也是支付与服务形成闭环的过程。在这一闭环形成过程中，不仅使得消费者能在自主的餐饮消费中享受到更好的服务体验，还能对餐饮企业和商家的微营销发展产生巨大的影响，如图 9-28 所示。

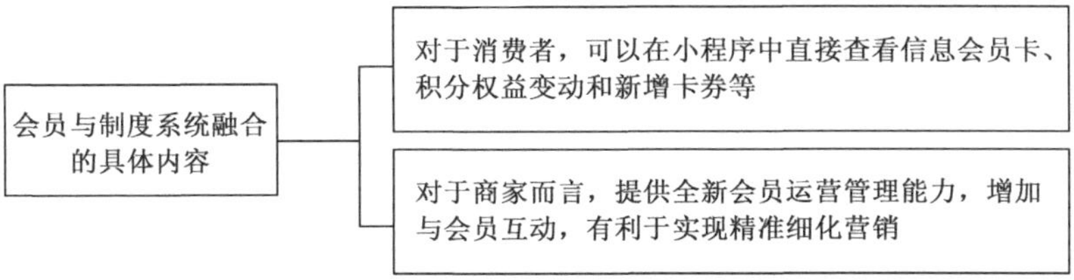

图 9-27　会员与支付系统融合的具体内容

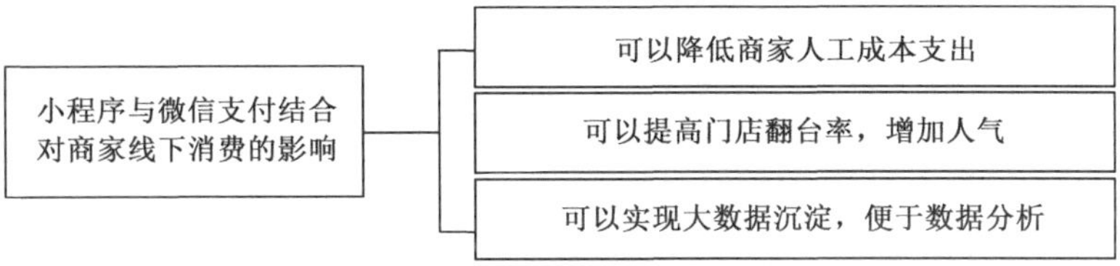

图 9-28　小程序与微信支付结合对商家的线下消费影响介绍

图 9-29 所示为某消费者进入一家餐饮门店，通过线下扫码进入小程序后，直接进入消费场景，完成点餐。这体现了微信小程序通过线下扫码能快速切入消费场景的特点。

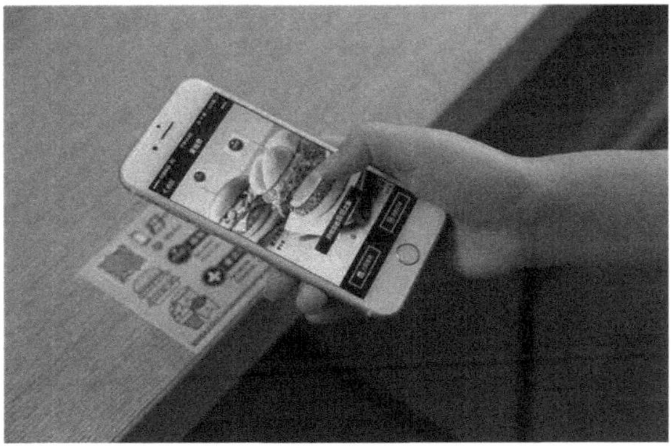

图 9-29　微信小程序的“扫码”

9.3.3 功能优势，极速查找附近小程序

“附近的小程序”也是小程序重要的新功能之一，如果说“第三方平台”新功能旨在促进操作的简化性的话，那么，“附近的小程序”则旨在促进其线下功能应用的加强，为商家提供更多的微营销机会。

小程序的新功能“查找附近小程序”能加强小程序营销中的线下功能。下面以图解的形式介绍“附近的小程序”功能的具体作用，如图 9-30 所示。

从用户角度	通过进入小程序界面，快速找到附近一定范围内的小程序和服务
从商家角度	帮助线下商家更直接地接触到用户，让小程序更多地融入生活场景，为营销实现创造机会

图 9-30 “附近小程序”功能的具体作用

微信小程序作为一个新的应用体系，可以提供众多的功能，具体来说，主要表现在 8 个方面，如图 9-31 所示。

小程序页面分享	可以支持分享当前页面信息
对话分享	可以分享给单个好友及微信群
搜索查看	可以根据名称或品牌搜索相关信息
公众号关联	提供同一主体的小程序和公众号的关联
快速切换	可以在多窗口中实现小程序的快速调用
浏览列表	使用过的小程序会被放入列表，方便下次使用
模板消息	支持文字和图片，解决与用户的沟通问题
线下扫码接入	使用扫码接入附近存在的小程序

图 9-31 微信小程序提供的 8 大功能介绍

接下来介绍如何运用小程序的“查找附近小程序”的功能，具体操作步骤如下。

打开微信，❶单击“发现”按钮，进入“发现”界面，❷单击“小程序”按钮，如图 9-32 所示；进入“小程序”界面，❸单击“附近的小程序”按钮，进入

“附近的小程序”界面，如图 9-33 所示；❹单击“餐饮美食”标签，❺即可查看附近的餐饮商家，如图 9-34 所示。

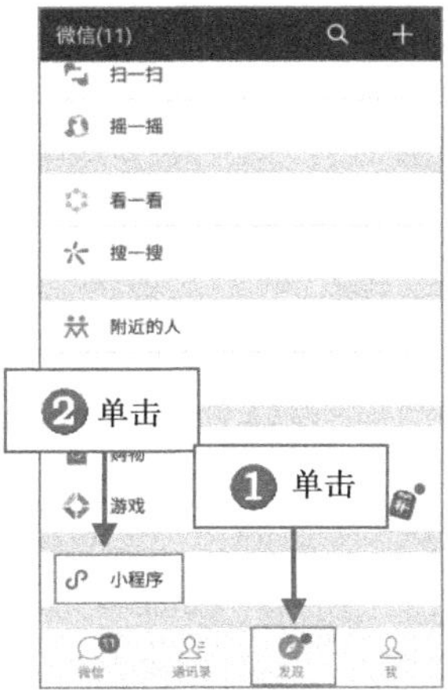

图 9-32 单击“小程序”按钮

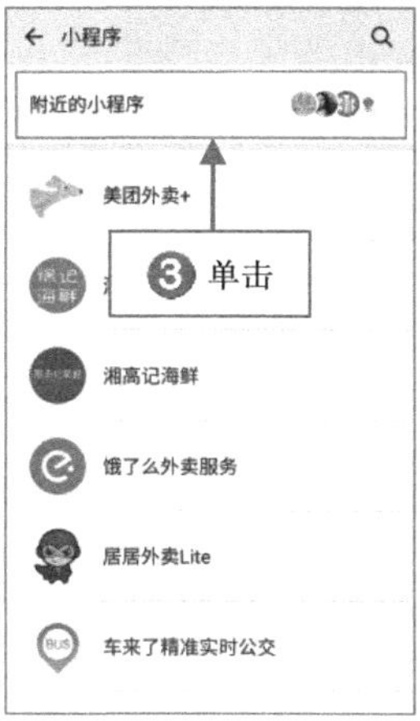

图 9-33 单击“附近小程序”按钮

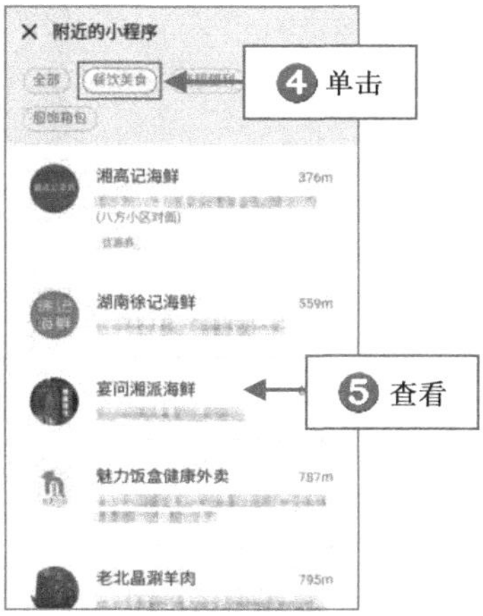

图 9-34 单击“餐饮美食”标签

9.3.4 便利服务，实现自助点餐与支付极致

因为“小程序”与微信之间的密切联系，消费者在“小程序”上进行了自助点

图 9-35　单击“去结算”按钮

餐，并不用经过烦琐的各项支付操作过程，直接使用微信支付即可，由于其优越的方便性，大大增加了消费者选择该应用进行消费的概率。

因为“小程序”与微信之间的密切联系，从而有了一项更为便捷的服务——微信支付。例如，某消费者进入“美团外卖”小程序，选择一家名为“饭戒”的餐厅，就可以直接进入自主点餐的页面，❶单击+按钮，选择相应菜品，❷单击“去结算”按钮，如图 9-35 所示；进入“提交订单”界面，❸填写好地址信息，❹单击“提交订单”按钮，如图 9-36 所示；进入“微信支付”界面，❺输入支付密码，完成支付，如图 9-37 所示。

图 9-36　单击“提交订单”按钮

图 9-37　完成微信支付

第 10 章

视频营销：动态画面最能吸引食欲

随着移动设备端、移动互联网、社会化媒体的兴起与发展，视频营销也逐渐成为餐饮企业或商家进行营销活动的重要方式。本章主要介绍视频营销的基本概念、视频制作与上传分享的技巧。

- 概念解析：了解视频营销的作用。
- 创作视频：给餐饮营销宣传加点料。
- 上传分享：效果堪比 100 个推广员。

10

10.1 概念解析，了解视频营销的作用

餐饮企业或商家要想利用视频展开营销活动，首先必须要弄清楚什么是视频营销、视频营销的优势是什么、它的商业价值是什么等一系列关键性问题。本节主要介绍视频营销的定义及商业价值。

10.1.1 定义界定，明确什么是视频营销

视频营销的定义就是利用网络视频展示产品的优点及企业的品牌理念，是一种将互联网、视频、营销三者相结合的活动。可以说，视频营销具备其他营销方式无可比拟的营销优势。

随着移动互联网的不断发展，视频营销已经开始显示出它强大的魅力。这个魅力从它的定义就可以看出来，并且越来越多的年轻人，相较于传统的营销方式，更加青睐视频营销。视频营销已经不是一个陌生的名词，不少从事营销业务和身处营销市场的人员都对这一名词耳熟能详。图 10-1 所示为视频营销定义的要点。

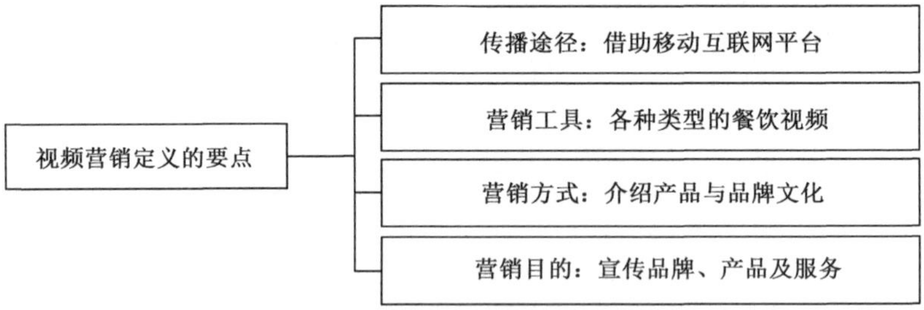

图 10-1 视频营销定义的要点

10.1.2　商业价值，了解视频营销的价值

视频营销之所以越来越受到餐饮企业的重视，是因为视频营销具备其他营销方式不具备的优势，更有利于餐饮企业品牌形象的树立，增加品牌的辨识度与影响力。因此，餐饮企业应明确视频营销的商业价值，从而在实际的营销过程中充分发挥视频营销的优势。

简单来说，商业价值也就是视频营销的优势。视频营销的商业价值主要体现在 3 个方面：一是为企业打造更加完美的网站；二是营销效果更加显著；三是更具有营销说服力。下面将一一为大家介绍。

1. 为企业打造更加完美的网站

对于餐饮企业来说，想要让消费者和投资者全面了解自己，就应该注重网站的设计和展示。随着互联网的发展，消费者对企业网站要求越来越高，因此，通过视频来介绍企业的相关信息是一个比较好的选择。浏览企业网站的人可以通过这些企业视频，对企业文化及产品信息有更为清晰与直接的认识。

2. 营销效果更加显著

视频营销的商业价值就在于它能够为企业提供显著的营销效果。之所以选择视频销售，一方面是由于现在优秀的营销人才紧缺，传统营销方式难以达到预期的营销效果；另一方面企业在营销人员的挖掘与培养上，需要耗费更多的成本，增加了企业的经济负担。而企业通过视频进行营销，不但可以减少营销人员不足带来的不良影响；还可以全面而生动地向消费者传递产品信息与品牌文化。图 10-2 所示为营销视频能够传递的信息。

3. 更具营销说服力

视频与图片、文字不同，它不能够随意造假，相对而言是一个比较真实的展示企业信息的媒介。优质的营销视频通常具备质感优良的画面、和谐的背景音乐和清晰的字幕音效这 3 个特征。具备这 3 个特征的视频通常能够吸引顾客的目光，并且

能全方位、多角度地介绍餐饮企业。

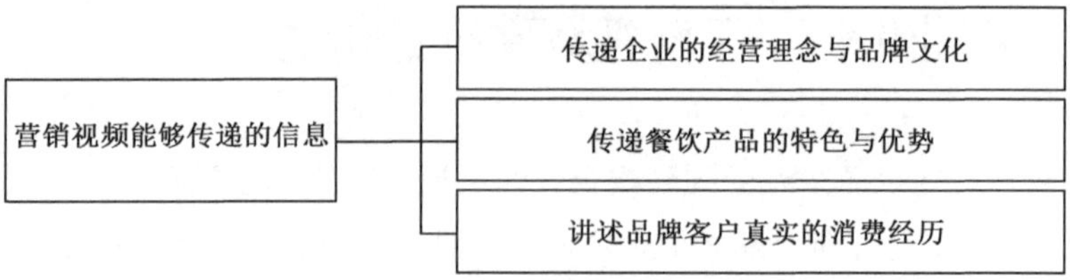

图 10-2　营销视频能够传递的信息

10.2 创作视频：给餐饮营销宣传加点料

视觉营销的重点在于制作优质的餐饮视频，多角度地向消费者展示餐饮产品与品牌特色，增进消费者对自身餐饮产品的了解，加强消费者对品牌的认可与信任。本节主要介绍餐饮视频制作的准备工作及视频处理技巧。

10.2.1　计划准备，一份完善的视频营销计划

随着技术的发展，网络视频的制作变得越来越简单快捷，但是要想利用视频进行商业营销，还需要餐饮商家制订完善的视频营销计划，推动整个营销活动的有序进行，从而达到预期的视频营销效果。

那么如何制订完善的视频营销计划呢？首先需要餐饮商家掌握视频计划制订的 3 个要点，分别是明确的视频营销宗旨、了解各营销环节的成本支出及周密的实施计划。而这三个要点又分别有它的细节要求，需要餐饮企业或商家认真对待。

1．明确的视频营销宗旨

餐饮企业进行任何营销活动的最终目的都是为了盈利。当然，盈利的方式有很多，企业需要根据不同的商业宗旨来选择合适的营销手段。下面将以图解的形式介绍不同营销宗旨所对应的视频类型，如图 10-3 所示。

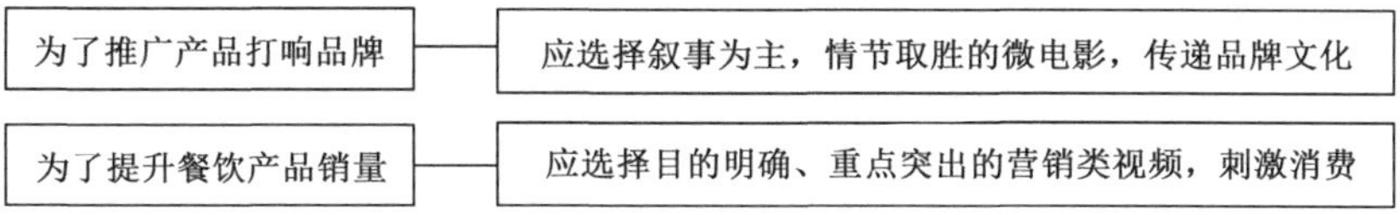

图 10-3　不同营销宗旨对应的视频类型

2．了解各营销环节的成本支出

进行视频商业运营规划时，一定要对视频营销所需的费用有大致的了解。比如，在哪个环节决定花多少费用，明确在拍摄、剪辑、上传、优化等环节的费用比例等。因此，企业需要预算好每个步骤的大概费用，以保证视频营销活动有条不紊地进行，而不是到了执行阶段还在为经费的事情发愁。

3．周密的实施计划

餐饮企业在实施视频营销计划时，要严格按照计划来开展营销工作，促使整个营销活动的有序进行。值得注意的是，餐饮管理者要对营销计划的实施情况进行跟踪与记录，以便及时纠正或调整营销工作。

10.2.2　设备齐全，软硬件装备缺一不可

在制作视频之前，一定要准备好软硬件设备，不能打无准备之仗。只有准备充分了，才能更加流畅地完成视频的制作。可以说，装备的好坏将会对视频制作过程产生重要影响。

那么，在制作视频之前需要做好哪些准备呢？制作视频所需的设备主要分硬件设备与软件设备。首先是硬件设备，主要包括三个大方面：

1. 制作工具

制作视频的主要工具就是电脑，视频的剪辑离不开电脑的支持。一般的电脑即可对视频进行制作，但如果要进行高水准的视频制作，就需要选择质量好的电脑配件，不然，就无法达到专业的视频要求。那么，如何挑选电脑配件呢？下面将以图解的形式介绍电脑配件挑选的注意事项，如图 10-4 所示。

CPU	尽量买好的，因为视频的压缩、转换和编辑等与它的运行能力分不开
主板	稳定性要强，不然，在制作视频时会经常遇到卡机的情况，影响视频制作
硬盘	需要有较大容量的硬盘和比较快的运行速度，便于提高视频制作的效率
内存	内存一定要匹配电脑的运行速度，不然在视频的编辑过程中会遇到麻烦
显卡	选择显卡较为重要的一点，就是要以视频的流畅播放这一要求为前提
显示器	由于在处理视频的时候，会用到很多工具面板，所以需要大屏幕的显示器

图 10-4　电脑配件挑选的注意事项

2. 摄影工具

随着时代的发展，科技也在不断发展，使得一些数码产品如雨后春笋般成长起来，并且越来越多的人加入到视频的拍摄中来。而现在，用于拍摄视频的设备已经不仅仅局限于数码摄像机、电脑摄像头等专业摄影设备，一些其他的具有摄像性能的工具，如家用 DV、智能手机及平板电脑也层出不穷。

了解摄像工具的分类是商家在拍摄视频之前就应该做好的一项工作。从摄像工具的性能角度来看，数码摄像设备分为广播级、专业级及消费级。前两类摄影设备适用于电视、电影及教育等行业，而最后一类的摄影设备则更适用于生活中的视频拍摄。

从摄像工具的存储载体来看，又可以分为 DVD 光盘式、硬盘式、闪存式及迷你 DV 磁带式。相较而言，前三类摄影工具在操作上更加简单，但不利于视频编辑。而最后一类工具的操作更加复杂，但拍摄的质量高，便于视频编辑操作。

3．视频卡

视频卡是制作视频的重要配件，普通的视频卡有以下三类，如图 10-5 所示。

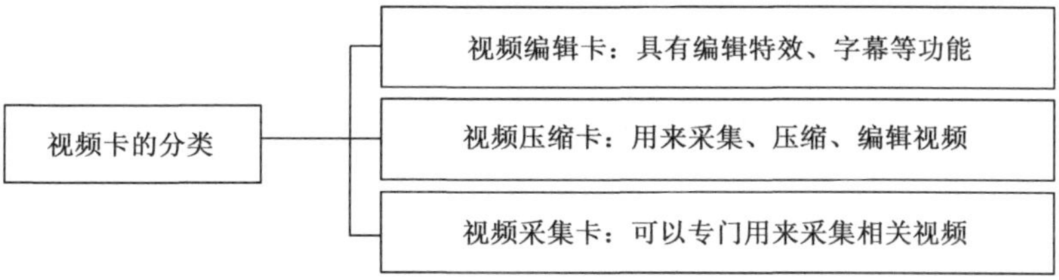

图 10-5　视频卡的分类

再就是软件设备。在视频制作的过程中，需要利用软件设备为自己增加力量。商家需要根据自己的熟悉程度来选择软件设备，这样更有利于视频的顺利制作。

那么软件设备主要有哪些呢？图 10-6 所示为制作视频所需的软件设备。

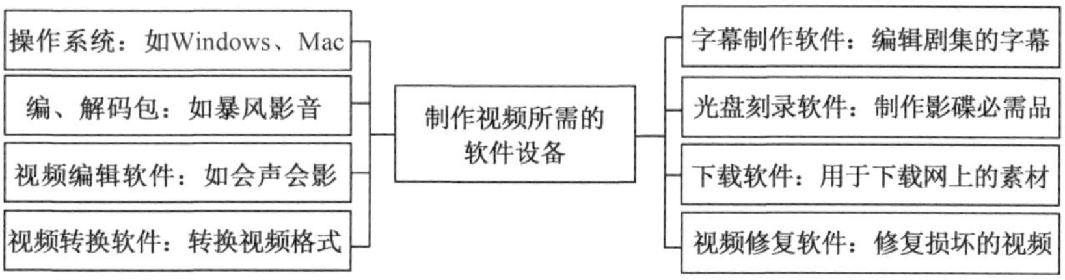

图 10-6　制作视频所需的软件设备

10.2.3　方式就位，高端餐饮视频轻松拍摄

视频的拍摄方式数不胜数，多种多样。有的选择在网络上或是其他地方下载素材，再整合成完整的视频；有的选择利用摄影设备自拍自摄。无论选择哪种方式，都可以拍摄出令人喜爱的视频，关键是怎么去拍，拍什么。

下面将为大家介绍一些拍摄视频可以采取的方式，以供参考。

1. 网上下载素材

如果餐饮商家的视频并没有想要做得很精细，可以选择从网上下载各种素材，然后用视频剪辑软件重新整合，制作出想要的视频。当然，在制作视频的过程中一定要意识到版权的重要性，没有版权的视频要得到原作者的授权才能使用。

2. 手机等非专业设备拍摄

如果餐饮商家只是想拍摄一个简单的视频，笔者建议商家采用手机、数码摄像机等操作简单的工具进行拍摄。这种拍摄方式比较简单易行，只不过手机等非专业拍摄工具的像素不高，视频经过后期剪辑压缩之后，可能会出现清晰度受损的情况。

3. 专业设备拍摄

如果餐饮商家精益求精，想要拥有一个专业水准的视频，那么企业可以租借摄像机和摇臂等专业拍摄设备和聘请专业人员完成拍摄，而这就意味着餐饮商家需要投入更多的资金，间接增加了餐饮企业成本，但同时视频营销的效果会更佳。

10.2.4 技巧集结，视频剪辑调色一步到位

在视频的制作中，餐饮商家除了要做好视频拍摄的计划准备、软硬件准备、选择合适的拍摄方法之外，还需要掌握视频的剪辑调色技巧。一方面合理控制视频的时间；另一方面保证视频画面色彩的美观度与高品质。

下面将为大家介绍利用会声会影进行视频剪辑和调色的操作流程。

步骤 01 进入会声会影编辑器，选择“文件”|“打开项目”命令，❶打开一个项目文件，如图 10-7 所示；将鼠标拖曳至时间轴面板中视频素材的末端位置，❷单击并向左拖曳，如图 10-8 所示。

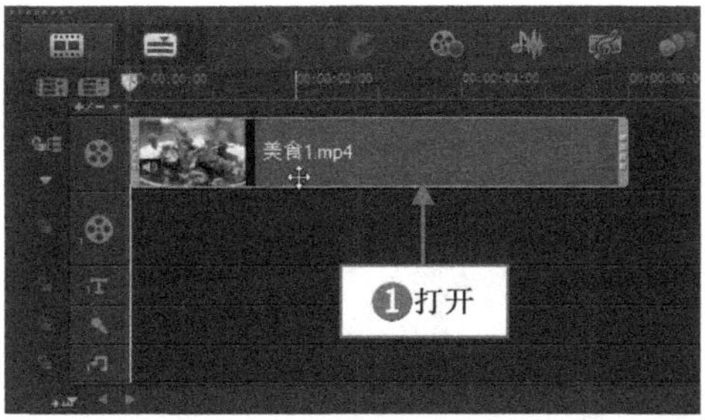

图 10-7 打开视频素材

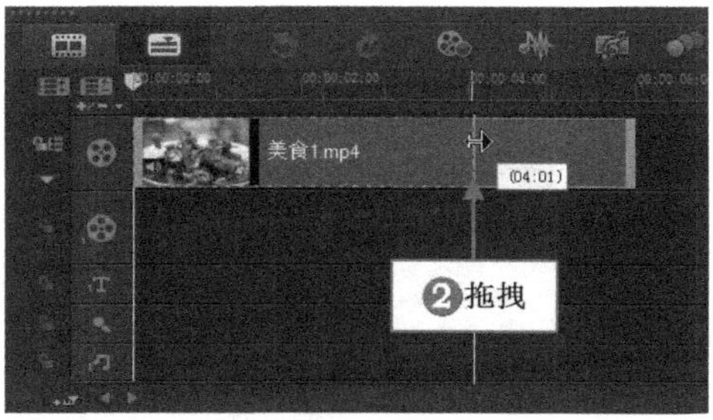

图 10-8 拖曳鼠标

步骤 02 拖曳至适当位置后，释放鼠标左键，即可剪辑视频片段，单击导览面板中的“播放”按钮▶，即可预览剪辑后的视频素材动画效果，如图 10-9 所示。

图 10-9 预览视频效果

步骤 03 在界面中单击“选项”按钮，打开选项面板，❶在其中单击“色彩校正”按钮，如图 10-10 所示；执行上述操作后，进入相应选项面板，❷设置“色调”“饱和度”“亮度”“对比度”“Gamma”的相关参数，如图 10-11 所示。

图 10-10 单击“色彩校正”按钮

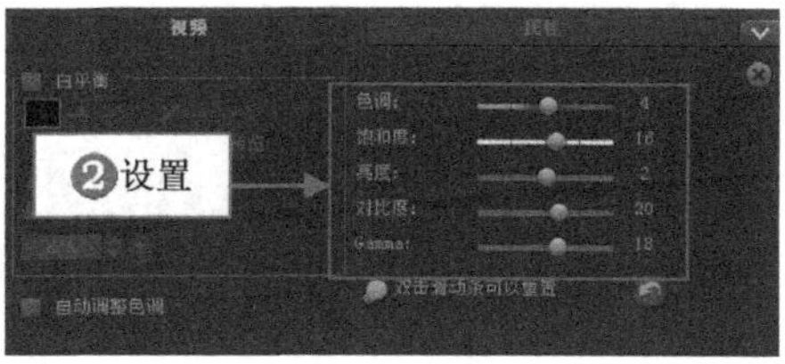

图 10-11 设置相关参数

步骤 04 在预览窗口中预览更改色调后的视频素材效果，如图 10-12 所示。

图 10-12　预览调色后的视频素材效果

10.2.5　特效处理，滤镜转场特效美感暴击

在营销过程中所拍摄的视频需要商用，所以，对“唯美性”要求比较高，可以适当地往视频中加入滤镜及转场特效，增加视频整体的美观度。视频滤镜是指可以应用到素材上的效果，而视频转场指的是视频素材画面之间的过渡。用户可以通过运用这些视频滤镜与转场特效，对素材进行美化，制作出精美的视频作品。

下面以会声会影为例，介绍添加视频滤镜与转场特效的操作步骤。

步骤 01　进入会声会影编辑器，❶在视频轨中插入视频素材，如图 10-13 所示；单击“滤镜”按钮FX，切换至“滤镜”素材库，❷选择“镜头闪光”滤镜效果，如图 10-14 所示；单击并拖曳至视频轨中的视频上方，添加滤镜效果。

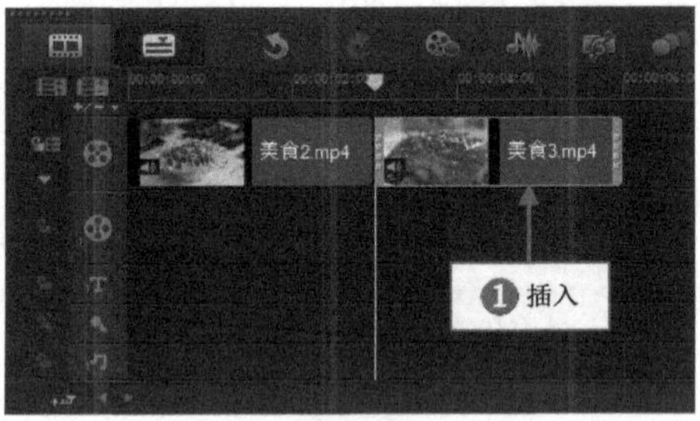

图 10-13　插入视频素材

图 10-14　选择滤镜效果

步骤 02　单击导览面板中的“播放”按钮，即可预览视频滤镜效果，如

图 10-15 所示。

图 10-15　预览视频滤镜效果

步骤 03　单击“转场”按钮，切换至“转场”素材库，单击窗口上方的“画廊”按钮，在弹出的列表框中选择“擦拭”选项，在“擦拭”转场素材库中❶选择“圆形”转场效果，如图 10-16 所示；单击并拖曳至视频轨中的两个视频素材之间❷添加“圆形”转场效果，如图 10-17 所示。

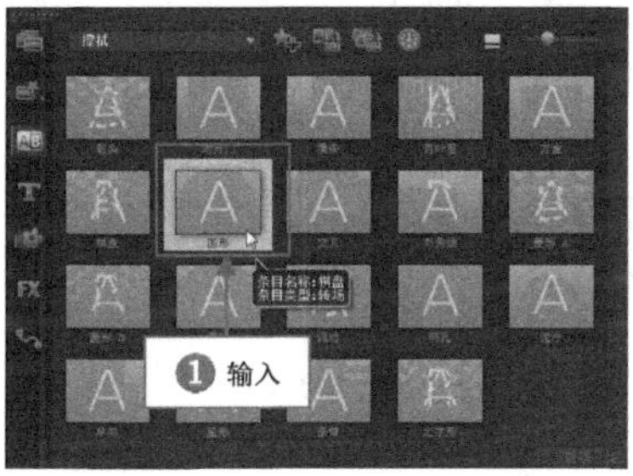

图 10-16　选择“圆形”转场

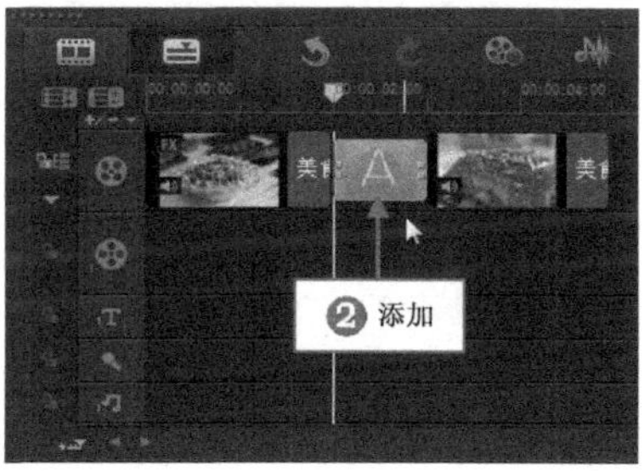

图 10-17　添加“圆形”转场

步骤 04　在选项面板中可以设置转场效果的边框属性，在导览面板中单击“播放”按钮，预览圆形切换转场效果，如图 10-18 所示。

图 10-18　预览圆形切换转场效果

10.2.6 质感升级，字幕背景音乐技能叠加

在创作餐饮视频的过程中，字幕和声音也是十分重要的组成部分。在视频中添加字幕，能够帮助消费者充分理解视频内容，突出重点信息。而在视频中加入背景音乐，一方面有利于消除视频中出现的杂音；另一方面也有利于渲染氛围，更容易引起消费者的情感共鸣。

下面以会声会影为例，介绍添加视频字幕与背景音乐的操作步骤。

步骤 01　进入会声会影编辑器，在视频轨中插入视频素材，切换至时间轴视图，❶单击“标题”按钮，切换至“标题”选项卡，如图 10-19 所示；在预览窗口中，❷显示“双击这里，可以添加标题”字样，如图 10-20 所示。

图 10-19　单击“标题”按钮

图 10-20　预览窗口显示字样

步骤 02　在预览窗口中的适当位置双击，出现一个文本框，❶在其中输入相应文本内容，如图 10-21 所示；选择输入的内容，在“编辑”选项面板中❷设置字幕属性与动画效果，如图 10-22 所示。

图 10-21　输入文本内容

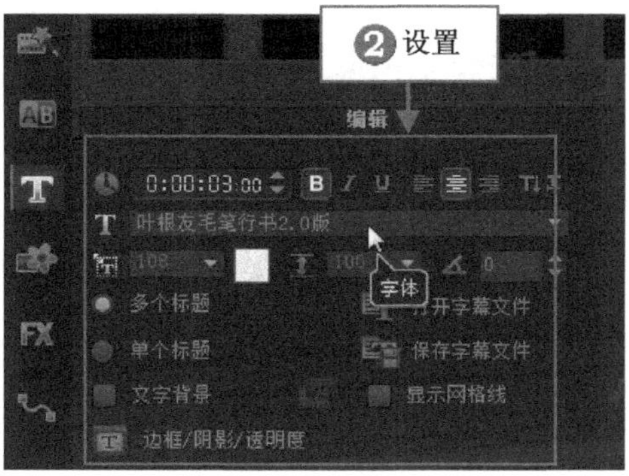

图 10-22　设置文本属性

步骤 03　在导览面板中单击“播放”按钮，可以预览视频字幕效果，如图 10-23 所示。

图 10-23　预览视频字幕效果

步骤 04　在“媒体”素材库中，❶选择需要添加的音频文件，如图 10-24 所示；单击并拖曳至声音轨中的适当位置，❷添加音频，如图 10-25 所示，单击“播放”按钮，试听音频并预览视频画面。

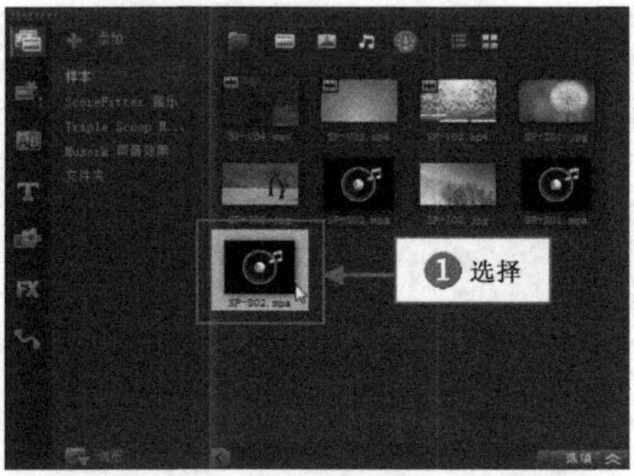

图 10-24　选择音频文件

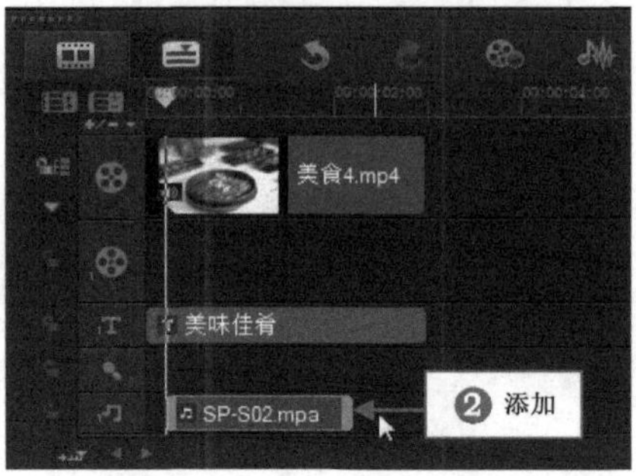

图 10-25　添加音频至声音轨

10.3

上传分享：效果堪比 100 个推广员

视频的上传与分享也是视频营销的重要环节。餐饮商家在选择视频发布平台时，需要了解不同发布平台的优势，并且掌握不同平台的视频上传方法。本节主要介绍朋友圈、微信群、公众号、自媒体及论坛贴吧视频上传分享的具体方法。

10.3.1　朋友圈分享，快速获取用户流量

微信朋友圈拥有庞大的用户群体，并且用户之间的联系紧密，再加上相对于其他营销方式，朋友圈营销所需的营销成本更少，因此，朋友圈营销受到广泛欢迎。基于朋友圈这一社交平台背后庞大的用户群，利用朋友圈进行视频营销，对于餐饮商家来说能快速获取用户流量，达到良好的营销效果。

下面介绍将餐饮视频分享到朋友圈的具体步骤。

步骤 01 打开微信，❶单击“发现”按钮，进入“发现”界面；❷单击“朋友圈”按钮，如图 10-26 所示，进入“朋友圈”界面；❸单击右上角的按钮📷，如图 10-27 所示；❹选择“从相册选择”选项，如图 10-28 所示。

步骤 02 进入“选择”界面，选择需要分享的视频，❶单击“完成”按钮，如图 10-29 所示；进入“编辑”界面，❷设置相关的功能权限，❸单击“发送”按钮，如图 10-30 所示；❹将餐饮视频上传分享到朋友圈，如图 10-31 所示。

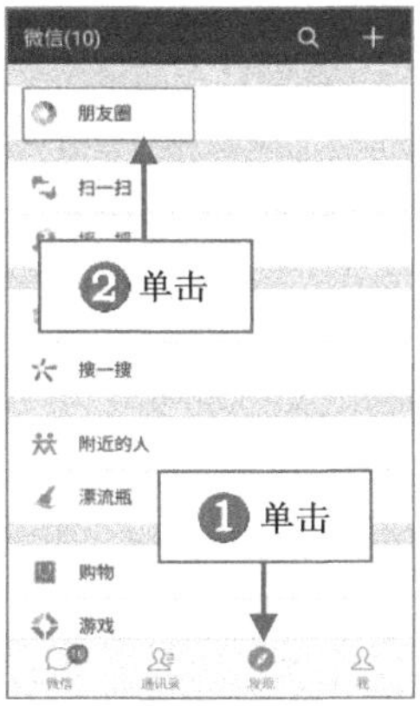

图 10-26　单击“朋友圈”按钮

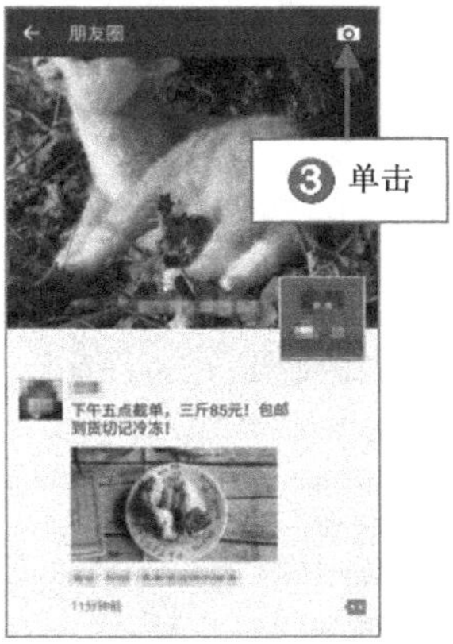

图 10-27　进入朋友圈界面

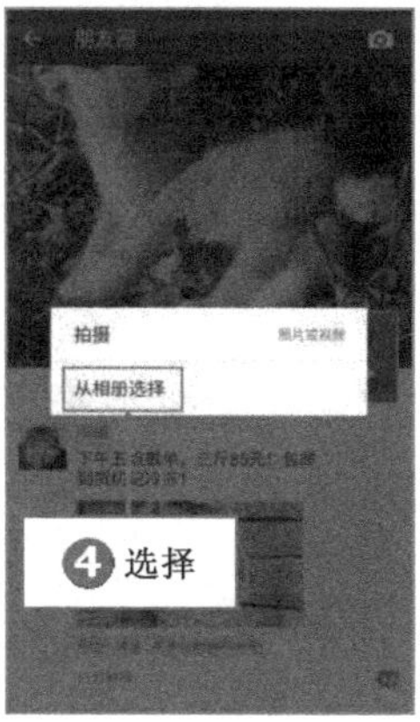

图 10-28　选择相应选项

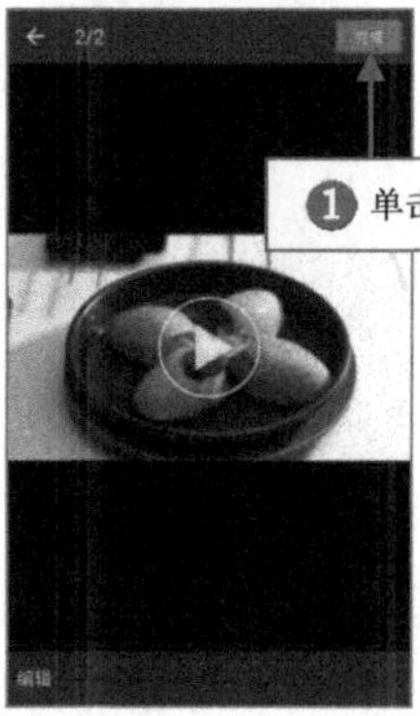

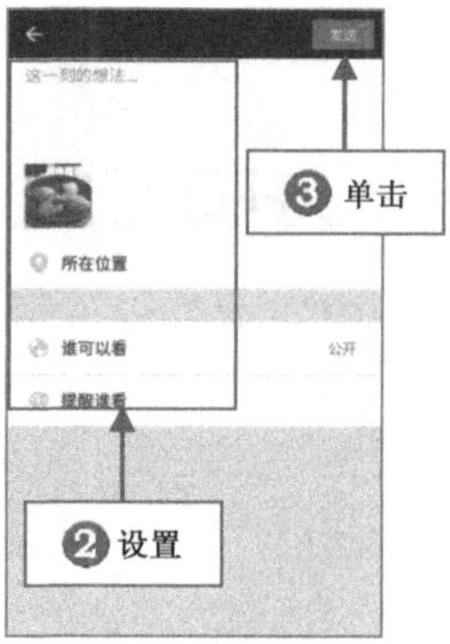

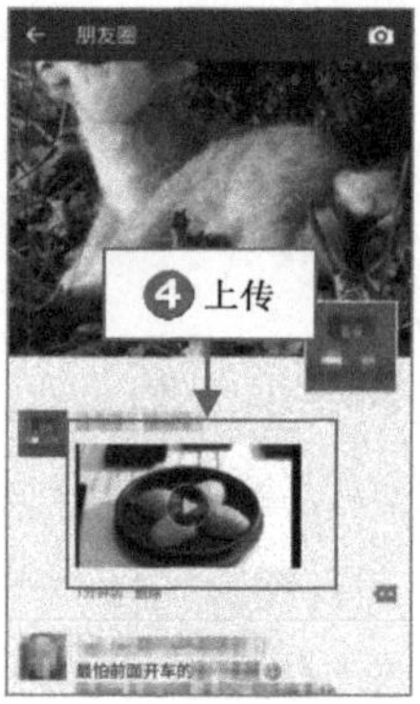

图 10-29　单击“完成”按钮　图 10-30　进入“编辑”界面　图 10-31　将视频上传朋友

10.3.2　微信群分享，最精准的推广渠道

将餐饮视频分享到各个微信群，对于餐饮企业和商家来说，能够更有针对性地向消费者传递品牌文化，提高品牌的影响力。微信群的建立往往基于共同的兴趣爱好，因此，能够聚集具有鲜明特征的用户群体。

下面介绍将视频上传分享到微信群的具体步骤。

步骤 01　打开微信，❶单击“通讯录”按钮，❷单击“群聊”按钮，如图 10-32 所示；进入“群聊”界面，❸选择分享视频的微信群，如图 10-33 所示；进入“聊天”界面，❹单击右下方的按钮 ⊕ ，❺选择“相册”选项，如图 10-34 所示。

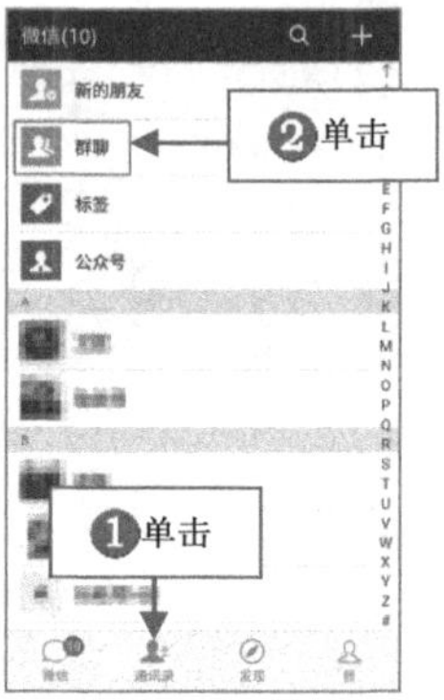

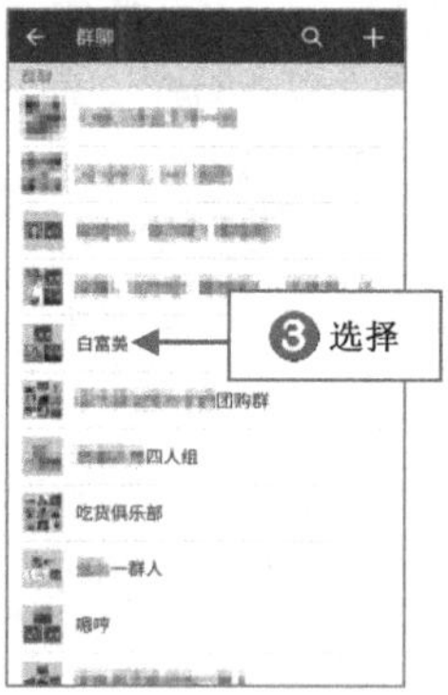

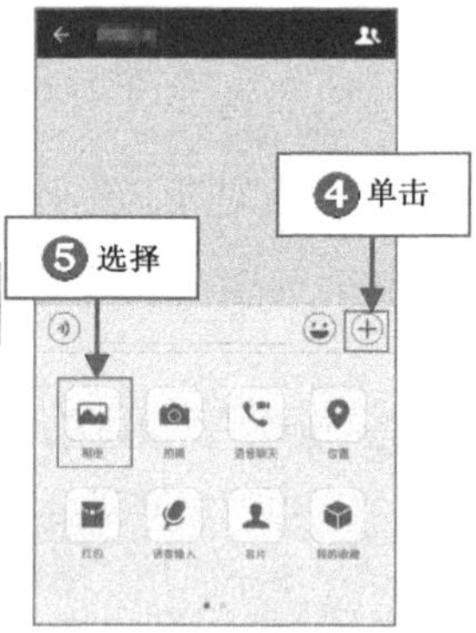

图 10-32　单击相关按钮　图 10-33　选择微信群　图 10-34　选择“相册”选项

步骤 02　进入“图片和视频”界面，❶单击左下角“图片和视频”按钮，如图 10-35 所示；选择“所有视频”选项，❷选择需要分享的视频，❸单击“发送”按钮，如图 10-36 所示；❹将视频分享到微信群，如图 10-37 所示。

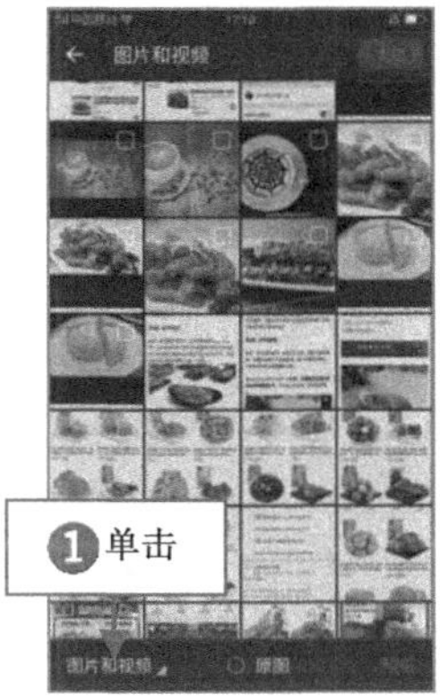

图 10-35　单击“图片和视频”按钮

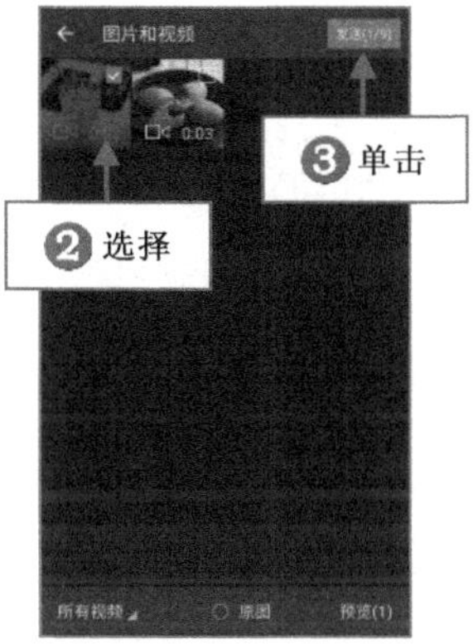

图 10-36　单击“发送”按钮

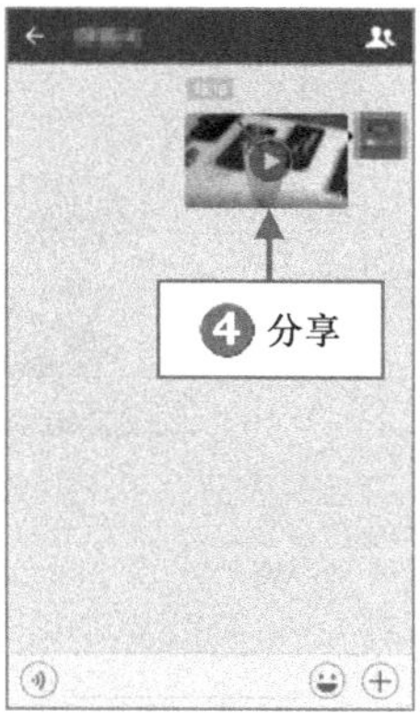

图 10-37　分享到微信群

10.3.3　公众号分享，吸粉引流的主力军

目前，微信公众号是非常火爆的一个媒体公众平台，很多企业、商家都会通过微信公众号进行宣传、获利。将视频分享到微信公众号，一方面有利于增加公众号的活跃度与关注度；另一方面，有助于向公众号“粉丝”传递活动信息与品牌特色，利用线上活动刺激线下消费。

下面为大家介绍将视频分享到微信公众号的具体步骤。

步骤 01　登录微信公众号，进入微信公众号后台，单击“素材管理”按钮，❶进入“素材管理”界面，❷单击“添加”按钮，如图 10-38 所示。

步骤 02　进入“添加视频”界面，❶单击“上传视频”按钮，弹出“打开”对话框，选择上传文件，完成视频上传后，❷填写相关视频信息，如图 10-39 所示。

步骤 03　滚动页面，在最下方单击“保存”按钮，❶进入“素材管理”界面，❷显示视频正在转码，如图 10-40 所示。

图 10-38　单击“添加”按钮

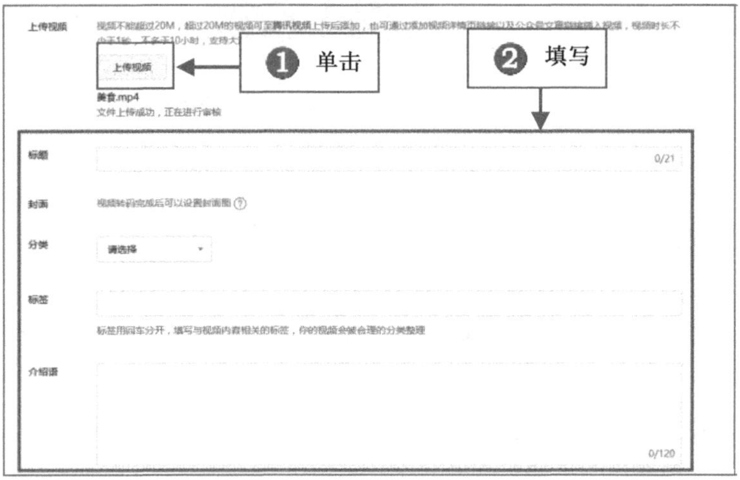

图 10-39　视频上传页面

步骤 04　视频转码完成后，单击“新建图文素材”按钮，❶进入“新建图文消息”界面，❷单击“视频”按钮，如图 10-41 所示；弹出“选择视频”对话框，在其中选择上传成功的视频文件，将视频插入图文消息中，❸单击下方的“保存并群发”按钮，即可群发图文视频文章，如图 10-42 所示。

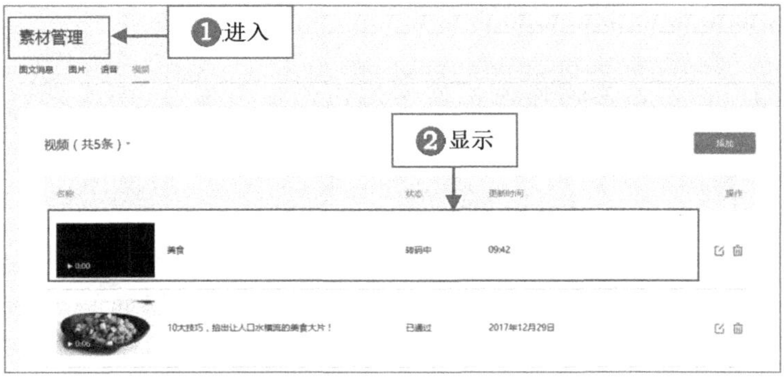

图 10-40　页面中提示视频正在转码

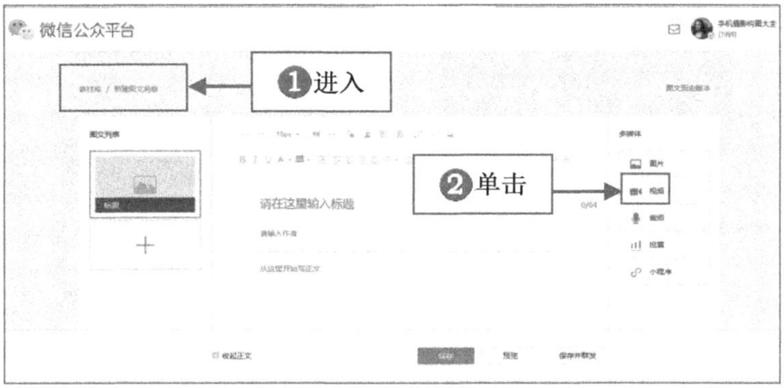

图 10-41　单击“视频”按钮

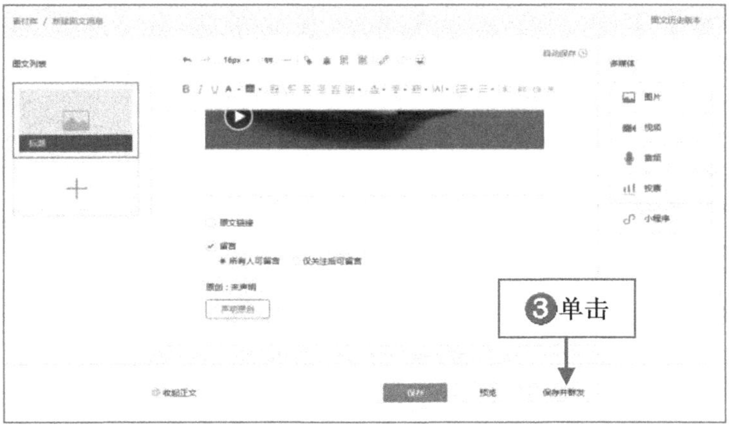

图 10-42　单击“保存并群发”按钮

一个名为“厨之道美食视频”的微信公众号，在推文中添加美食视频，向消费者介绍菜品。在公众号上分享视频不仅能增加推文的趣味性与可读性，更能获得消费者的信任与好感，如图 10-43 所示。

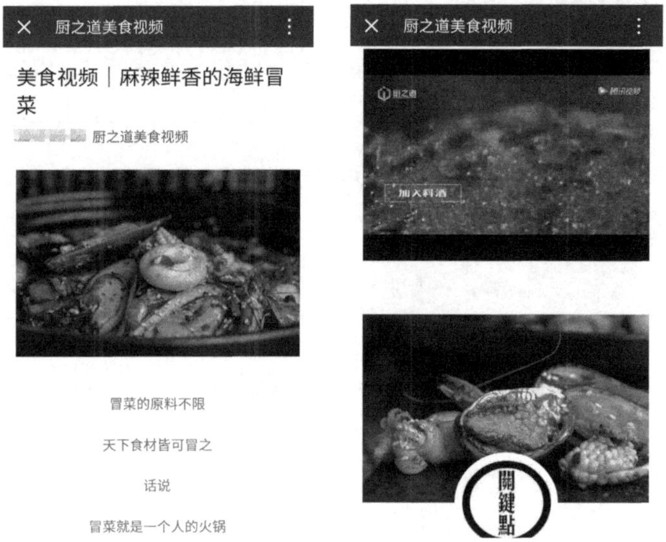

图 10-43　将视频上传至微信公众号的案例

10.3.4 自媒体分享，资源共享的推送平台

视频在拍摄与制作完毕之后，应该迅速上传到各个平台上，让消费者第一时间看到线上店铺的新广告。同时，可以利用各大平台自带的流量来为店铺引流，这也是网络视频营销中的常见做法。

在视频营销的过程中，不少自媒体平台凭借用户覆盖面广、传播速度快等特点受到餐饮企业的青睐，他们纷纷选择用户量大、吸粉流量强的自媒体平台作为视频营销的要地。

下面以优酷为例，为大家介绍将视频上传到自媒体平台的具体步骤。

步骤 01　进入“优酷”网页，❶填写登录账号与密码，❷单击“登录”按钮，完成登录，如图 10-44 所示。

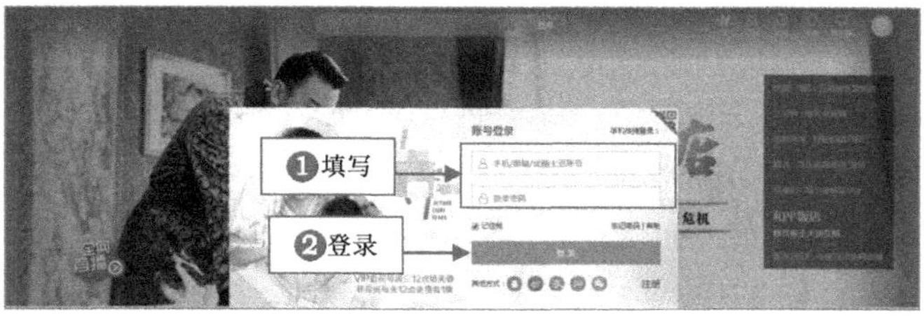

图 10-44 “优酷”登录界面

步骤 02 在首页的右上角❶选择“上传”图标，❷单击“上传视频”按钮，如图 10-45 所示。

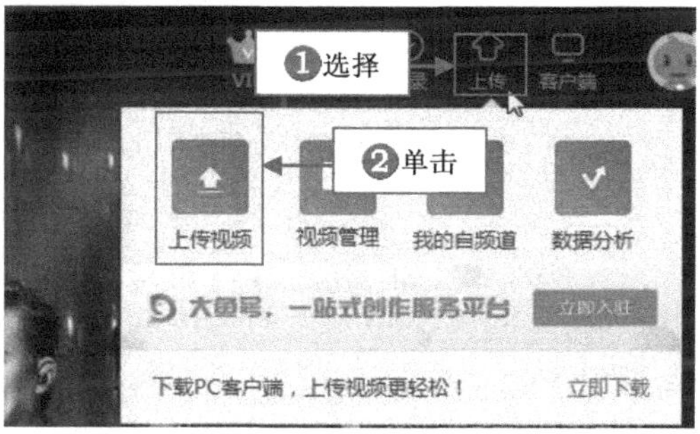

图 10-45 单击“上传视频”按钮

步骤 03 ❶进入“上传视频”页面，❷单击“选择视频”按钮，选择将要上传的视频，如图 10-46 所示。

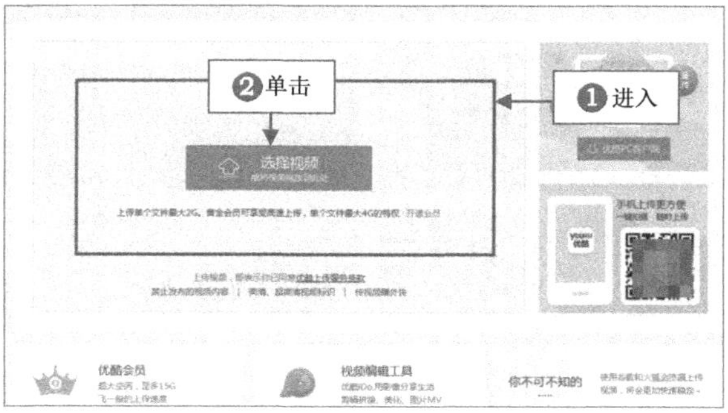

图 10-46 单击“选择视频”按钮

步骤 04　进入“设置”页面，❶填写视频的标题、简介，❷选择视频的分类，❸选择适合的标签，单击“保存”按钮，完成视频上传，如图 10-47 所示。

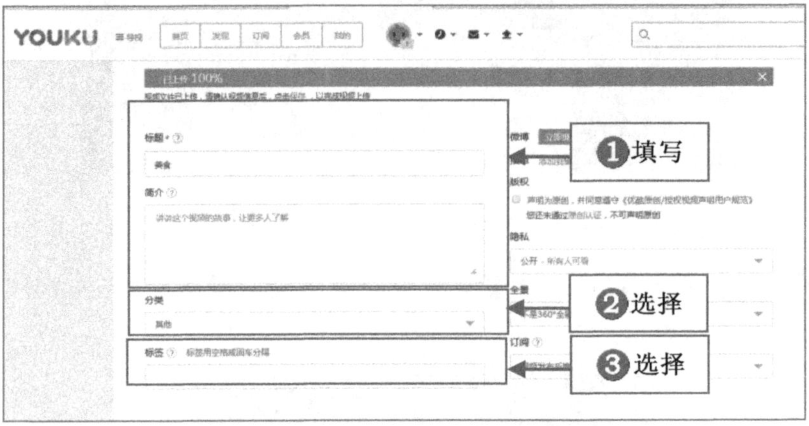

图 10-47　上传视频的“设置”页面

图 10-48 所示为不少餐饮商家或美食爱好者上传到优酷的视频。不难看出，这些餐饮视频的单击量与播放量都比较高。由此可见，将美食视频上传到优酷等自媒体平台确实能为餐饮商家带来更多的流量。

图 10-48　将视频上传到优酷自媒体平台的案例

10.3.5　论坛贴吧分享，高热度的互动平台

论坛推广与贴吧推广有些类似，平台性质的差异性不大，都是以兴趣爱好为基础的。值得注意的是，利用论坛贴吧进行视频宣传时，一定要对论坛贴吧进行严格的挑选。下面将以图解的形式介绍论坛贴吧的选择标准，如图 10-49 所示。

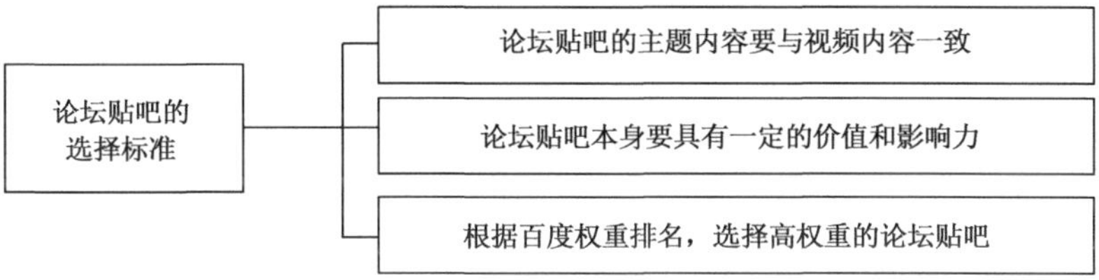

图 10-49　论坛贴吧的选择标准

下面以豆瓣社区为例，介绍如何将视频上传到论坛贴吧。

步骤 01　打开豆瓣，登录豆瓣账号，完成登录，进入豆瓣社区首页，❶单击“写日记”按钮，如图 10-50 所示；❷进入“新加日记”界面，❸填写相关视频信息，❹单击“视频”按钮，如图 10-51 所示。

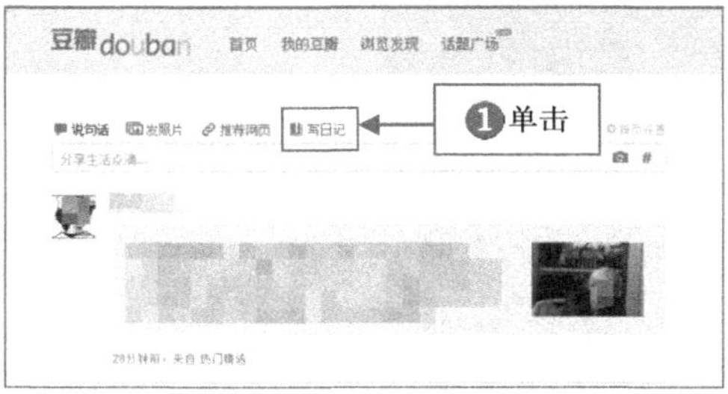

图 10-50　单击“写日记”按钮

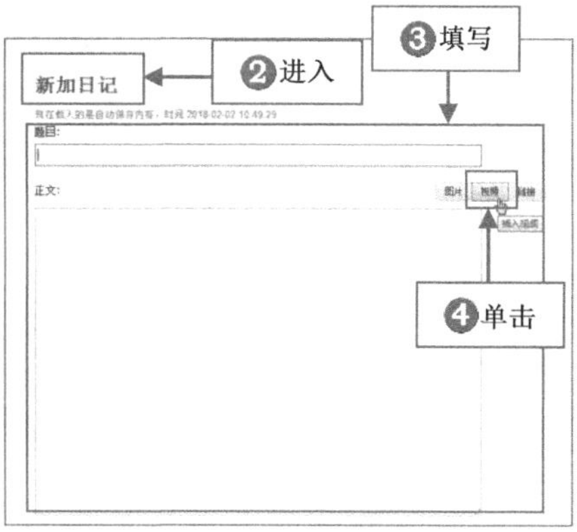

图 10-51　单击“视频”按钮

步骤 02　进入“插入视频”界面，❶输入视频播放页的地址，❷单击“确定”按钮，完成视频上传，如图 10-52 所示。

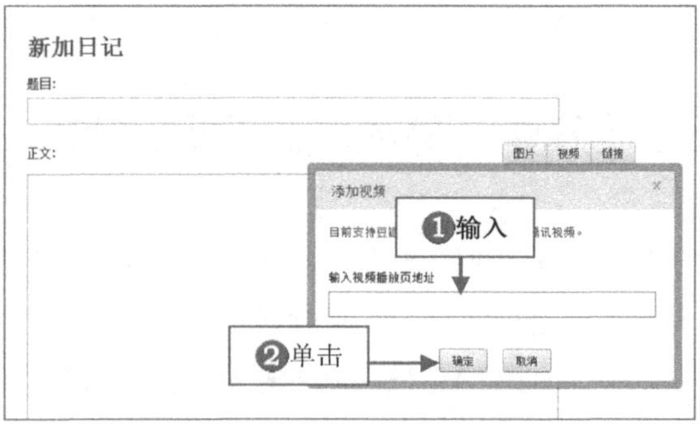

图 10-52　输入视频播放页地址

豆瓣上一个名为“天天教做菜”的用户，就通过上传视频向其他豆瓣用户传递菜品信息，并且在推文的最后插入自己的微信号来吸引关注，完成“粉丝”积累，如图 10-53 所示。

图 10-53　豆瓣视频上传案例

第 11 章

H5 营销：餐饮互动引领消费热潮

H5 是伴随着移动互联网兴起的一种新型营销工具，具有娱乐化、社会化、互动性强等特点。在餐饮行业借助 H5 开展营销活动已经成为一股热潮。本章主要介绍 H5 营销的相关知识。

- H5 营销：了解 H5 营销基本概念。
- 制作平台：餐饮微场景制作利器。
- 营销形式：引爆热度提升顾客黏性。
- 营销渠道：多渠道全方面传达餐饮信息。

11

11.1 H5 营销：了解 H5 营销基本概念

H5 营销已经成为当今社会最为热门的营销方式。作为一种融合了多种媒体方式的营销模式，H5 营销与传统的营销方式相比，具备很大的优势。餐饮企业要想灵活运用 H5 营销，就需要了解 H5 营销的基本概念。本节主要介绍 H5 营销的基本知识。

11.1.1 H5 营销，融入多种媒介的营销模式

移动互联网技术的发展、智能手机的普及及社交网络的成型，是推动 HTML5 发展的重要因素。同时，很多餐饮企业看到了 H5 的商机，在其中加入了营销功能，这也让 H5 同 App 一起成为一种炙手可热的移动互联网营销工具。

H5 营销将文字动效、视频、图片、音乐等多种媒体表现方式融入到 H5 页面当中，从而凸显产品的品牌特征，便于用户阅读与分享相关信息。下面将以图解的形式介绍 H5 营销的主要特点，如图 11-1 所示。

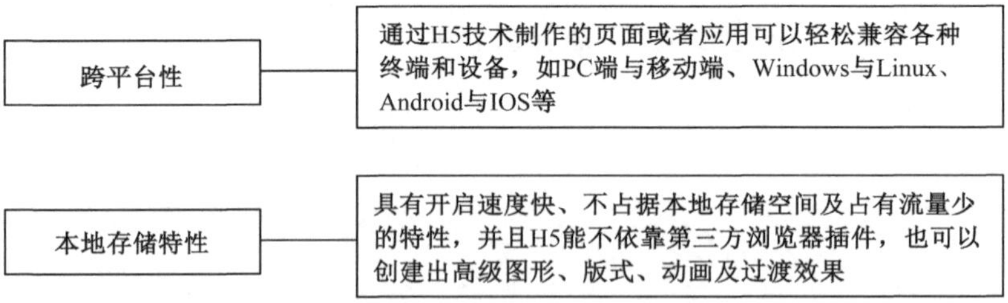

图 11-1　H5 营销的主要特点

那么 H5 营销相较于其他营销方式具备怎样的优势呢？下面将以图解的形式介绍 H5 营销的优势，如图 11-2 所示。

- H5营销的优势
  - H5具有非常强大的兼容性，可以降低开发与运营成本，为企业与创业者带来更多的发展机遇
  - H5非常适合手机等小容量的智能设备，同时也可以带来更好的视听体验

图 11-2 H5 营销的优势

图 11-3 所示为一个“餐饮推广”的 H5 视频页面，其采用动画的播放形式，可以很好地勾起人们的情感，抓住观众的心。这种 H5 视频页面既适用于餐厅菜品介绍视频，同时也可以作为情人节、七夕等节日的热点营销内容。

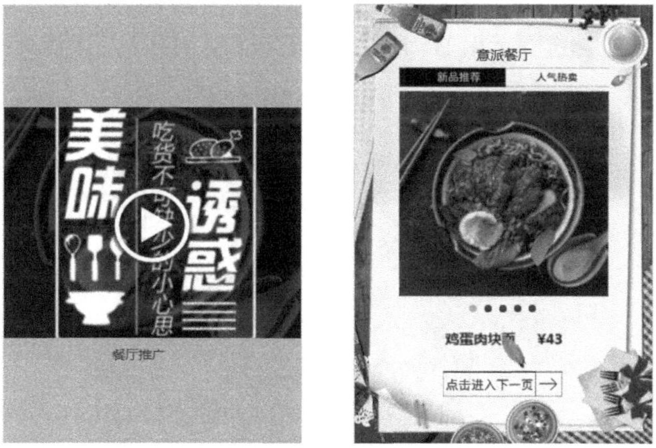

图 11-3 餐饮推广的 H5 视频页面

11.1.2 H5 场景，利于餐饮营销的优势分析

H5 营销是随着移动互联网的发展而发展的，作为一种新型的移动营销，其发展的速度极快，在短时间内已经成为互联网的一大特色。对于企业而言，要想突破

传统的营销方式，获得更好的发展，就需要利用 H5 这种新的营销手段开拓市场，抓住机遇。

H5 营销之所以能够快速地提升影响力，其根本的优势不可忽视，主要分为如下所示的 6 个方面，如图 11-4 所示。

图 11-4　H5 营销的 6 大优势

从企业角度来讲，H5 营销中，企业主要的成本支出在于 H5 页面的设计成本和维护成本，整体的开发成本比较低；从用户角度来讲，用户不需要下载安装 H5，也不用浪费流量和时间，可以更快地满足自己的核心需求，并且其使用成本非常低。因此，不少餐饮企业都选择运用 H5 场景进行营销。图 11-5 所示为海底捞的 H5 场景。

图 11-5　海底捞的 H5 场景

11.1.3　H5 运用，打造营销活动的干货分享

任何营销活动都需要创造自身价值，H5 营销也不例外。餐饮企业在利用 H5

进行营销活动时，要注重充分挖掘 H5 的价值点，增加对用户的吸引力，促使用户主动消费并自发传播 H5 营销信息。

餐饮企业在进行 H5 营销时，只有了解了 H5 营销的基本原则，才能达到好的 H5 营销效果。下面以图解的形式介绍 H5 营销的基本原则，如图 11-6 所示。

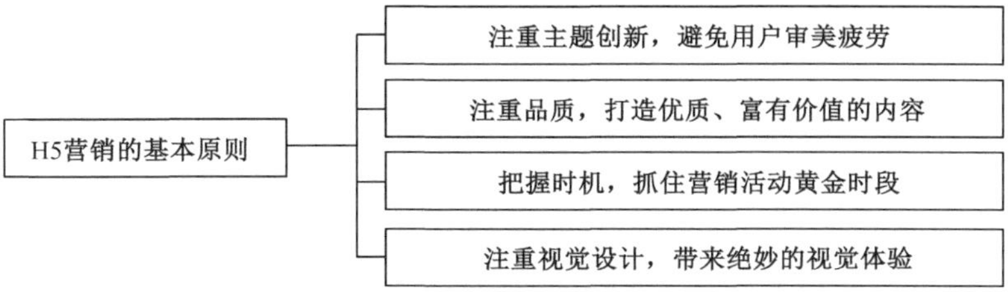

图 11-6 H5 营销的基本原则

那么，餐饮企业到底该如何运用 H5 展开营销活动呢？下面将以图解的形式介绍 H5 营销活动的流程，如图 11-7 所示。

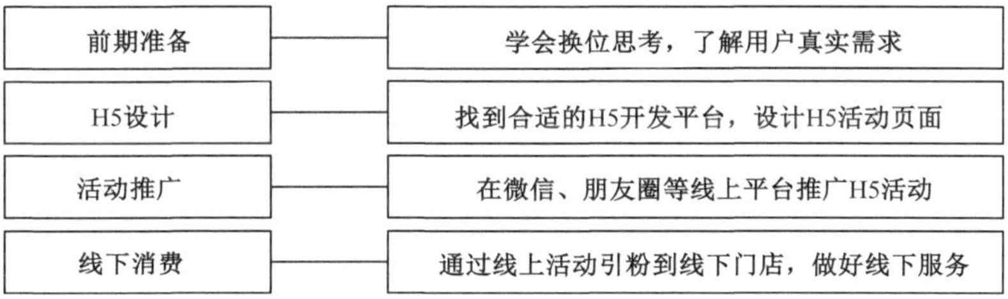

图 11-7 H5 营销活动的流程

某酒楼先通过凡科互动平台创建个性化的 H5 游戏“谁是大胃王”，并且设置了相应的奖品来吸引消费者参与。需要注意是，酒楼在 H5 游戏中融入了很多自己品牌元素的东西，例如，将游戏中的菜名换成了自己的菜名“招牌叉烧包”等，进行植入营销。

那些积极参与游戏并且中奖的用户，大多都会去酒楼兑奖消费，消费时只需出示二维码优惠券，即可抵扣相应的金额，酒楼收银员可以使用兑奖码去凡科互动网站或者通过扫二维码在微信公众号上完成兑奖操作。

11.2 制作平台：餐饮微场景制作利器

餐饮 H5 场景制作的好坏，对整个 H5 营销活动的成功与否产生重要影响。富有新意、能够让品牌理念与特色凸显的 H5 场景总是更受消费者欢迎。因此，对餐饮企业来说，了解好的 H5 制作平台是很有必要的。本节主要对百度 H5、橙秀 XIU、易企秀这 3 个 H5 制作平台进行详细介绍。

11.2.1 百度 H5：绝佳创意，绝不雷同

百度 H5 是一个主要依托百度贴吧等强大的社交分享平台，集制作和传播等功能于一体的 H5 在线制作平台。用户可以通过注册百度账号、登录百度 H5 的制作平台，利用平台本身提供的 H5 页面制作服务完成 H5 的制作。

餐饮商家要想借助百度 H5 平台完成 H5 的制作，就需要了解百度 H5 的主要功能与特点。下面将以图解的形式介绍百度 H5 的主要功能与特点，如图 11-8 所示。

那么百度 H5 的用户怎样利用这一平台进行 H5 制作呢？用户通过百度账号登录百度 H5 这一制作平台后，可以发现平台本身为用户提供招聘、报名、节假、趣味测试、盘点等不同类型的模板，如图 11-9 所示。这些模板可以说是制作精美，而且时效性也非常强，紧跟市场热点。

没有广告插入	能百分百聚焦内容；对于免费发布的H5页面，也不会添加破坏整体设计的平台广告
强大的编辑功能	精准的鼠标操作；全面支持各种常用编辑快捷键，独创智能辅助线
充足的流量储备	基于百度CDN服务，每天承载几十亿流量，具有丰富的流量储备
一键导入PSD	通过简单的上传操作，即可全自动完成从PSD到H5页面雏型的转换

图 11-8　百度 H5 的主要功能与特点

图 11-9　百度 H5 提供的创意模板

一家名为“大嘴蛙”的餐厅就利用百度 H5 这一制作平台，制作了一个开业邀请函 H5 页面，如图 11-10 所示。整个 H5 页面中动态的卡通人物形象、背景音乐及有趣的文字等多种形式的综合运用，使 H5 页面生动形象，对用户产生强烈的吸引。

图 11-10 “大嘴蛙”的开业邀请函 H5 页面

11.2.2 橙秀 XIU：H5 微场景一键生成，自由 DIY

橙秀 XIU 是一款 H5 微信页面制作工具，可以帮助用户制作各种营销推广专业场景，如企业宣传营销、相册、贺卡、邀请函、新品发布等。橙秀 XIU 的导航栏分为个人、企业、节日、行业 4 大类型，用户可以根据最新发布、使用量、浏览量来排序，找到适合自己且比较热门的 H5 模板。

下面将以图解的形式介绍橙秀 XIU 的主要功能和特色，如图 11-11 所示。

添加组件	添加表单；添加地图、电话；添加图集；添加按钮、新文本框
场景设置	能够进行场景共享有利于朋友圈传播，可以根据需要更换场景封面、设置翻页方式、开启评论点赞
互动功能	可以进行手机短信验证登录，可以查看用户评论情况，可以查看导出用户报名情况

图 11-11 橙秀 XIU 的主要功能和特点

橙秀 XIU 的用户在登录后，可以根据自身的实际需要选择相应的模板进行编辑。图 11-12 所示为橙秀 XIU 的场景编辑页面。

图 11-12　橙秀 XIU 的场景编辑页面

某家企业利用橙秀 XIU 制作的名为“下午茶进行时”的产品宣传 H5 页面，如图 11-13 所示。H5 页面采用了动画效果引出描述文字，增加动态美，再加上添加产品图片，从视觉上带给消费者美好的视觉体验。

图 11-13　“下午茶进行时”的产品宣传 H5 页面

11.2.3　易企秀：极简制作流程，奢华呈现形式

易企秀提供海量H5场景模板，可以帮助用户轻松制作H5。除了H5模板外，易企秀还提供了较为完整的移动互联网推广方案，包括移动App联盟广告、手机QQ广告、朋友圈广告、QQ浏览器广告、手机腾讯网广告、商业Wi-Fi整合广告等。

易企秀作为一个简化了H5场景制作流程的H5制作工具，在功能上是十分强大的。下面将以图解的形式介绍易企秀的主要功能和特色，如图11-14所示。

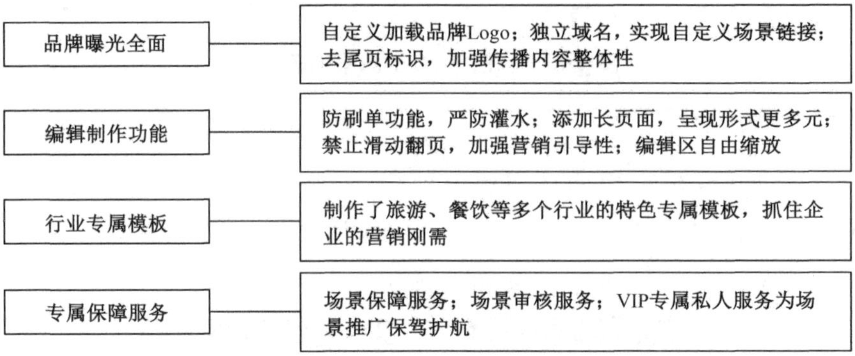

图11-14　易企秀的主要功能和特色

下面以图解的形式介绍易企秀中的一些特殊功能，如图11-15所示。

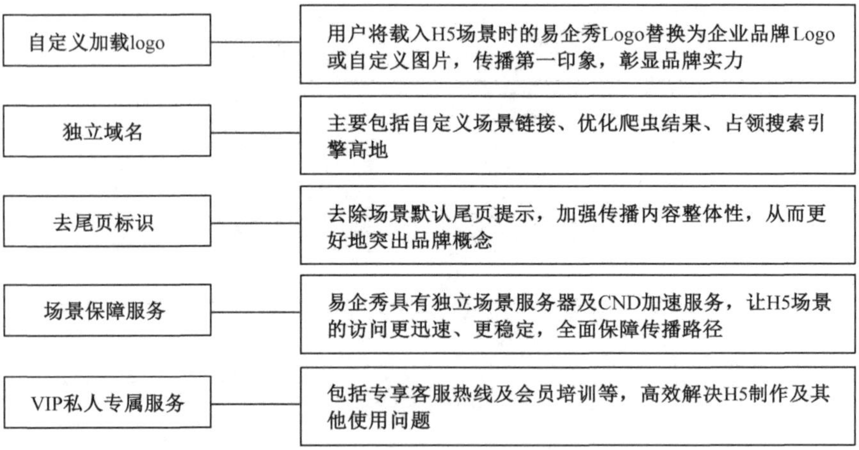

图11-15　易企秀中的一些特殊功能

另外，易企秀还借鉴了自媒体的运营模式，加入“秀场”“秀客”等平台，帮助优秀的 H5 设计师聚集“粉丝”，吸引企业关注，增加收入。“秀客”是指那些在“秀场”平台上展示高端 H5 场景的设计师及各种广告、营销、代理等服务商，解决企业的自营销场景定制服务需求。

例如，“中秋节国庆节月饼赏月”就是发布易企秀“秀场”平台上的一个 H5 作品，如图 11-16 所示。这个 H5 作品在最后一页进行品牌宣传，以热播电视剧“那年花开月正圆”为热点主题，形成借势营销，从而让品牌植入悄然无声。

图 11-16 “中秋节国庆节月饼赏月”H5 作品

11.3 营销形式：引爆热度提升顾客黏性

餐饮企业或商家利用 H5 营销活动时，也需要选择合适的营销方式来增加活动的关注度，提升活动的热度，增加顾客的黏性。本节主要介绍菜品投票、转盘抽奖、摇一摇等 5 种营销活动的形式。

11.3.1 菜品投票，增进互动的吸粉利器

投票活动是一种与众筹非常类似的营销活动，企业可以在H5中添加一些投票活动抽奖，并设置相应的奖励机制，可以用来快速吸粉、增粉。企业可以通过H5制作平台的照片投票插件来开发投票营销活动，吸引用户自行上传照片参加比赛，然后根据这些照片的点赞、分享或者评论数量作为评选依据，宣传最佳菜品。

餐饮企业之所以热衷在H5场景中添加一些投票活动，是因为能最大限度地增加活动的关注度。下面将以图解的形式介绍在H5场景中添加投票活动的意义，如图11-17所示。

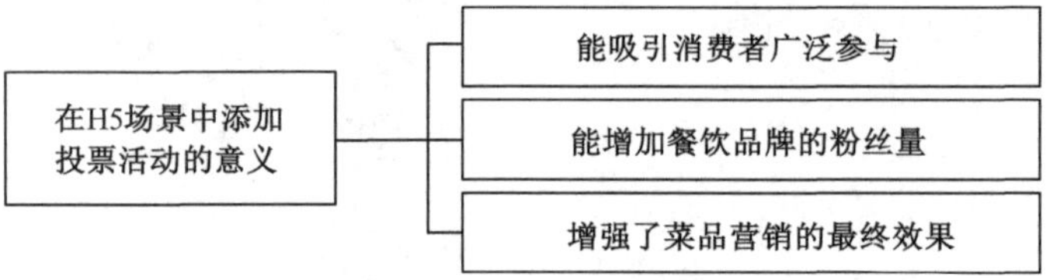

图11-17 在H5场景中添加投票活动的意义

下面将以图解的形式介绍利用H5制作平台设计投票活动的注意事项，如图11-18所示。

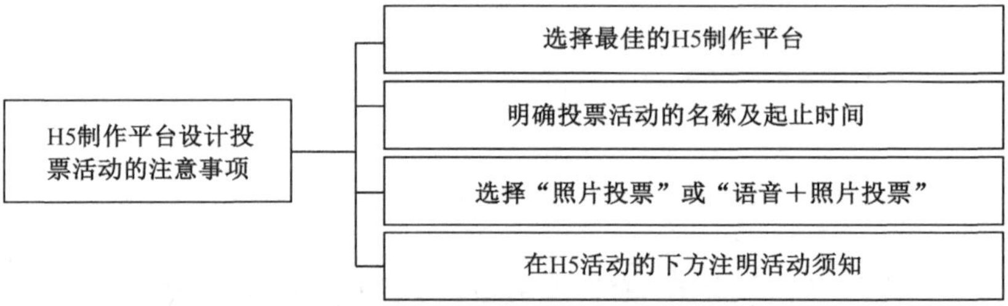

图11-18 利用H5制作平台设计投票活动的注意事项

图 11-19 所示为 H5 制作平台人人秀上面发布的一个有关菜品投票的 H5 作品。在每张照片的右下方都设置了点赞和评论按钮，参与投票的用户可以通过这两个按钮进行点赞或评论，而商家则可以通过具体的点赞人数来总结投票结果。

图 11-19　有关“菜品投票”的 H5 作品

11.3.2　转盘抽奖，福利放送的引流妙招

H5 营销最具特色的是抽奖活动，主要是将奖品设立在 H5 抽奖项目里让消费者进行抽取。H5 的“大转盘抽奖”能准确地抓住消费者的兴趣爱好，并且以动态页面的形式将消费者的喜悦感提升一个高度。

首先，对于 H5 抽奖活动中的获奖概率，商家可在相关后台进行设置。其次，H5 并不是无目的活动。对于餐饮行业而言，各项 H5 抽奖一般都是以促进消费、公众号引流、增强消费者黏性等为目的。图 11-20 所示为转盘抽奖的主要内容。

图 11-20 转盘抽奖的主要内容

图 11-21 所示为微信公众号“廖外婆家美食”举办的“幸运大转盘”抽奖活动。该活动广受消费者的转发，而参与活动也没有先决条件，如需领取礼品，则需要关注该品牌的公众号，从而增加公众号的流量。

图 11-21 “廖外婆家美食”H5 转盘抽奖

11.3.3 摇一摇，高参与度的抽奖活动

在 H5 的抽奖形式中，“摇一摇”抽奖形式也颇受大众欢迎，该方式较为新颖，消费者大多本着一个“找乐子”的心态进行传播。“摇一摇”抽奖方式操作简单，并且能够活跃现场气氛，具备较高的人员参与度。

餐饮企业或商家要想利用“摇一摇”抽奖活动来增加自身品牌的影响力，提高品牌的知名度，增加自身平台的“粉丝”量与活跃度，就需要了解“摇一摇”抽奖方式的特点。图 11-22 所示为“摇一摇”抽奖方式的特点。

方式新颖有趣	用户通过微信平台参与活动，与传统活动形式不同
操作简单便利	参与人员只需要借助微信就可以完成整个抽奖活动
人员参与度高	简单的活动设置，能够吸引大量的微信用户参与

图 11-22　“摇一摇”抽奖方式的特点

图 11-23 所示为某品牌“摇一摇抽奖”H5 案例，关注公众号后，消费者可进入相应 H5 抽奖页面，即可参加“摇一摇”抽奖活动，从而增加与消费者的黏性。

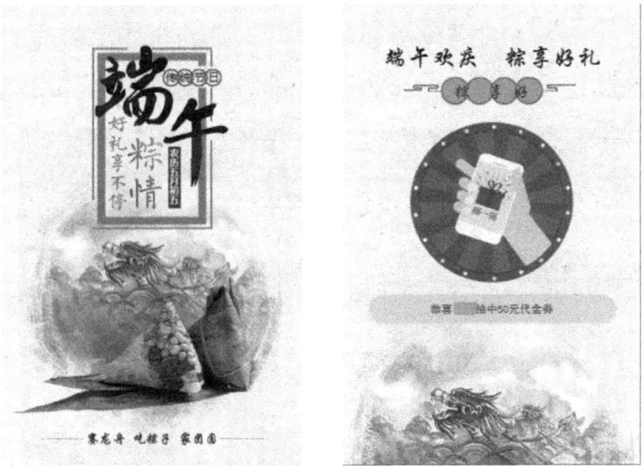

图 11-23　某品牌“摇一摇抽奖”H5 案例详情

11.3.4　砸金蛋，烘托氛围的分享奖励

在传统实体店铺进行庆典活动时，经常会使用到“砸金蛋”这个有趣的小游戏，因为它可以引发人们的参与热情，烘托出热闹的活动氛围。如今，“砸金蛋”也被移植到了 H5 页面中，成为一种热门的促销活动。

“砸金蛋”最常用的派奖方式是抽奖。当然，企业举行这种营销活动的主要目的是让消费者尽可能抽到券，因此，在制作 H5 活动时，可以适当调低抽奖门槛。同时，鼓励大家开启好友助力，选择分享奖励，扩大影响力。图 11-24 所示为“砸金蛋”活动的优势。

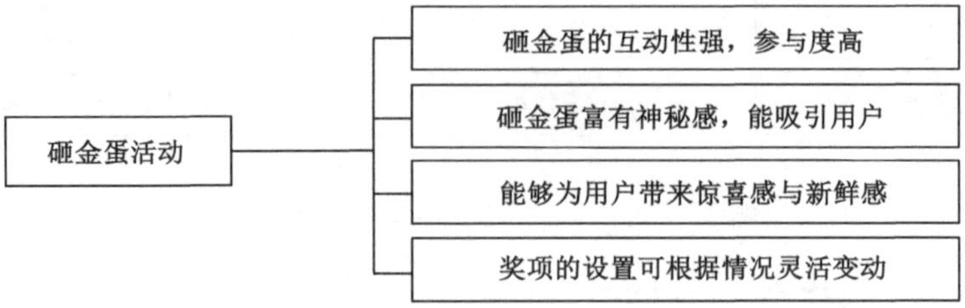

图 11-24　“砸金蛋”活动的优势

图 11-25 所示为某品牌的砸金蛋活动。企业通过在线上举行“砸金蛋”活动，给那些新老顾客派发代金券等奖品，从而让品牌在游戏的传播中深入“粉丝”心中。

图 11-25　“砸金蛋”H5 活动

11.3.5　问卷调查，洞悉用户需求的有效手段

问卷调查是一种用于收集用户信息、反馈和喜好的活动。企业制作问卷调查 H5 页面，对消费者意愿进行调查，从而知晓用户的购买意向。问卷调查的功能与

在线表单比较相似，但表单善于收集用户信息，而问卷调查则可以获取更多的用户意向。

为什么问卷调查越来越受到餐饮企业的欢迎呢？归根结底是因为问卷调查能在一定程度上客观地反映出消费者的需求，从而为餐饮企业的产品开发和营销等工作提供参考。下面将以图解的形式介绍问卷调查 H5 页面的优点，如图 11-26 所示。

问卷调查H5页面
- 制作简单，可以直接在H5平台根据模板制作完成
- 节约成本，与纸质问卷相比，为企业减少了成本支出
- 快速统计数据，可以直接利用软件完成统计分析
- 覆盖范围广，调查活动能够不受时空的限制

图 11-26　问卷调查 H5 页面的优点

图 11-27 所示为线上的问卷调查 H5 页面。从整个页面不难看出，与传统的纸质页面相比，H5 页面的问卷调查兼具了美感与实用性。由于在填写问卷调查时需要逐一答题，不能漏答，因此，在一定程度保证了调查的准确性。

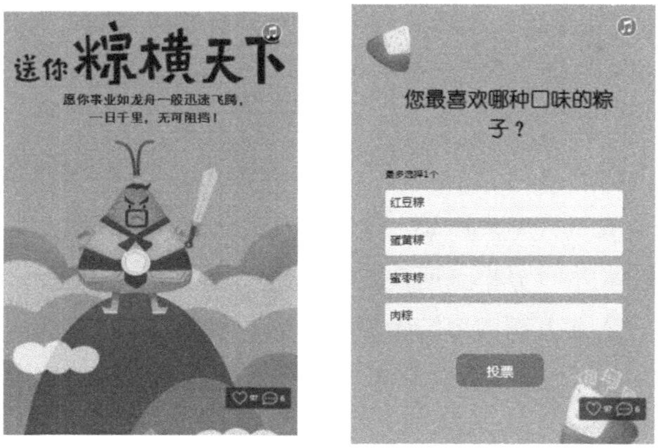

图 11-27　线上问卷调查的 H5 页面

11.4

营销渠道：多渠道全方面传达餐饮信息

选择合适的营销渠道进行 H5 营销推广，对整个营销活动的营销效果影响巨大。餐饮企业或商家要想利用不同渠道推广 H5，首先需要了解不同渠道的优势与特点。本节主要介绍朋友圈、公众号、微信群及自媒体这 4 种营销渠道。

11.4.1 朋友圈，蕴含无限商机的社交平台

朋友圈的力量众所周知，企业可以利用朋友圈的强大社交性为自己的 H5 营销活动吸粉引流。而想要激起用户转发分享，就必须有能够激发他们分享传播的动力，这些动力来源于很多方面。总之，只有能够给用户提供有价值的内容才会引起用户的注意和关注。

下面以百度外卖的 H5 为例，介绍将 H5 营销活动分享到朋友圈的操作方法：

步骤 01 首先打开 H5 页面，❶单击右上角的 ⋮ 按钮，如图 11-28 所示；展开操作菜单，❷单击“分享到朋友圈”按钮，如图 11-29 所示。

步骤 02 进入朋友圈内容编辑界面，❶可以在此设置内容、位置、权限等，❷单击“发送”按钮，如图 11-30 所示；❸执行操作后，即可将 H5 分享到朋友圈中，如图 11-31 所示。

图 11-28　单击相应按钮

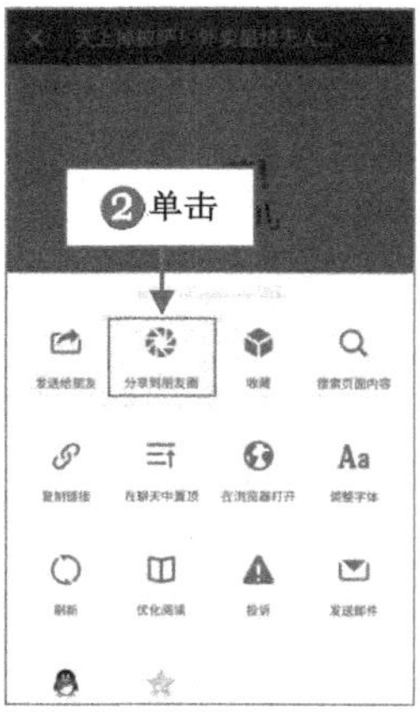

图 11-29　单击“分享到朋友圈”按钮

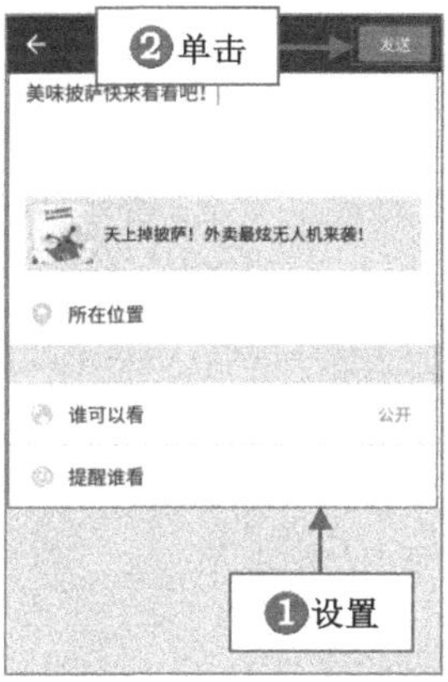

图 11-30　朋友圈内容编辑界面

图 11-31　将 H5 分享到朋友圈中

11.4.2　公众号，带来精准流量的推广平台

当前，伴随着微信的火热发展，越来越多的商家、企业、个人都申请开通微信公众平台，用于营销或者其他用途。微信公众平台逐渐成为了企业进行商业营销及我们日常生活中获取信息不可或缺的一部分。

我们首先要打造一个内容优秀的 H5 作品，然后通过微信官方平台来操作，可以使用公众号的自动回复功能来推送 H5。图 11-32 所示为微信公众号自动回复功能的 3 种选择。

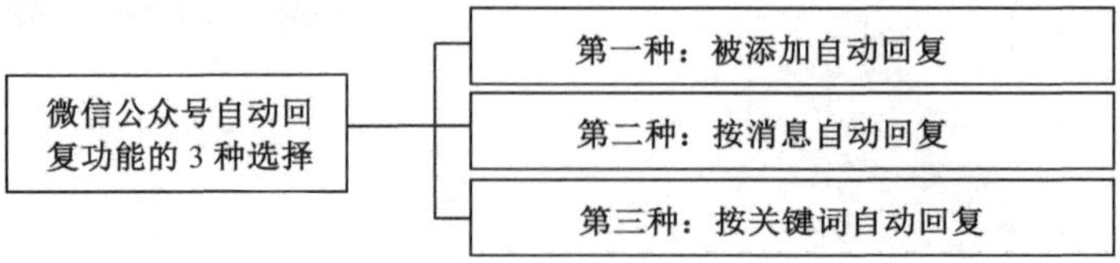

图 11-32　微信公众号自动回复功能的 3 种选择

用户还可以通过发布作品、文章来推广 H5。H5 作品发布项目后，复制二维码下方的项目链接。在正文插入项目二维码，用户长按二维码自动识别，跳转至项目。

使用微信图文信息传播 H5 项目，需要在微信公众号的后台编辑图文信息，并插入 H5 项目的二维码。图 11-33 所示为微信公众号图文信息编辑页面。

图 11-33　微信公众号图文信息编辑页面

11.4.3　微信群，挖掘潜在顾客的公共平台

微信群营销已经成为时下最热门的营销模式之一，它同朋友圈一样，是一些微信好友的集成平台，在 H5 营销过程中有利于目标客户的集结和信息的精准推送。因此，餐饮企业或商家有必要了解如何利用微信群展开 H5 的营销活动。

将 H5 营销活动分享到微信群的操作方法如下：

打开 H5 页面，单击右上角的⋮按钮，展开操作菜单，❶单击“发送给朋友”按钮，如图 11-34 所示；进入“选择”界面，❷可以在“最近聊天”列表中选择相应的微信群，如图 11-35 所示；❸将 H5 作品发送给指定的微信群，如图 11-36 所示。

图 11-34　单击相应按钮

图 11-35　选择微信群

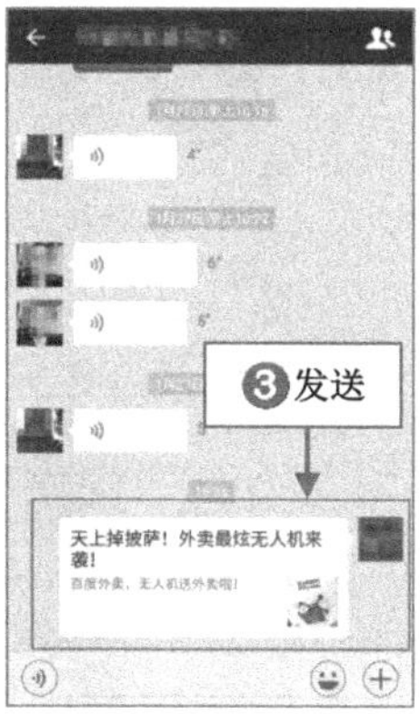

图 11-36　发送 H5 作品到微信群

11.4.4　自媒体，创造亿万点击的传播平台

对于营销活动来说，没有用户就没有影响力，因此，吸引用户流量是 H5 营销的生存之本。在进行 H5 传播时，营销人员切不可只依赖单一的平台，在互联网中讲究的是“泛娱乐”战略，创业者可以围绕品牌营销定位这一核心，将 H5 向多个自媒体平台延伸，以此来连接和聚合“粉丝”情感，并加强与他们的互动，实现高效引流。

常见的自媒体营销平台包括今日头条、百度百家号、腾讯微信公众号、新浪微博、一点资讯、易信公众平台、搜狐公众平台等优秀的新媒体网站和新锐自媒体平台，这些都可以作为 H5 的传播渠道。自媒体的利用不仅能给企业带来非常可观的直接效益，还有比直接效益更大的隐性利益空间，如知名度的提升、企业文化的宣传、产品的推广和优质客户的挖掘等。

图 11-37 所示为雀巢咖啡通过微博来推广自己的 H5 广告。可以看出，文字说明与动态的 H5 页面相得益彰，凸显了产品的特色与卖点，增强了营销的力度与强度。

图 11-37　通过微博来推广自己的 H5

第 12 章

行业案例：知名品牌的运营案例分析

在外卖火爆的大环境下，餐饮行业内的一些品牌企业和其他餐饮商家，纷纷利用美团外卖进行营销转型与创新，走出了一条营销成功之路。本章就知名餐饮企业与美团外卖餐饮的发展进行介绍，为餐饮行业发展提供借鉴。

- 真功夫——迅速提升顾客满意度
- 西贝莜面村——美团外卖第一正餐品牌
- 胖哥俩——用心烹调、全心服务
- 眉州东坡——打造顾客极致体验
- 正新鸡排——用心推出各种活动

12

12.1 真功夫——迅速提升顾客满意度

全球华人餐饮连锁企业——真功夫，为顾客提供快捷而营养丰富的中式美食。因其用户消费场景的不断拓展、品牌生意规模的不断壮大，所以开启了美团外卖平台生意模式，满足顾客足不出户即可享用真功夫新鲜美味的食品需求。真功夫的产品理念与美团外卖坚持品质外送的平台特征不谋而合，这是与美团外卖达成合作的基本前提。图 12-1 所示为真功夫不同分店入驻美团外卖的门店信息。

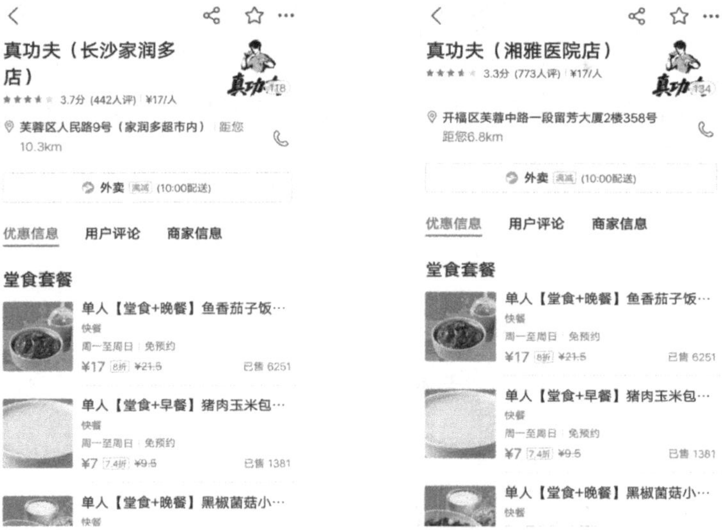

图 12-1　真功夫不同分店入驻美团外卖的门店信息

真功夫加入美团外卖平台后，美团外卖对真功夫的外卖生意起了一定的推进作用，体现在以下 4 个方面。

1. 低成本短时间接触到消费者，借美团外卖平台提升消费者对品牌的喜好度。

2. 提升了外卖渠道为门店带来的生意，提升了企业的利润与菜品销量。

3. 美团外卖平台定时对线上店铺营运指标提供数据反馈，同时提供顾客体验优化建议方案，有效提升了真功夫店铺的顾客体验满意度。

4. 通过线上营销策略，有助于真功夫的线上团队运营能力和实战经验的积累。

结合真功夫健康美味、蒸工艺的产品特色，以及美团外卖品质外送平台的定位和数据支持，真功夫针对美团外卖推出了高毛利、低价格的多份小吃组合套餐，满足了大部分消费者的需求。而且，从销售数据也验证了这类型套餐比较符合美团外卖快餐市场的需求。

真功夫不光考虑要做外卖的生意，更主张做品质化、品牌化的外卖生意。产品对一个餐饮品牌的未来发展去向起着很关键的作用，面对外卖行业的大环境冲击，更要注重深耕细作，真正有品质涵养的品牌才能走得更远，走得更稳。外卖运营，任重道远，需要更注重产品安全，需要根据外卖平台的属性打造更适合消费者口味的专属产品，并建立一套持续迭代的机制，提高品牌影响力。

12.2 西贝莜面村——美团外卖第一正餐品牌

西贝是最早与美团外卖建立外卖合作的品牌之一。2015 年 10 月西贝华北区域王龙龙分部首先与美团外卖建立合作，后续华东、华南、西南等各个市场开始和美团外卖建立合作；截至 2018 年 4 月，全国共计超过 220 家西贝门店在美团外卖平台上线；2018 年 1 月，西贝单月 GMV 跃居美团外卖平台正餐品牌榜单第一。

图 12-2 所示为西贝莜面村不同分店入驻美团外卖的门店信息。

图 12-2　西贝莜面村不同分店入驻美团外卖的门店信息

西贝在外卖业务发展过程中经历了从自由发展到战略发展的阶段，美团外卖给了长期的支持和帮助；美团外卖从线上运营、线下营运、数据分析、产品包装等各个方面不断给西贝提供支持。美团外卖本着服务顾客的宗旨，与西贝团队高频互动，支持常态化，支持现场化，为西贝外卖业务的发展提供助力。

外卖业务是未来西贝餐饮的核心业务之一，公司将会投入大量的人力、物力、财力在外卖业务上，从产品供给、价格调整、包装迭代、供应链支持、运营流程改造等各个方面进行优化和调整，以便更好地配合外卖业务的发展，西贝有信心在美团外卖的支持下，共同打造西贝品质外卖，实现互利共赢。

外卖业务是区别于堂食业务的一块新市场，在外卖运营中需要做一些调整和创新才能适应外卖市场的发展。外卖的本质还是餐饮，餐饮的本质是产品、价格和服务。西贝一直坚持做好的产品，对供应链和烹饪环节严格把关，给顾客极致的用餐体验，不管是堂食还是外卖，都力争做到闭着眼睛点，道道都好吃。

针对外卖市场，西贝也做了一些创新，下面以图解的方式进行介绍，如图 12-3 所示。

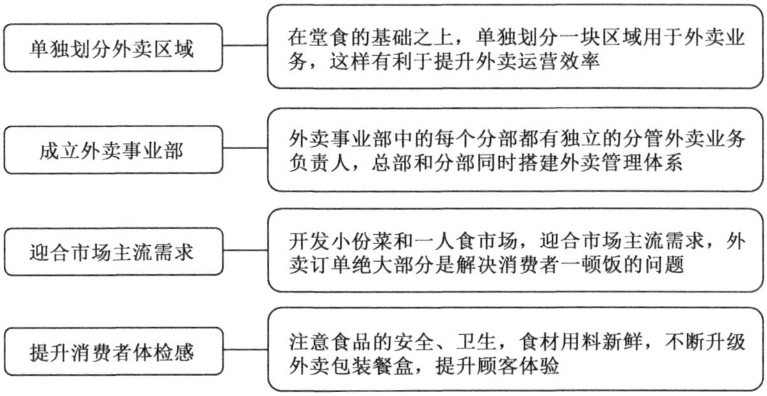

图 12-3　西贝对于外卖市场所作的创新

爆款一定是基于品牌特色且适合外卖配送，价格不能太高。顾客在点西贝的时候，第一时间就会想到爆款产品，同时利用爆款进行引流，加深顾客印象。以西贝面筋为例，西贝面筋是西贝堂食顾客必点菜品，是西贝的招牌，同时带有西贝特色。将西贝面筋在外卖平台上以优惠的折扣售卖，顾客购买率非常高，一是因为性价比高，二是好吃适合外卖配送。以西贝面筋为引流菜品，也带动了其他菜品的销售。

配送是外卖业务中关键的一环，配送与菜品质量的保鲜、送达时间的长短及与厨房之间的衔接相关。所以，餐厅与骑手之间的配合就显得尤其重要，西贝一直努力做好配合骑手和服务骑手；平台对配送实效有严格要求，站点有考核指标，骑手有绩效压力，所以餐厅需要了解配送的作业逻辑，关心骑手想要什么。比如，骑手主要考核单量和时效，餐厅的出餐速度特别重要，如果因为餐厅出餐太慢让骑手等太久，一是会让骑手不满，二是顾客体验不好，三是堂食压力也大。所以，总的来说要做好两点：（1）和配送做好衔接配合；（2）加快厨房出餐速度。

外卖业务发展中不能盲目追求单量和业绩而忽略餐饮本身。特别是对于连锁餐饮品牌来说，2016、2017 年的外卖增长红利期已经结束，接下来需要深耕，在产品和体验上做好功夫，提升顾客满意度、做好复购。

12.3

胖哥俩——用心烹调、全心服务

秉承“用心烹调、全心服务”理念的胖哥俩，在堂食餐厅的标准化管理上已日趋成熟。2016 年 6 月，经过几次沟通和高层决策，胖哥俩正式进驻美团外卖，通过外卖把新鲜和美味送达每个城市的胖哥俩爱好者手中；2017 年 1 月，北京美团外卖总部，胖哥俩创始人张灵瀚先生与美团外卖高层就战略合作达成共识，签署了深度合作的战略协议。截至 2018 年 4 月，胖哥俩入驻美团外卖的门店已逾 260 家，遍及全国各地。

图 12-4 所示为胖哥俩分店入驻美团外卖的门店信息。

图 12-4　胖哥俩分店入驻美团外卖的门店信息

进驻美团外卖后，胖哥俩以其连锁品牌的优势，迅速将外卖服务扩展蔓延，在实体店铺运营的基础上，满足了外卖市场消费者的需求，以其高性价比和品质美味，拥有了一批忠实的外卖消费群体，成为外卖煲类品牌的热门商户。同时，与美团外卖的战略合作，针对性的活动方案，高效的曝光流量，也吸引了更多的消费者，胖哥俩外卖的销售业绩随之提升。产品销售渠道的丰富，进一步也提升了门店总体营业额。

胖哥俩在美团外卖的运营中，也作出了以下 4 点创新，如图 12-5 所示。

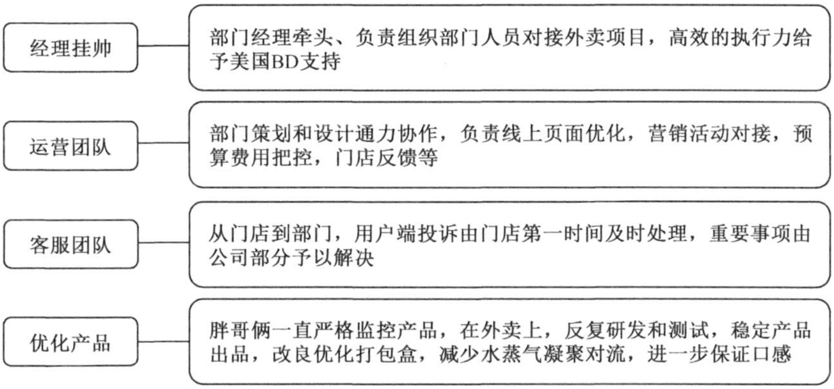

图 12-5　胖哥俩对于外卖市场所作的创新

打造菜品爆款，必先注重菜品本身品质，胖哥俩的每一道外卖产品，均由研发厨务经过口味测试、时效测试后，方可上线外卖平台。这样的流程既确保了菜品的口感标准和食品安全，又保证了消费者的食用体验。同时，稳定的菜品供应和设置折扣菜的引导，也是提升爆款单品曝光和排名，增加消费者点单概率的另一因素。再者，结合美团的优化活动，爆款活动和页面优化，能让更多消费者触及爆款菜品。

▶ 专 家 提 醒

物流配送是商家极其重视的环节，商家做好配合，定时定点定人出餐，是非常重要的。对于美团的物流和配送，商家更多的是将出菜品的时间标准化，在堂食和外卖同时接单时，优先解决外卖用户的需求。在有条件的情况下，筛选距离和新老顾客，尽可能优先安排远距离顾客和新客的需求。

外卖运营产生的数据可以分析很多问题，如配送问题、天气问题、活动力度、活动形式、产品问题，成本供货等等，所以定期分析数据、复盘是一件极其重要的事，也是发现问题、解决问题、提升效果的一种关键方式。积极做好实时沟通，做好活动探讨，根据实际的情况和数据，采取有针对性的策略。同时，随着现在消费者忠实度的逐渐下降和选择性增加，商家一定要从产品本身出发，重点规划、包装拳头产品，增加产品的多样性，增加创新性的产品，这样才能使品牌拥有与时俱进的活力，从众多餐饮品类中脱颖而出。

12.4 眉州东坡——打造顾客极致体验

秉承“地道川菜，健康好味道”的理念，以苏东坡的文化气质为魂，以川蜀大地的食材为本，以川人生生不息的奋进精神为根，带领“眉州人”一起将眉州东坡打造成为一个深入人心的川味品牌。经过二十余年的不懈努力，眉州东坡发展成集眉州东坡酒楼、眉州小吃、王家渡火锅、王家渡食品公司等多业态的平台型餐饮集团，并在全球范围内开设了 150 余家店面。

“美味传递爱，共享一个家”是眉州东坡人的使命，企业的员工始终坚守这样一个愿景：眉州东坡不仅是每一位食客的私家厨房，也是大家共同的味觉家乡。

2015 年年底，眉州东坡正式入驻了美团外卖。通过近两年的良好合作，在 2017 年 10 月，眉州东坡与美团外卖签署了深度合作协议，美团为眉州东坡打造了全方位的外卖市场规划方案，开启了眉州东坡的新篇章。

图 12-6 所示为眉州东坡不同分店入驻美团外卖的门店信息。

2017 年美团外卖为眉州东坡带来了 1 亿 7 千万的外卖营业额，对比同期，平均每月稳步增长 20%左右。目前，美团外卖已经成为眉州东坡最大、最信赖的网上外卖服务平台。眉州东坡自 1996 年至今已经成立了 22 年，曾有顾客给眉州东坡起了一个“中年油腻男”的称号，也正因为这个称号，眉州东坡意识到了品牌形象的问题。美团外卖对眉州东坡进行了整体展示设计和宣传，匹配了各种优质活动、广告、曝光等资源，提升了眉州东坡的整体对外形象。增加曝光量的同时也带动了外卖单量的提升。随着美团外卖渐渐深入到老百姓的生活里，美团外卖也让顾客重新认识了眉州东坡。22 岁，依然是小鲜肉。

图 12-6　眉州东坡不同分店入驻美团外卖的门店信息

眉州东坡这些年一直在不断地学习与进步，跟其他的大品牌相比，眉州东坡依然是小学生。传统中餐在外卖市场上想走出一条适合的道路很不简单，在这个过程中眉州东坡也曾遇到过出餐时效差、错过最佳赏味期、年轻人关注度低等问题，美团外卖的后台数据为眉州东坡提供了十分精准的信息参考，帮助其改善整体体验。比如，眉州东坡为品质工作午餐用户特意推出了东坡食盒，丰富的组合，营养的搭配，广受用户欢迎。而且，眉州东坡一直秉持着“现炒才好吃” 的理念，道道都是大厨精心烹饪。所谓创新，需不忘初心。

眉州东坡对自家的传家菜、招牌菜、特色菜也思考了很久，与其打造单一菜品，不如与线下联动，所以推出了“眉州东坡四季菜单”。通过美团外卖对“四季菜单”的有力输出，“四季菜单”的理念也传递到了食客口中，由此对餐厅形成的认知和忠诚融入到了食客的消费过程中。尤其在餐饮复制和同质化盛行的今天，自家的招牌菜别家很快会复制，然后互打价格战。然而当“四季菜单”形成一定影响力的时候，消费者就会形成不自觉的认知，在不同时间就要吃什么菜品，吃什么菜品要选择眉州东坡。凭借影响力培养的顾客更为忠诚，有了影响力就好比为餐厅的特色菜单套上了额外的保护。图 12-7 所示为眉州东坡在美团外卖上为顾客推荐的特色菜。

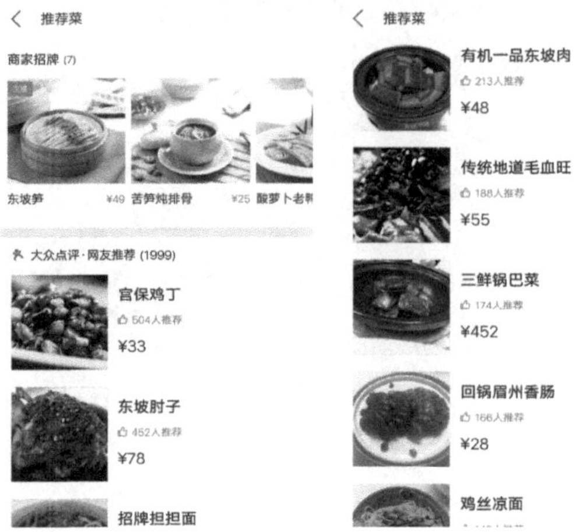

图 12-7　眉州东坡在美团外卖上为顾客推荐的特色菜

“曝光、单击、下单”这是最简单的交易过程了，想要最好的曝光率，就得了解顾客最关注的是哪个曝光入口，大多数人一般会优先选择“排名”，美团外卖的排名公平公正，人为无法调控，这让商家了解到，做好才是硬道理。

图 12-8 所示，眉州东坡在昌平镇川菜、怀柔区川菜、万丰路川菜区域，排行榜上均为第一，人气爆棚，非常受顾客喜爱。

图 12-8　眉州东坡在排行榜上人气均为第一

眉州东坡认为所有为门店产生价值的人都是我们的家人，而且为了“打造内外部顾客的极致体验”，门店不光匹配了相应的外卖负责人，也开辟了美团骑手的休憩区域，并为他们准备了饮用水等用品。不光如此，眉州东坡还在特殊时期，比如恶劣天气或是节日，也给骑手小哥准备了惊喜。

▶ 专 家 提 醒

外卖说简单不简单，说难又不难，做外卖没有必胜的经验，没有必赢的手段，每个商家都有不同的地方，都需要不同的方法。眉州东坡的两位大家长都是厨师出身，做菜是本行，踏踏实实做菜是他们一生的最求。所以作为餐饮人，做好菜就是最好的最优质的经验。

12.5 正新鸡排——用心推出各种活动

正新鸡排与美团外卖于 2016 年开始合作，当时外卖用户规模持续扩大，并且用户习惯基本形成。正新鸡排是典型外带型门店，非常适合外卖业务，而且在线外卖市场进入了高速发展期，下一个阶段就是成熟期，届时市场发展将趋于成熟，准入门槛将会提高，竞争也会更加激烈。2016 年正新鸡排门店已经达到 5000 家，2017 年打算增加到 1 万家。所谓船大难掉头，如果不快速进入外卖市场，正新鸡排在未来的竞争中就会比较被动。为了巨大的外卖市场，同时为了将来的有利竞争，正新鸡排决定加入美团外卖。这是在继美团团购后的又一次强强联手，双方在业务层面继续深度合作，同时也是平台线上资源与品牌线下资源的一次整合。

图 12-9 所示为正新鸡排不同分店入驻美团外卖的门店信息。

图 12-9　正新鸡排不同分店入驻美团外卖的门店信息

美团本身有自己的海量用户，正新鸡排在美团外卖平台上得到了足够的曝光，获取了大量新的用户，不仅带来了额外的营收，也从线上带动了线下的收入。更重要的是美团外卖迅速帮正新鸡排补足了线上的短板，使其可以更好地应对如今的新零售竞争。

正新的消费场景主要是下午茶和夜宵，很多用户其实不愿意出门，外卖正好可以满足随时随地想吃正新产品的用户的需求，从而保持住了我们与用户间的黏性；正新鸡排有自己的工厂，产能巨大，外卖也助减了正新的产能消耗，使得正新的边际成本降低，从而帮助正新更快地占领全球鸡排细分领域的市场。

正新鸡排与美团外卖在联合推广方面做了很多创新，比如正新鸡排 2017 年在杭州、深圳、无锡等城市做地铁广告时，电子媒体和纸质海报上附带了美团外卖的元素，提升了正新鸡排在美团外卖上的品牌形象。同时，在 2018 年正新在外卖上推出了汉堡系列产品，如图 12-10 所示，满足消费者外卖就餐的不同场景。

外卖运营要以用户为中心。首先就要做好用户体验，什么样的体验最好呢？那就是超出用户预期。正新的方法是给用户赠送梅汁，以及用精美的包装打包油炸和烤制的产品，颠覆了用户对于此类产品的传统印象，给用户带来了不一样的感觉。其次要为用户节省时间，活动不是越多越好，可以砍掉无关紧要活动，建议活动以 2+1 形式，也就是满减折扣+其他活动，帮用户消除选择困难症。需要强调的是，切勿用不合理的档位和菜价逼着用户再点一份高价产品才能享受活动。比较好的方法是打造专门的线上产品，设置合理的活动，无须凑单，如果要凑单，那就提供 5 元以下的低价凑单产品。另外，可增加高低利润产品混搭的品质套餐，并且套餐价格刚好满足活动的满减档位。

图 12-10　2018 年正新在外卖上推出了汉堡系列产品

正新总部的运营专员会不定期拉出客户的评论，直达用户的意见需求。如果是配送方出现的问题，比如配送慢、骑手单击提前送达等，正新的做法一般不会去投诉骑手，而是通过与配送站进行有效沟通，把配送造成的影响降到最低。

外卖要做好，点着手有三：用户对自身外卖的认知；首购；复购。

1. 外卖认知。正新从产品、包装、用户端页面全方位打造自身形象。不是所有的产品都适合做线上外卖，线上用户对价格更为敏感，所以正新砍掉了价格高、消费频次低的产品，比如鱿鱼系列，另外也根据自身定位和消费者的喜爱推出了爆款汉堡系列。包装方面，正新炸烤的产品因为温度的消失会影响到口感，所以正新准备了专门的锡纸、包装盒进行保温。页面方面，需要优化菜品排序和装修好店铺，正新一直把自己主打的、消费者喜爱的鸡排汉堡排在菜单最前面。正新在页面活动上也进行了优化，线上活动尽量做到了统一，不能全部统一也尽量做到区域性的统一，因为单店差异化活动太多仿佛是杂牌军，易降低自身的品牌形象。另外给同类餐饮商家的建议是，千万不要用利润获取流量，活动的最终目的是带来用户的留存，而不是引流，引流只是一种方式，如果活动后老用户没有增加，说明客人只是被低价吸引过来，这样不仅没留住用户反而会给用户造成一种屌丝形象的认知，赔了夫人又折兵。

2．拉首购的有效方式是店外发券和设置新客立减。图 12-11 所示为正新鸡排不同门店的新客立减与折扣活动信息。

图 12-11　正新鸡排不同门店的新客立减与折扣活动信息

3．让用户成为回头客的关键是做好产品，首先要保证产品的品质，这是基础；另外产品要多样化，满足不同顾客的口味；最后要定期升级产品，在如此激烈的竞争市场环境中，正新能有源源不断的回头客，与推出正新汉堡有很大关系。其他提升复购的有效方式还包括定向发送代金券唤醒用户，多挖掘自己后台的数据、查看门店实付客单价的分布，据此设置不同档位的返券金额。